洪远朋 严法善 高 帆 著

《资本论》纵横谈

复旦大学出版社

1867年问世的《资本论》是马克思主义最厚重、最丰富的著作,被誉为"工人阶级的圣经"。

共产党人要把读马克思主义经典、悟马克思主义原理当作一种生活习惯、当作一种精神追求,用经典涵养正气、淬炼思想、升华境界、指导实践。

——习近平

> Il n'y a pas de route royale pour la science et ceux-là seulement ont chance d'arriver à ses sommets lumineux qui ne craignent pas de se fatiguer à gravir ses sentiers escarpés.
>
> *Karl Marx.*

在科学上没有平坦的大道，只有不畏劳苦沿着陡峭山路攀登的人，才有希望达到光辉的顶点。

——卡尔·马克思

Karl Marx. (1818—1883)

Das Kapital.

Kritik der politischen Oekonomie.

Von

Karl Marx.

Erster Band.

Buch I: Der Produktionsprocess des Kapitals.

Das Recht der Uebersetzung wird vorbehalten.

Hamburg
Verlag von Otto Meissner.
1867.
New-York: L. W. Schmidt. 24 Barclay-Street.

《资本论》第一卷德文第一版 (1867) 的扉页

序言

2012年6月19日习近平同志在中国人民大学《资本论》教学与研究中心考察时指出,马克思主义中国化形成了毛泽东思想和中国特色社会主义理论体系两大理论成果,追本溯源,这两大理论成果都是在马克思主义经典理论指导之下取得的。《资本论》作为最重要的马克思主义经典著作之一,经受了时间和实践的检验,始终闪耀着真理的光芒。加强《资本论》的教学与研究具有重要意义,要学以致用,切实发挥理论的现实指导作用,进一步深化、丰富和发展中国特色社会主义理论体系。

习近平同志强调,面对当今开放的环境,理论工作者要旗帜鲜明、理直气壮地坚持马克思主义的教学和研究,要坚持以马克思主义的立场、观点、方法为指导,继承、吸收人类文明的优秀成果;广大理论工作者要不断提升自身的水平和素养,切实以理论的力量吸引人、感染人、打动人。

2018年5月4日在纪念马克思诞辰200周年大会上习近平同志作了重要讲话,指出:马克思给我们留下的最有价值、最具影响力的精神财富,就是以他名字命名的科学理论——马克思主义。马克思的思想理论是"整个人类精神的精华"。马克思主义是科学的理论,创造性地揭示了人类社会发展规律;马克思主义是人民的理论,第一次创立了人民实现自身解放的思想体系;马克思主义是实践的理论,指引着人民改造世界的行动;马克思主义是不断发展的开放的理论,始终站在时代前沿。马克思主义不仅深刻改变了世界,也深刻改变了中国。习近平同志还强调,

1867年问世的《资本论》是马克思主义最厚重、最丰富的著作,被誉为"工人阶级的圣经"。共产党人要把读马克思主义经典、悟马克思主义原理当作一种生活习惯、当作一种精神追求,用经典涵养正气、淬炼思想、升华境界、指导实践。

在《资本论》中,马克思运用敏锐的观察力和精确的剖析力为我们展现了资本主义经济社会运行过程,并深刻揭示了资本主义本质及运行规律。理解这些关键知识点,对我们把握资本主义的弱点和宿命,坚持社会主义道路自信、理论自信、制度自信和文化自信具有积极的作用。

习近平同志强调,党的十一届三中全会以来,我们党把马克思主义政治经济学基本原理同改革开放新的实践结合起来,不断丰富和发展马克思主义政治经济学,形成了当代中国马克思主义政治经济学的许多重要理论成果。这些理论成果,是适应当代中国国情和时代特点的政治经济学,不仅有力指导了我国经济发展实践,而且开拓了马克思主义政治经济学新境界。党的十八大以来,以习近平同志为核心的党中央特别重视马克思主义政治经济学的学习。学习马克思《资本论》,是为了更好地指导我国经济发展的实践,既要坚持基本原理和方法论,更要同我国经济发展实际相结合,不断发展形成新的理论成果。

中华人民共和国成立之后,特别是改革开放以来,中国共产党领导人民进行的正是这样一种探索和实践,不断回答着什么是社会主义、怎样建设社会主义这一历史性课题。而我们党的伟大之处就在于,始终具有高度的历史自觉与理论自觉,通过重新审视自身的社会主义实践和当代资本主义变化,通过认识当前处于社会主义初级阶段这一现实,通过把握我国社会主义初级阶段不断变化的特点,不断为自己开辟着新的发展道路和新的理论境界。

中国特色社会主义是改革开放以来党的全部理论和实践的主题,是党和人民历尽千辛万苦、付出巨大代价取得的根本成就。中国特色社会主义道路是实现社会主义现代化、创造人民美好生活的必由之路,中国特色社会主义理论体系是指导党和人民实现中华民族伟大复兴的正确理论,中国特色社会主义制度是当代中国发展进步的根本制度保障,中国特色社会主义文化是激励全党全国各族人民奋勇前进的强大精神力量。全党要更加自觉地增强道路自信、理论自信、制度自信、文化自信,既不走封闭僵化的老路,也不走改旗易帜的邪路,保持政治定力,坚持实干兴邦,始终坚持和发展中国特色社会主义。

十八大以来，国内外形势变化和我国各项事业发展都给我们提出了一个重大时代课题，这就是必须从理论和实践结合上系统回答新时代坚持和发展什么样的中国特色社会主义、怎样坚持和发展中国特色社会主义。围绕这个重大时代课题，我们党坚持以马克思列宁主义、毛泽东思想、邓小平理论、"三个代表"重要思想、科学发展观为指导，坚持解放思想、实事求是、与时俱进、求真务实，坚持辩证唯物主义和历史唯物主义，紧密结合新的时代条件和实践要求，以全新的视野深化对共产党执政规律、社会主义建设规律、人类社会发展规律的认识，进行艰辛理论探索，取得重大理论创新成果，形成了新时代中国特色社会主义思想。

新时代中国特色社会主义思想，明确坚持和发展中国特色社会主义，总任务是实现社会主义现代化和中华民族伟大复兴，在全面建成小康社会的基础上，分两步走在本世纪中叶建成富强民主文明和谐美丽的社会主义现代化强国；明确新时代我国社会主要矛盾是人民日益增长的美好生活需要和不平衡不充分的发展之间的矛盾，必须坚持以人民为中心的发展思想，不断促进人的全面发展、全体人民共同富裕；明确中国特色社会主义事业总体布局是"五位一体"、战略布局是"四个全面"，强调坚定道路自信、理论自信、制度自信、文化自信；明确全面深化改革总目标是完善和发展中国特色社会主义制度、推进国家治理体系和治理能力现代化；明确全面推进依法治国总目标是建设中国特色社会主义法治体系、建设社会主义法治国家；明确党在新时代的强军目标是建设一支听党指挥、能打胜仗、作风优良的人民军队，把人民军队建设成为世界一流军队；明确中国特色大国外交要推动构建新型国际关系，推动构建人类命运共同体；明确中国特色社会主义最本质的特征是中国共产党领导，中国特色社会主义制度的最大优势是中国共产党领导，党是最高政治领导力量，提出新时代党的建设总要求，突出政治建设在党的建设中的重要地位。

新时代中国特色社会主义思想，是对马克思列宁主义、毛泽东思想、邓小平理论、"三个代表"重要思想、科学发展观的继承和发展，是马克思主义中国化最新成果，是党和人民实践经验和集体智慧的结晶，是中国特色社会主义理论体系的重要组成部分，是全党全国人民为实现中华民族伟大复兴而奋斗的行动指南，必须长期坚持并不断发展。

在党的十八届五中全会上,习近平同志系统论述了创新、协调、绿色、开放、共享"五大发展理念",强调实现创新发展、协调发展、绿色发展、开放发展、共享发展。牢固树立并切实贯彻这"五大发展理念",是关系我国发展全局的一场深刻变革,攸关"十三五"乃至更长时期我国发展思路、发展方式和发展着力点,是我们党认识把握经济社会发展规律的再深化和新飞跃。"五大发展理念"充分体现了社会主义本质要求和对社会发展方向的科学概括,"五大发展理念"是中国特色社会主义理论的重要组成部分,是将马克思主义基本原理与中国实践紧密结合的重要成果,是构建中国特色社会主义政治经济学的重要基石和理论主线。

理念来源于实践并用于指导实践,发展理念更是为了发现问题、提出问题、分析问题和解决问题。"五大发展理念"针对的是我国发展中的突出矛盾和问题,致力于破解发展难题、增强发展动力、厚植发展优势。创新发展注重的是解决发展动力问题。把创新摆在国家发展全局的核心位置,让创新贯穿党和国家一切工作,使创新成为引领发展的第一动力、人才成为支撑发展的第一资源,实现发展动力转换,提高发展质量和效益,促使经济增长从主要依靠物质资源密集投入的粗放类型转化为主要依靠全要素生产率提高的集约类型。协调发展注重的是解决发展不平衡问题。牢牢把握中国特色社会主义事业总体布局,正确处理发展中的重大关系,例如城乡之间的关系、地区之间的关系等,就能在协调发展中拓展发展空间,在加强薄弱领域中增强发展后劲,形成平衡发展新结构。绿色发展注重的是解决人与自然和谐问题。加快形成人与自然和谐发展现代化建设新格局,推进美丽中国建设,就能既要绿水青山,也要金山银山,绿水青山就是金山银山,从根本上解决人口资源环境之间的矛盾问题,实现我国经济社会的可持续发展并为全球生态安全作出新贡献。开放发展注重的是解决发展内外联动问题。发展更高层次的开放型经济,积极参与全球经济治理和公共产品供给,就能构建广泛的利益共同体,形成深度融合的互利合作格局,实现中国发展与世界发展的更好互动。共享发展注重的是解决社会公平正义问题。在经济持续较快增长的基础上,优化和完善收入分配格局,将解放发展生产力与实现共同富裕更加有机地统一起来。坚持发展为了人民、发展依靠人民、发展成果由人民共享,就能使全体人民在共建共享中有更多获得感,同时使国家各项事业的持续发展获得深厚伟力。

2017年10月举行的中国共产党第十九次代表大会,是在我国全面建成小康社会决胜阶段、中国特色社会主义进入新时代的关键时期召开的具有重要意义的大会。党的十九大报告做出了"中国特色社会主义进入新时代"的重大论断,确立了习近平新时代中国特色社会主义思想的指导地位,并明确提出:中国特色社会主义进入新时代,我国社会主要矛盾已经转化为人民日益增长的美好生活需要和不平衡不充分发展之间的矛盾。党的十八大以来,以习近平同志为代表的中国共产党人在国内外形势变化的背景下,针对新时代坚持和发展中国特色社会主义的总目标、总任务、总体布局等重大时代课题,创立了习近平新时代中国特色社会主义思想。党的十九大报告还明确提出:我国要在全面建成小康社会的基础上,乘势而上开启全面建设社会主义现代化国家新征程,即要"从二○二○年到二○三五年,在全面建成小康社会的基础上,再奋斗十五年,基本实现社会主义现代化";"从二○三五年到本世纪中叶,在基本实现现代化的基础上,再奋斗十五年,把我国建成富强民主文明和谐美丽的社会主义现代化强国"。为了顺利推进我国的现代化进程,我国在经济领域必须贯彻新发展理念,建设现代化经济体系。特别是,立足于经济由高速增长阶段转向高质量发展阶段的特定背景,我国必须将建设现代化经济体系作为跨越关口的迫切要求和经济发展的战略目标,深化供给侧结构性改革,加快建设创新型国家,实施乡村振兴战略,实施区域协调发展战略,加快完善社会主义市场经济体制,推动形成全面开放新格局。显而易见,党的十九大报告立足于"中国特色社会主义进入新时代"提出了一系列新判断、新命题,在经济领域,围绕贯彻新发展理念和建设现代化经济体系也提出了一系列的新认识、新观点,这些经济领域的重大命题需要我们立足于马克思主义的当代化和中国化、立足于中国特色社会主义政治经济学进行阐释,从而依靠发展实践和理论创新之间的相辅相成来推动我国经济的高质量发展和现代化进程。

2017年是《资本论》第一卷出版150周年,2018年是马克思诞辰200周年。纪念马克思诞辰200周年需要深入学习马克思主义的经典著作,而学习《资本论》、运用《资本论》、发展《资本论》就是对马克思《资本论》这部巨著最好的纪念。

2016年5月17日,习近平同志在哲学社会科学工作座谈会上指出:"有人说,马克思主义政治经济学过时了,《资本论》过时了。这个说法是武断的。"首先,在《资本论》中,马克思深刻分析和论证了资本主义经济危机产生的根源和必然性以及其运行过程和经济社会后果,因此在2008年国际金融危机爆发后,《资本论》在一些西方国家又成为畅销书。其次,《资本论》所揭示的商品经济规律,对于发展社会主义市场经济具有指导意义。特别是,《资本论》揭示的社会主义经济关系的特点和有关发展生产力的一些基本原理,对于中国特色社会主义建设事业具有直接指导意义。可见,《资本论》并没有过时,依然值得我们深入学习、研究和思考。今天我们进一步深化《资本论》的研究,扩展《资本论》研究的应用,对于增强马克思主义政治经济学理论自信,进而建构中国特色社会主义政治经济学理论体系具有直接的推动作用。同时,对于牢固树立中国特色社会主义道路自信、制度自信、理论自信和文化自信,以及推进中国经济社会发展都具有非常重要的意义。

Contents

一、《资本论》的产生和传播 / 1

(一)《资本论》产生的实践和理论背景 / 1

资本主义发展时期的理论产物。工人革命运动经验的系统总结。批判资产阶级经济学说的研究成果。

(二)《资本论》艰辛曲折的写作过程 / 5

马克思研究政治经济学的动因。马克思写作《资本论》经历的主要阶段。马克思在极为艰难的条件下从事《资本论》的写作。

(三)《资本论》四大卷的出版情况 / 9

《资本论》第一卷的问世。《资本论》第二卷的整理和出版。《资本论》第三卷较晚出版的原因。《资本论》第四卷出版的曲折过程。

(四)《资本论》在世界范围的广泛传播 / 13

对《资本论》沉默的围墙是怎样被冲破的?《资本论》受到各国工人阶级的热烈欢迎。《资本论》已经形成的各种外文版本。2008年世界经济危机后《资本论》在全球的热播。

(五)《资本论》在中国的传播及深远影响 / 16

《资本论》在中国的翻译和出版。中国共产党人一贯重视《资本论》的传播。2008年以来《资本论》在中国的影响正不断增强。

(六) 我国学习和研究《资本论》的新进展 / 20

二、《资本论》的理论和实践价值 / 23

(一)《资本论》是马克思主义理论体系的重要组成部分 / 23

《资本论》首先是马克思主义的政治经济学著作。《资本论》也是马克思主义的哲学著作。《资本论》还是马克思科学社会主义的主要著作。

(二)《资本论》是工人阶级实现自身解放的理论思想来源 / 26

《资本论》论证了社会主义一定胜利的历史必然性。《资本论》为无产阶级实现自身解放指出了努力的方向。

(三)《资本论》是分析资本主义新特征的重要理论依据 / 27

《资本论》的科学内核在垄断资本主义阶段仍具有解释力。《资本论》关于垄断的论述为后续的研究提供了认识起点。

(四)《资本论》是建设中国特色社会主义经济的指导原理 / 32

《资本论》涉及社会主义经济发展的直接提示。《资本论》在许多地方探究的是人类社会普遍规律。《资本论》的诸多原理对社会主义经济发展具有借鉴作用。《资本论》对社会主义初级阶段经济发展的指导作用。

(五)《资本论》为批判错误思潮和观点提供了重要理论依据 / 36

坚持历史唯物主义批判"上层建筑决定论"。按劳分配是社会主义的原则——批判按劳分配是旧事物的谬论。工人阶级内部的根本利益是一致的——批判工人阶级内部是阶级关系的谬论。社会主义更需要经济核算——批判"经济核算无用论"。

(六)对待《资本论》应既坚持基本原理又结合实践进行完善 / 39

《资本论》的基本原理对现阶段的经济实践仍有借鉴作用。《资本论》的原理也要通过实践进一步完善和发展。

三、《资本论》的研究对象 / 43

(一)《资本论》的研究对象是资本主义生产关系 / 43

针对生产方式的不同界定及其实质内涵。从《资本论》的内容看《资本论》研究对象。马克思主义经典作家对政治经济学对象的论述。

(二)《资本论》研究资本主义生产关系是结合四个环节完整展开的 / 47

第一卷集中分析资本主义直接生产过程中的关系。第二卷集中分析资本主义流通过程中的关系。第三卷集中分析资本主义分配过程中的关系。第四卷评述资本主义经济学说的理论演变史。《资本论》四大卷中都有针对消费关系的分析。

(三)《资本论》是在两对概念之间的矛盾运动中研究生产关系的 / 51

《资本论》研究生产关系结合了生产关系与生产力的矛盾运动。《资本论》研究生产关系结合了经济基础与上层建筑的矛盾运动。

(四)《资本论》研究对象对社会主义政治经济学的启示 / 54

社会主义政治经济学应该集中研究社会主义的生产关系。社会主义政治经济学要着力研究生产关系的四个环节。注重在两对概念之间的矛盾运动中深入研究社会主义生产关系。

四、《资本论》的体系结构 / 60

(一)《资本论》的整体体系结构 / 60

《资本论》是包括四大卷的完整政治经济学理论体系。《资本论》四大卷以剩余价值为中心展开论证过程。《资本论》是以合乎逻辑的出发点建立起来的研究框架。《资本论》体现出理论和历史相结合的重要论证特征。

(二)《资本论》每一卷都是研究主题相对独立的完整体系 / 63

《资本论》第一卷的框架结构。《资本论》第二卷的框架结构。《资本论》第三卷的框架结构。《资本论》第四卷的框架结构。

(三)《资本论》体系结构对社会主义政治经济学的启示和借鉴意义 / 67

像《资本论》那样社会主义政治经济学应该有完整的理论体系。像《资本论》那样社会主义政治经济学应该有一个合乎逻辑的出发点。像《资本论》那样社会主义政治经济学应该有一个中心贯穿全书。像《资本论》那样社会主义政治经济学要以马克思主义为指导吸取古今中外一切经济理论的合理成分。像《资本论》那样社会主义政治经济学应该是一个理论和历史相结合的完整体系。

五、《资本论》的研究方法 / 76

(一)《资本论》中的唯物辩证法及其应用 / 76

《资本论》中矛盾分析法的应用。《资本论》在运动过程中揭示资本主义生产关系。《资本论》中对质量互变规律的应用。《资本论》中对否定之否定规律的运用。抽象法是《资本论》方法的一个重要特点。逻辑和历史相结合是《资本论》方法的又一个特点。

(二)《资本论》各卷方法的主要特点 / 82

矛盾分析法是第一卷的主要特点。动态分析法是第二卷的主要特点。转形分析法是第三卷的主要特点。历史和逻辑相统一是第四卷方法的主要特点。

(三)《资本论》的方法对社会主义政治经济学的启示 / 85

社会主义政治经济学也应该运用矛盾分析法。社会主义政治经济学也要从运动过程中研究社会主义生产关系。社会主义政治经济学也应该运用抽象法。社会主义政治经济学既要注重质的分析也要重视量的分析。

六、《资本论》第一卷主要内容 / 92

(一) 劳动价值理论 / 93

抽象人类劳动形成价值实体。社会必要劳动时间决定商品的价值量。价值形式就是商品价值的表现形式。价值本质上是被物的外壳掩盖着的人与人的关系。

(二) 剩余价值生产的理论 / 97

劳动力成为商品是剩余价值生产的基础。剩余价值的生产过程。绝对剩余价值与相对剩余价值。剩余价值率是剥削程度的准确表现。工资理论是剩余价值生产理论的继续和补充。

(三) 资本积累理论 / 104

资本积累与资本主义再生产。积累与扩大再生产。资本积累与相对过剩人口。资本主义积累的一般规律。资本主义积累的历史趋势。

(四) 《资本论》第一卷与社会主义经济 / 110

揭示了社会主义经济的主要特征。社会主义生产过程二重性与社会主义基本经济规律。资本的两重功能与社会主义经济发展。社会主义要重视协作和社会分工。社会主义使用机器的范围大大超过资本主义。社会主义积累与扩大再生产。实行消费品个人所有制是社会主义的一个重要原则。

七、《资本论》第二卷主要内容 / 118

(一) 资本循环理论 / 119

货币资本的循环。生产资本的循环。商品资本的循环。产业资本总循环。流通时间。流通费用。

(二) 资本周转理论 / 124

周转时间和周转次数。生产资本构成对周转速度的影响。周转时间对周转速度的影响。加快资本周转速度可以生产和实现更多的剩余价值。

(三) 社会再生产理论 / 130

社会总资本的再生产和流通。社会再生产的核心是实现问题。简单再生产的实现条件。扩大再生产的实现条件。

（四）《资本论》第二卷与社会主义经济 / 138

  社会主义更加需要经济核算。马克思的再生产理论在社会主义社会仍然有效。

八、《资本论》第三卷主要内容 / 143

（一）利润理论 / 144

  利润的形成。平均利润与生产价格。利润率趋向下降的规律。商业资本也是获取平均利润的。

（二）利息理论 / 152

  生息资本及其各种表现形式。利息与利息率。股份公司与股票。资本主义的信用及其作用。

（三）地租理论 / 156

  资本主义土地所有制与资本主义地租。级差地租。绝对地租。资本主义地租和封建地租的区别。

（四）《资本论》第三卷与社会主义经济 / 161

  社会主义必须有积累。社会主义仍然要提高劳动生产力和坚持以农业为基础。社会主义也要重视价格、利润、利息、银行的杠杆作用。社会主义经济应关注地租和经济危机理论的借鉴作用。

九、《资本论》第四卷主要内容 / 166

（一）《剩余价值理论》第一册梗概 / 167

  货币主义和重商主义体系的合理表达者。最早对资本作系统解释的学派——重农学派。工场手工业时期集大成的政治经济学家——亚当·斯密。马克思关于生产劳动与非生产劳动的理论。

（二）《剩余价值理论》第二册梗概 / 171

  李嘉图以前地租理论的回顾。古典政治经济学的完成者——李嘉图。李嘉图的地租理论。李嘉图的价值理论。李嘉图的剩余价值理论。李嘉图的积累理论。马克思关于地租的理论。

（三）《剩余价值理论》第三册梗概 / 176

  李嘉图学派的解体过程。统治阶级的辩护士——马尔萨斯。从托伦斯、詹姆斯·穆勒、麦克库洛赫看李嘉图学派的解体。莱文斯顿、霍吉斯金等李嘉图学派社会主义者。拉姆赛、舍尔比利埃、琼斯发挥李嘉图理论的个别正确思想。庸俗经济学的阶级实质。

（四）《资本论》第四卷与社会主义经济 / 181

社会主义必须在资本主义物质基础上通过社会变革实现。社会主义经济必须更好发挥市场机制和政府职能的双重作用。社会主义社会必须有剩余劳动。社会主义的自由时间。

十、学习《资本论》的注意要点 / 185

（一）刻苦钻研《资本论》原著 / 186

必要的理论准备。从何读起。泛读、重读和精读。

（二）完整地准确地学习和掌握《资本论》的基本原理 / 191

不要把本来不是马克思的东西强加给马克思。不要把讹传再沿用下来。准确地掌握《资本论》的基本原理。要注重学立场、学观点、学方法。

（三）学习《资本论》要理论联系实际 / 193

学习《资本论》要联系社会主义的实际。学习《资本论》要联系当代资本主义实际。学习《资本论》要联系思想实际。

（四）要有一丝不苟的治学态度 / 196

认真做读书笔记。要知其所以然。要持之以恒。

后记 / 198

复旦大学泛海书院简介

一、《资本论》的产生和传播

《资本论》在德国工人阶级广大范围内迅速得到理解,是对我的劳动的最好的报酬。

——马克思:《资本论》第一卷第二版跋①

我们这一世界观,首先在马克思的《哲学的贫困》和《共产党宣言》中问世,经过了二十余年的潜伏时间,到《资本论》出版以后,就以日益增长的速度,扩大它的影响,并为日益广大的阶层所接受。现在,它已远远越出欧洲的范围,在一切有无产者和无畏的科学理论家的国家里,都受到了重视和拥护。

——恩格斯:《反杜林论》第二版序言②

《资本论》是马克思的主要著作,是马克思用毕生精力创作出来的一部宏伟的科学巨著。全书共四卷,4 000多页、300多万字。要了解《资本论》究竟是一部怎样的著作,我们先从《资本论》的产生和传播说起。

(一)《资本论》产生的实践和理论背景

任何经济理论都不是凭空出现的,都具有产生和形成的特定社会实践背景。《资本论》的产生也不是偶然的,它不是马克思个人冥思苦想的结果,而是资本主

---

① 《资本论》第1卷,第15页。书中《资本论》引文均出自《马克思恩格斯全集》:《资本论》第1卷系指《马克思恩格斯全集》第23卷(人民出版社1972年版);《资本论》第2卷系指《马克思恩格斯全集》第24卷(人民出版社1972年版);《资本论》第3卷系指《马克思恩格斯全集》第25卷(人民出版社1974年版);《资本论》第4卷(Ⅰ)(Ⅱ)(Ⅲ)系指《马克思恩格斯全集》第26卷第1册、第2册、第3册(人民出版社1972年、1973年、1974年版)。其他著作的版本,首次引用时注明出版机构、出版年份,之后不再重复。

② 《马克思恩格斯选集》第3卷,人民出版社1972年版,第49页。

义发展时期的理论产物,是对工人革命运动经验的系统总结,是批判资产阶级经济学说的研究成果。

资本主义发展时期的理论产物

《资本论》第一卷出版于1867年,而19世纪是资本主义不断发展且其内在矛盾不断显露的时期。这种时代背景意味着:《资本论》是在资本主义高速发展时期,无产阶级和资产阶级之间的斗争充分展开的情况下,为适应无产阶级革命斗争的需要而产生的。

马克思写作《资本论》从19世纪中叶就开始了。当时,资本主义生产方式已经在英、法、德等西欧主要国家和美国占据了统治地位。英国的产业革命把资本主义推向一个更高的发展阶段,使资本主义从工场手工业过渡到大机器工业。随着资本主义大机器工业的发展,无产阶级队伍迅速壮大起来,逐渐形成了一支独立的政治力量,并登上了世界政治历史的舞台。

资本主义高度发展产生了两个结果:一方面,大大地提高了社会生产力,使社会经济得到了迅猛发展;另一方面,也使资本主义生产方式中的生产社会化和生产资料私人占有制之间的矛盾充分暴露出来。随着资本主义基本矛盾的尖锐化,无产阶级与资产阶级之间的斗争也日益激化。从19世纪30年代开始,这种阶级斗争以工人起义的方式表现出来,1831年和1834年两次法国里昂纺织工人起义,在世界工人运动史上第一次揭开了反对资产阶级的光辉的一页。接着,英国和德国也相继发生了大规模的工人运动,1836—1848年英国掀起了著名的无产阶级宪章运动,1844年德国爆发了西里西亚纺织工人起义。这就是马克思在《资本论》中所说的:"城市无产阶级在里昂敲起了警钟,而农村无产阶级在英国又燃起了熊熊烈火。"[①]在那样的历史年代里,无产阶级反对资产阶级的斗争,虽然已经从经济斗争转为政治斗争,但是,当时的无产阶级还缺乏对自己历史使命的科学认识。无产阶级反对资产阶级的斗争,迫切地需要科学的革命理论来指导,需要对自己历史使命有清晰的、科学的认识。马克思的《资本论》就是在这样的社会历史条件下,适应这一历史要求,契合无产阶级反对资产阶级的斗争的需要而诞生的。由此可见,《资本论》的产生有其特定的时代背景,它首先是资本主义发展时期的理论产物。

工人革命运动经验的系统总结

《资本论》不仅是对资本主义发展内在矛盾的科学揭示,而且是无产阶级革命运动经验的系统总结。恩格斯说:"马克思首先是一个革命家。以某种方式参加推

---

① 《资本论》第1卷,第654页。

翻资本主义社会及其所建立的国家制度的事业,参加赖有他才第一次意识到本身地位和要求,意识到本身解放条件的现代无产阶级的解放事业,——这实际上就是他毕生的使命。"①马克思首先是革命家,是世界无产阶级革命运动的伟大导师。1847年,他就参加了"共产主义者同盟"的领导工作,并与恩格斯合作为同盟起草了著名的《共产党宣言》。1864年9月第一国际成立,马克思参加了成立大会并当选为总委员会委员,马克思成了第一国际的真正领袖。国际委员会所发表的一切文件,从1864年的成立宣言到1871年的《法兰西内战》这篇宣言,几乎都是马克思起草的。所以,列宁说:"马克思是这个协会的灵魂。"②

马克思在国际共产主义运动和工人运动中享有崇高的威望。恩格斯说:"马克思由于他在理论上和实践上的成就已经赢得了这样的地位,各国工人运动的最优秀的人物都充分信任他。"③马克思在写作《资本论》过程中,始终注重听取工人的意见,吸收工人群众的智慧和经验,搜集写作《资本论》的第一手资料。马克思住在伦敦梅特兰公寓时,是裁缝工人弗里德里希·列斯纳家中的常客,马克思与列斯纳经常一起散步,讨论各方面的问题。列斯纳曾经回忆说:"马克思认为同工人晤谈具有莫大的意义。同时他找的是那些并非奉承而是真诚地对待他的人。他认为倾听工人们对于运动的意见对他说来非常重要。他任何时候他都愿意同工人们讨论重大的政治经济问题,并且他很快就能知道他们对这些问题的理解是否充分。他们对这些问题理解得越充分,他就越高兴。"④

马克思在撰写《资本论》的同时,亲自参加了国际工人运动,同西欧各主要资本主义国家的工人运动保持着密切的联系,并领导着国际工人协会的斗争。马克思的整个理论活动是服务于无产阶级解放斗争事业的,他把理论活动同无产阶级的革命斗争实践有机地联系在一起。近年来,我国马克思主义学者在研究社会利益关系发展变化时,明确强调"马克思主义经济学公开声明是为无产阶级(大多数人)的利益服务的,是以谋求无产阶级利益为目的的经济理论体系"⑤。在实际斗争中,马克思用科学的方法总结了无产阶级长期进行阶级斗争的丰富经验,把它们概括为指导无产阶级革命的学说。马克思总结的无产阶级斗争的经验,主要就凝结在《资本论》这部伟大的政治经济学著作中。马克思说过:"我认为,对于工人阶级说来,我这部著作所能提供的东西比我个人参加任何代表大会所能做的工作都

---

① 《马克思恩格斯全集》第19卷,人民出版社1963年版,第375页。
② 《列宁选集》第2卷,人民出版社1972年版,第579页。
③ 《马克思恩格斯全集》第35卷,人民出版社1971年版,第224—225页。
④ 保尔·拉法格:《回忆马克思恩格斯》,人民出版社1973年版,第120—121页。
⑤ 洪远朋:《利益关系总论——新时期我国社会利益关系发展变化研究的总报告》,复旦大学出版社2011年版,总序言第2页。

更重要。"①

批判资产阶级经济学说的研究成果

《资本论》不仅具有特定的社会实践背景,而且也具有特定的经济理论背景。在马克思《资本论》出版之前,在经济学说史上已经出现了古典政治经济学,而在马克思写作《资本论》的同时代,也有许多政治经济学的理论学说。《资本论》不是对这些已有政治经济学理论的简单重复,它是在批判地继承英国古典政治经济学,并与资产阶级庸俗政治经济学做斗争中创立的。

在资本主义上升时期,主要资本主义国家产生了资产阶级古典政治经济学。它作为新兴资产阶级反对封建主义的思想武器,具有一定的科学性。古典政治经济学奠定了劳动价值论的基础,在不同程度上研究了剩余价值的各种形式,同时也强调了自由竞争对财富增长的作用等。但是,古典政治经济学整体上从维护资产阶级的利益出发,完全不敢触及资本主义社会的根本矛盾,同时倾向于将资本主义生产方式理解为最理想的经济制度。由于忽视或无视资本主义制度的内在缺陷和长期演变趋势,因此,这些理论学说不可能彻底揭示资本主义经济运动的客观规律。

马克思的《资本论》是在古典政治经济学广泛传播的背景下形成的。马克思对英国资产阶级古典政治经济学作了全面而详尽的科学分析,综合了它们的积极成果,批判地吸收了其中的科学成分,彻底地抛弃了其中的庸俗成分。在经济理论领域中进行了伟大的彻底的变革,从而创立了为无产阶级服务的、科学的革命的经济学说。列宁曾经说过:"马克思的学说是人类在十九世纪所创造的优秀成果——德国的哲学、英国的政治经济学和法国的社会主义的当然继承者。"②

随着资本主义的发展,无产阶级同资产阶级的矛盾日益尖锐,资产阶级政治经济学日益走向庸俗和反动。到19世纪30年代,资产阶级庸俗政治经济学就完全代替了古典政治经济学。资产阶级庸俗政治经济学声称自己是"不带任何价值判断"、"从实证科学的角度研究"的经济学,但实质上是完全适应资产阶级需要,为资本主义制度辩护,在经济表面现象上兜圈子的经济理论。同时,由于资本主义制度的发展导致了广大小生产者贫困和破产,于是又产生了企图阻止资本主义发展和退回到小生产的小资产阶级政治经济学。

在资产阶级庸俗政治经济学和小资产阶级政治经济学取代古典政治经济学的背景下,马克思《资本论》的写作不仅需要扬弃古典政治经济学的理论观点,而且

---

① 《马克思恩格斯〈资本论〉书信集》,人民出版社1976年版,第204页。
② 《列宁选集》第2卷,第441—442页。

需要同庸俗政治经济学和小资产阶级政治经济学的理论学说进行斗争。由此可见,《资本论》这部著作也就是马克思系统批判资产阶级经济学说的研究成果。马克思在《资本论》第一卷的序言中写道:"在政治经济学领域内,自由的科学研究遇到的敌人,不只是它在一切其他领域内遇到的敌人。政治经济学所研究的材料的特殊性,把人们心中最激烈、最卑鄙、最恶劣的感情,把代表私人利益的复仇女神召唤到战场上来反对自由的科学研究。"①马克思在给卡尔·克林格斯的一封信中也说过:"整个这一年我都在闹病(受到痛和疖子的折磨)。要不是这样,我的政治经济学著作《资本论》就已经出版了。现在我希望再过几个月就完成它,最后在理论方面给资产阶级一个使它永远翻不了身的打击。"②马克思在写作《资本论》过程中还和蒲鲁东、巴枯宁、拉萨尔、杜林之流的机会主义理论作了不懈的斗争。所以,《资本论》的副标题是"政治经济学批判"。

(二)《资本论》艰辛曲折的写作过程

马克思从1843年开始到1883年逝世为止,付出了40年的辛勤劳动,克服了各种难以想象的困难,才写完《资本论》这部政治经济学巨著。那么,马克思为什么要致力于政治经济学的研究呢?在写作《资本论》中又经历了怎样艰辛曲折的过程呢?

马克思研究政治经济学的动因

马克思于1818年5月5日生于德国特利尔城。中学毕业后,先入波恩大学法律系,后转入柏林大学。马克思在柏林大学五年中努力钻研法律、哲学和历史,尤其把主要精力用在哲学和历史上。后来,在实际生活和斗争中碰到大量的经济问题,例如:1842—1843年马克思在担任《莱茵报》主编期间,遇到要对物质利益即经济问题发表意见的难事;遇到莱茵省议会关于林木盗窃和地产分析的讨论;莱茵省总督就摩塞尔农民状况同《莱茵报》展开的官方论战,以及关于自由贸易和保护关税的论争等问题,这是促使马克思研究政治经济学的最初动因。恩格斯曾经说过:"我曾不止一次地听到马克思说,正是他对林木盗窃法和摩塞尔河地区农民处境的研究,推动他由纯政治转向研究经济关系,并从而走向社会主义。"③由此可见,马克思研究政治经济学和写作《资本论》不是一时的心血来潮,而是为契合现实生活和斗争的需要转而研究政治经济学的。

---

① 《资本论》第1卷,第12页。
② 《马克思恩格斯〈资本论〉书信集》,第189页。
③ 《马克思恩格斯全集》第39卷,人民出版社1974年版,第446页。

马克思写作《资本论》经历的主要阶段

从 1843 年底到 1883 年 3 月,马克思从事《资本论》的研究和写作。整个工作的进展过程,大体上可以分为以下几个阶段:

第一阶段:搜集材料,撰写政治经济学的读书笔记和手稿。这一阶段,由 1843 年 10 月底开始到 1858 年 5 月底告一段落,共 15 年,是为《资本论》写作做准备的阶段。由于时断时续,马克思的政治经济学笔记和手稿包括三部分,这就是:1843—1847 年读书笔记,包括这 4 年当中马克思摘录的 70 多个不同作者的著作,所写的 24 本共达 140 个印张的政治经济学笔记;1850—1851 年读书笔记,一共有 18 大本;1857—1858 年经济学手稿,这个共有 7 个笔记本的手稿是马克思多年进行政治经济学研究的成果。这实际上就是《资本论》的第一部手稿,它包括了《资本论》第一卷的主要内容,以及第二卷、第三卷里最重要的篇章。

第二阶段:动手写作和确定出版《资本论》的计划。这一阶段从 1858 年 6 月初到 1863 年 8 月,共 5 年时间。马克思在搜集了大量资料和确定了纲要之后,就动手写作了。马克思当时计划这部著作的书名叫《政治经济学批判》。这部巨著由三大部分组成:第一部分是政治经济学理论,第二部分是政治经济学史,第三部分是国民经济史。第一部分又分 6 册出版:(1) 资本;(2) 地产;(3) 雇佣劳动;(4) 国家;(5) 对外贸易;(6) 世界市场。第一册的第一分册讲商品和货币,相当于现在的《资本论》第一卷第一篇。第一分册于 1859 年 1 月写完,当年 6 月在柏林出版。在这本书中,马克思对商品、价值、货币理论作了系统的说明,特别是在该书的"序言"中,提出了唯物史观的著名论点。

第一分册写作完成之后,马克思立即着手第二分册《资本》的整理和写作。在写作过程中,马克思对政治经济学又作了大量的研究工作,并撰写了 1861—1863 年经济学手稿。在写这个手稿的过程中,马克思改变了计划,决定以《资本论》为书名,而以《政治经济学批判》作为副题,出版他的全部经济学手稿,1861—1863 年经济学手稿也就成了《资本论》的第二部手稿。这部有 23 个笔记本约 200 印张的巨大手稿在《资本论》创作史上具有非常重要的意义,它论述了《资本论》第一卷和第四卷的基本内容,分析了《资本论》第二、三卷的主要问题。其中,第四卷的内容占了很大篇幅,整理得最仔细,分析得最透彻,它有 110 个印张,占全部手稿的二分之一还强,标志着马克思批判资产阶级政治经济学进入一个新的重要阶段。

第三阶段:整理和修改《资本论》手稿。从 1863 年 8 月开始,马克思动手对 1861—1863 年经济学手稿进行整理,到 1865 年底,写出了《资本论》的第三部手稿。这部手稿对《资本论》第一卷作了进一步修改,对第二卷的内容也进行了比较完整系统的编排,同时全面地考察了资本主义生产总过程,这是《资本论》第三卷的唯一手稿。

从1866年1月1日开始，马克思对《资本论》第一卷进行誊清和加工，并于1867年4月2日完成《资本论》第一卷，该著作于1867年9月在德国汉堡出版发行。从1867年8月开始到1883年，马克思一方面继续修改《资本论》第一卷，出版新版本和翻印本；另一方面着手对《资本论》其余各卷进行整理和修改。本来在第一卷出版后，马克思曾计划在一年之内整理好其余各卷，一次全部出版，但出于高度的负责精神和严肃的工作态度，马克思对原稿不断进行加工，因此出版计划一再推迟。到1870年，《资本论》第二卷已经有了第四份手稿。1870年以后，马克思因病中断了一段时期的研究工作。从1877年开始，马克思又重新整理《资本论》第二卷的手稿。但是，《资本论》第二卷的修改和整理工作尚未最后完成，马克思就去世了。马克思坐在书桌前的椅子上心脏停止跳动时，在他面前的书桌上还放着正在修改的《资本论》第二卷和第三卷的手稿。

马克思在极为艰难的条件下从事《资本论》的写作

《资本论》是一部区别于古典政治经济学以及资产经济庸俗政治经济学的经济学巨著，它逻辑体系严密、论证过程细致、所使用的理论和历史资料翔实，写作这样的政治经济学巨著是极为不易的。更值得强调的是，马克思写作《资本论》是在非常困难的情况下进行的，他除了要经常与欧洲各国资产阶级政府和反动学者在政治上、精神上对他的迫害诬蔑进行斗争外，还要不断与贫困和疾病做斗争。马克思说过，《资本论》是"一部经过千辛万苦写成的著作（可能从来没有一部这种性质的著作是在比这更艰苦的条件下写成的）"[1]。燕妮·马克思也说过："恐怕没有一本书是在比这更困难的条件下写成的，我大概可以就此写一部秘史。"[2]马克思以真正的革命英雄主义和顽强刻苦的精神，克服了重重困难，才达到了预期的政治经济学写作目的。那么，马克思在写作《资本论》时，遇到哪些困难呢？

一是马克思遭遇到资产阶级政府的政治迫害以及资产阶级学者的理论诽谤。由于马克思是为无产阶级的事业服务的，他一方面积极参加和领导国际工人运动，一方面为无产阶级提供理论武器而从事《资本论》的创作。因此，他必然要遭到资产阶级政府的迫害和资产阶级学者的诽谤。马克思曾多次被欧洲反动政府驱逐出境，被提交法庭审判，甚至被捕入狱，他的著作和文章被视若洪水猛兽，不准发表。恩格斯曾经对马克思说："你现在是处于足以自豪的地位，即同时受到两大洲的攻击，这是连拿破仑都从来没有遇到过的。"[3]但是，马克思在政治迫害面前毫不屈服，他

---

[1] 《马克思恩格斯全集》第31卷，人民出版社1972年版，第562页。
[2] 同上书，第598页。
[3] 《马克思恩格斯全集》第27卷，人民出版社1972年版，第272页。

坚定地表示"哪怕是整个房子塌下来压在我的头上也要完成"《资本论》的写作①。

资产阶级学者和机会主义分子对马克思的攻击也是连续不断。资产阶级经济学家、讲坛社会主义者布伦坦诺，攻击马克思"捏造"引文，进行恶毒的谩骂；德国国家社会主义者及其门徒，诽谤马克思的剩余价值学说是剽窃德国庸俗经济学家洛贝尔图斯的；意大利庸俗经济学家洛里亚，也肆意歪曲和篡改马克思的理论。但是，马克思坚持真理，面对这些针对其理论学说的诽谤和攻击毫不怯懦。正如他在《〈政治经济学批判〉序言》中所说的："在科学的入口处，正像在地狱的入口处一样，必须提出这样的要求：'这里必须根绝一切犹豫；这里任何怯懦都无济于事。'"②以及在《资本论》第一版序言中所说的："任何的科学批评的意见我都是欢迎的。而对于我从来就不让步的所谓舆论的偏见，我仍然遵守伟大的佛罗伦萨诗人的格言：'走你的路，让人们去说罢！'"③

二是马克思肩负着理论研究和领导工人运动等多个方面繁忙的工作。马克思在写作《资本论》时还担负着第一国际的领导工作。马克思在给恩格斯的一封信中说："除写书以外，国际协会也占去了我的许多时间，因为实际上我是它的首脑。"④马克思正确地处理领导革命斗争和写作《资本论》的关系，既亲自领导了革命斗争，又完成了《资本论》的写作任务。马克思经常说："我们在为争取八小时工作制而斗争，可是我们自己的工作时间却往往两倍于此。"⑤有一次，马克思写信给恩格斯说自己昼夜工作："就像1848—1850年英国狗厂主把'换班制度'用在同一些工人身上一样，我也把这个制度用在自己的身上。"⑥

三是马克思面临着经济来源和物质生活方面的贫困的折磨。像马克思这样勤奋而又有天才的人，原本可以生活得舒适一些。但是，马克思绝不与资产阶级同流合污。马克思曾经庄严地宣布："我必须不惜任何代价走向自己的目标，不允许资产阶级社会把我变成制造金钱的机器。"⑦

马克思在写作《资本论》的过程中，过着流亡的生活，经济上非常困难，经常饭也吃不上，债主逼债简直门庭若市。马克思说："对他们的债务，总是一小部分一小部分偿还的。现在，四面八方都在袭击我了。""我想尽了办法，但是都枉然。"⑧马克思在写货币理论时给恩格斯的一封信中说："未必有人会在这样缺货币的情况下

---

① 《马克思恩格斯全集》第29卷，人民出版社1972年版，第241页。
② 《马克思恩格斯选集》第2卷，人民出版社1972年版，第85页。
③ 《资本论》第1卷，第13页。
④ 《马克思恩格斯全集》第31卷，第102页。
⑤ 《回忆马克思恩格斯》，第121页。
⑥ 《马克思恩格斯全集》第31卷，第181页。
⑦ 《马克思恩格斯全集》第29卷，第550—551页。
⑧ 《马克思恩格斯全集》第28卷，人民出版社1973年版，第127页。

来写关于'货币'的文章！写这个问题的大多数作者都同自己研究的对象有最好的关系。"①有时，家里东西典当光了，连出门的外衣也没有。《资本论》第一卷的出版，也没有使马克思的生活得到很大改善。有一次，他对二女婿保尔·拉法格说："《资本论》甚至将不够偿付我写作它时所吸的雪茄烟烟钱。"②正如列宁听说："贫困简直要置马克思和他的一家于死地。如果不是恩格斯经常在经济上舍己援助，马克思不但不能写成《资本论》，而且定会死于贫困。"③

由于贫困所迫，马克思的7个孩子只有3个女儿幸存下来。1881年12月2日，马克思的妻子燕妮也被癌症无情地夺去了生命。马克思同燕妮共同生活了37年，燕妮不仅是马克思朝夕相处、患难与共的终身伴侣，而且是共同献身于无产阶级解放事业的亲密战友。燕妮的逝世使马克思在精神上留下难以医治的创伤。他写信给一个朋友说：我现在特别想完成《资本论》的写作，以献给我的妻子。遵照马克思的遗愿，《资本论》第二卷和第三卷是献给燕妮·马克思的。

四是马克思在政治经济学研究过程中还经常遭受到疾病的侵袭。繁重的工作任务和经济上的烦恼，使马克思经常生病，不是牙痛，就是头痛；先是肝病，后是胆病；生了疖子，又得感冒。马克思说："我并不是时间的主人，而宁可说是它的奴隶。给我自己留下的是夜里的时间，而肝病的经常侵袭和复发，又使这种夜间工作受到妨碍。"④但是，马克思仍不顾自己的身体健康，日夜苦战，通宵达旦，"像匹马一样地工作着"⑤。《资本论》的有些篇章"是在病的折磨和债主每天登门逼债的情况下写成的"⑥。身体状况越差，马克思越是加紧写作。1867年4月10日，马克思说："我一直在坟墓的边缘徘徊。因此，我不得不利用我还能工作的每时每刻来完成我的著作，为了它，我已经牺牲了我的健康、幸福和家庭……如果我没有全部完成我的这部书（至少是写成草稿）就死去的话，我的确会认为自己是不实际的。"⑦

（三）《资本论》四大卷的出版情况

作为马克思主义政治经济学的代表性著作，《资本论》四大卷从写作到出版，马克思和恩格斯整整花了50年时间，后来人们断断续续又花了近70年时间进行《资本论》的整理和出版，也就是前后总共花了将近120年时间，才使《资本论》作

---

① 《马克思恩格斯〈资本论〉书信集》，第141页。
② 《回忆马克思恩格斯》，第3页。
③ 《列宁选集》第2卷，第578页。
④ 《马克思恩格斯全集》第29卷，第530—531页。
⑤ 《马克思恩格斯全集》第31卷，第124页。
⑥ 同上书，第331页。
⑦ 同上书，第543—544页。

为一个完整的理论体系呈现在人们面前。

《资本论》第一卷的问世

马克思本来准备将四卷《资本论》全部整理修改后一齐问世。后来,根据恩格斯的建议,从1866年1月1日起,马克思对《资本论》第一卷进行最后的润色加工,先行付印。1867年4月初交出版商,1867年4月29日开始排印,1867年8月16日深夜两点马克思给恩格斯写信报喜。马克思满怀激情地说:"亲爱的弗雷德:这本书的最后一个印张(第四十九印张)刚刚校完。……这样,这一卷就完成了。其所以能够如此,我只有感谢你!没有你为我作的牺牲,我是决不可能完成这三卷书的巨大工作的。我满怀感激的心情拥抱你!"①

1867年9月14日,《资本论》第一卷正式在德国汉堡出版。马克思把《资本论》第一卷献给威廉·沃尔弗。在《资本论》第一卷的扉页上写着:

献给
我的不能忘记的朋友
勇敢的忠实的高尚的无产阶级先锋战士
威廉·沃尔弗
1809年6月21日生于塔尔瑙
1864年5月9日死于曼彻斯特流亡生活中

《资本论》第一卷第一版,共印1 000册。马克思说:"这部著作是我1859年发表的《政治经济学批判》的续篇。"②恩格斯说:"第一卷是一部相当完整的著作,并且二十年来一直被当作一部独立的著作。"③

《资本论》第二卷的整理和出版

《资本论》第二卷是马克思写作、恩格斯编辑整理出版的。马克思逝世后,恩格斯立即放下自己正在著述中的《自然辩证法》一书,担负起整理和出版《资本论》第二卷和第三卷的重任。

马克思留下的第二卷的稿本很多,一共有八份手稿,但是,除了1870年写的第二稿比较完整以外,其余都是片断性的、甚至是提示性的手稿。所以,恩格斯编辑第二卷的任务十分艰巨。恩格斯说,整理《资本论》第二卷手稿,"这需要花费不少

---

① 《马克思恩格斯全集》第31卷,第328—329页。
② 《资本论》第1卷,第7页。
③ 同上书,第35—36页。

的劳动,因为像马克思这样的人,他的每一个字都贵似金玉"①。而且这项工作只有恩格斯本人才能胜任——"因为现在活着的人中只有我才能辨认这种字迹,这些缩写的字以及整个缩写的句子。"②

恩格斯根据马克思在手稿上注明的提示开展工作,整个《资本论》第二卷是以1870年马克思的第二稿为基础进行整理的。恩格斯对编辑出版《资本论》第二卷的要求是:"使本书既成为一部联贯的、尽可能完整的著作,又成为一部只是作者的而不是编者的著作。"③

恩格斯整理和出版《资本论》第二卷大体上经历了这样几个步骤:

第一步:辨认手稿字迹,加以誊清。由于繁重的革命工作和年老多病,恩格斯不能久坐。后来就请了一个勤奋肯干的秘书艾森加尔腾,每天上午10点到下午5点,由恩格斯躺在沙发上口授手稿,由艾森加尔腾记录下来。

第二步:恩格斯每天晚上对口授稿进行加工,整理出初定稿。

第三步:分批定稿,分批寄出付印。1885年2月3日,恩格斯寄出最后一批整理稿;1885年7月初,《资本论》第二卷在德国汉堡出版。

《资本论》第三卷较晚出版的原因

《资本论》第三卷和第二卷一样,是由恩格斯根据马克思遗留下来的手稿整理出版的。它出版于1894年,比第二卷的出版晚了9年,比第一卷的出版晚了28年。距离马克思写好这个草稿的1865年,则整整过去了30年。那么,《资本论》第三卷出版这样迟的原因是什么呢?

首先,是因为恩格斯的眼病所导致的视力衰退的影响。1888年,恩格斯的眼病开始严重起来,1889年已经不能再在灯下看书了,这就对《资本论》第三卷的整理和出版带来了很大影响。

其次,是因为恩格斯还有许多别的重要工作需要花精力去做。例如,马克思和恩格斯以前的各种著作的新版和翻译,以及由此引起的订正、作序和增补等,这些工作占用了恩格斯大量的时间。

再次,是因为恩格斯要分出时间和精力领导工人的运动。在马克思逝世以后,日益壮大的国际工人运动繁重的领导工作就落在恩格斯身上,他要在这方面花费很大的时间和精力。

最后,是由于马克思写作的《资本论》第三卷只有一个初稿,而且极不完全,文

---

① 《马克思恩格斯全集》第36卷,人民出版社1974年版,第28页。
② 同上书,第102页。
③ 《资本论》第2卷,第3页。

稿带有草稿的性质,马克思手稿的原文字迹潦草,甚至恩格斯也经常要费很大的劲才能辨认。因此,恩格斯首先要把全部手稿口授一遍,整理出一个易读的抄本,然后再进行编辑工作。这就花费了大量的时间。

《资本论》第三卷的主要部分是马克思写的,有一部分是恩格斯增补的。例如该卷的第四章,马克思原来只有一个标题,内容都是恩格斯写的。恩格斯说过:第三卷有些地方所加的变更或增补,不只有编辑的性质,有些地方是根据马克思所提供的事实材料,或根据马克思的精神,而自行推得的结论。所以,恩格斯对第三卷的出版,也付出了艰辛的劳动。列宁说:"整理这两卷《资本论》,是一件很费力的工作。奥地利社会民主党人阿德勒说得很对:恩格斯出版了《资本论》第二卷和第三卷,就是替他的天才的朋友建立了一座庄严宏伟的纪念碑,在这座纪念碑上,他无意中也把自己的名字不可磨灭地铭刻上去了。的确,这两卷《资本论》是马克思和恩格斯两人的著作。"①

《资本论》第四卷出版的曲折过程

《剩余价值理论》又译为《剩余价值学说史》,它是马克思主要著作《资本论》的第四卷。马克思把《资本论》的前三卷称为理论部分,把第四卷称为历史部分。在第四卷中,马克思围绕政治经济学理论的核心问题——剩余价值理论,对资产阶级各派经济理论进行了系统的、历史的分析和批判。同时,又以论战的形式阐述了自己关于政治经济学的许多重要原理。

众所周知,马克思在世时并没有来得及把《资本论》第四卷整理出来付印。马克思逝世之后,对《资本论》手稿的整理和出版工作主要由恩格斯来进行,恩格斯完成了《资本论》第二卷和第三卷的整理和出版工作,他到临终前一直没有放弃把《资本论》第四卷整理出版的愿望。恩格斯读完了马克思针对政治经济学的内容庞大的手稿,并且改正了马克思手稿中许多明显的笔误。但是,恩格斯在《资本论》第三卷出版的第二年,也就是1895年就逝世了,他没有来得及把第四卷整理好并出版出来。

恩格斯在去世前,曾委托考茨基整理原稿,并作为《资本论》第四卷出版,但是,考茨基没有按照恩格斯的打算和手稿的内容出版马克思的手稿。考茨基把第四卷作为一部与《资本论》平行的独立著作,命名为《剩余价值学说史》,分作三卷,其中第二卷又分作两册,分别在1904年、1905年和1910年出版。由于有了考茨基整理的版本,马克思的这一部分手稿才能与读者见面,并译成不同文字在许多国家传播。但是,考茨基所编的马克思《剩余价值理论》版本,存在以下一些问题:

第一,考茨基认为《剩余价值理论》不是《资本论》第四卷,而是一部与《资本

---

① 《列宁选集》第1卷,人民出版社1972年版,第92页。

论》平行的著作。所以,他以《剩余价值学说史》的名义,将第四卷的内容当作一部独立的著作出版。

第二,考茨基改变了马克思手稿的结构,任意把一些部分重新作了安排,特别是第二卷完全是按照自己的想法重新编排的。据考茨基说,《剩余价值学说史》第二卷是依据《资本论》第三卷的体系对原稿"系统地加以编裁的结果"。

第三,马克思这部分手稿出版时被考茨基删去了一些内容。考茨基说,《剩余价值学说史》第二卷虽然"必须颠倒的地方更少",但"要在这一卷涂去的地方比较多"。

针对考茨基版本的上述问题,1954—1961年,苏联按照马克思的手稿次序重新编辑出版了《剩余价值理论》俄文新版本。1956—1962年编辑出版了《剩余价值理论》的德文新版本。1962—1964年则正式将新版本作为《资本论》第四卷,列入《马克思恩格斯全集》俄文第二版第二十六卷,并分Ⅰ、Ⅱ、Ⅲ三册出版。新版本基本上以马克思的亲笔手稿为依据,在编排方面利用了马克思在各本笔记封面上的目录。但是,新版各章节的标题大部分是俄文版编者自己加的。

(四)《资本论》在世界范围的广泛传播

《资本论》第一卷出版后,在理论和社会实践领域引起了很大影响,各种不同的人基于不同的立场和学术背景,对《资本论》的理论观点也采取了截然不同的态度。资产阶级企图以"沉默"扼杀这部巨著,工人阶级和社会主义者则极为欢迎。恩格斯对《资本论》在全世界的广泛传播作出了重要的贡献。

对《资本论》沉默的围墙是怎样被冲破的?

《资本论》第一卷出版后,资产阶级使用了沉默的手法,妄图扼杀这部伟大著作。马克思在第二版跋中曾讲到,资产阶级最初妄图用沉默置《资本论》于死地。为了粉碎资产阶级的阴谋,马克思和恩格斯与当时的资产阶级及其御用学者进行了顽强的斗争。当时,恩格斯提出了一个巧妙的战略计划,用各种不同的方式在各种不同特点的报刊上发表评论文章,来介绍《资本论》的内容,阐明马克思政治经济学理论的历史意义。恩格斯在一系列书评中,用了"迂回""反激"等战术,尽量挑起资产阶级学术界对《资本论》张开嘴巴。他甚至用资产阶级的观点对《资本论》进行抨击。1867年9月11日,恩格斯写信给马克思,提出:"为了推动事情,我是否需要从资产阶级的观点对书进行抨击?"同年9月12日,马克思答复说:"你从资产阶级观点对书进行抨击的计划是最好的作战方法。"[①]恩格斯出色地完成了这

---

① 《马克思恩格斯〈资本论〉书信集》,第233页。

个任务,冲垮了资产阶级用来包围《资本论》的这堵"沉默"的围墙,迫使资产阶级的辩护士跳出来攻击和诽谤《资本论》,结果却是《资本论》在更广泛的范围内传播开来。

《资本论》受到各国工人阶级的热烈欢迎

《资本论》主要是通过对剩余价值生产、实现和分配的考察,来深入分析资本主义经济的内在缺陷及其长期演变趋势。《资本论》第一卷的出版,使人们对资本主义生产方式的运动规律具有了深入的理解,并因此受到各国工人阶级的热烈响应和极大欢迎。国际工人协会及其各个支部的机关报和民主派报刊,都向马克思表示热烈祝贺,并用德文、法文、英文刊载了第一版的序言。

1867年10月,当时的工人哲学家狄慈根写信给马克思说:"您第一次用清晰而无可争辩的科学的形式,阐明了今后历史发展已被认清了的趋势……这是您的不朽功绩。"1868年,第一国际布鲁塞尔代表大会则通过了德国代表团提出的关于《资本论》的决议草案:"我们,布鲁塞尔国际工人代表大会的德国代表,建议所有国家的工人都来学习去年出版的卡尔·马克思的《资本论》;呼吁协助把这部重要著作翻译成目前还没有翻译出来的各种文字。马克思的功绩是不可估量的,他是经济学家当中对资本和它的组成部分作出科学分析的第一个人。"

《资本论》已经形成的各种外文版本

《资本论》最早出版的是德文本。1867年9月14日,《资本论》第一卷在德国汉堡出版,印数为1 000册。1871年秋天全部售完。1873年第二版分成九个分册出版,印数是第一版的两倍多。第三版于1883年在汉堡出版,印数为3 000册。1890年下半年又出了第四版。《资本论》第二卷的德文本,1885年7月在汉堡出第一版,1893年出第二版。第三卷1894年12月在汉堡出第一版。自恩格斯逝世到现在为止,德国各种出版社出版的《资本论》德文本有几十个版本。其中,以原民主德国柏林"迪茨出版社"的发行量最大,它从1947—1949年刊行第一版以来,到1975年已出了第21版。

《资本论》的第一个外文译本是俄文译本,1872年3月27日在俄国彼得堡出版第一卷,共印3 000册,很受俄国读者欢迎,在一个半月内就售出900多册。1885年俄文《资本论》第二卷出版,与德文版同一年出版。1896年俄文《资本论》第三卷出版,只比德文版迟一年。后来,俄国又出版了《资本论》五六个版本。十月革命后,比较通行的是斯切潘诺夫的全译本。从1960年起,《马克思恩格斯全集》俄文版开始出版,其中第23卷即《资本论》第一卷,第24卷即《资本论》第二卷,第25卷即《资本论》第三卷;第26卷即《资本论》第四卷。

《资本论》法文版也是出得比较早的一个版本。1872—1875年以分册的形式出版,马克思对此很赞赏,他说:"这本书这样出版,更容易到达工人阶级的手里,在我看来,这种考虑是最为重要的。"①法文版的结构作了较大的变动,由原德文版的七篇二十五章,改为八篇三十三章。原第四章《货币转化为资本》的三节变成独立的三章;原第二十四章《所谓原始积累》独立成为第八篇,其中七节改为七章。法文版中有三分之一以上的篇、章、节的标题做了改动,有的论述做了带理论性的修改和补充,有的地方补充了历史材料和统计资料。这个版本体现了马克思研究的新成果,正如马克思自己在法文版跋中所说的:它仍然"在原本之外有独立的科学价值"②。

《资本论》法文版出版后,在世界范围内得到了广泛的传播。以日本为例,有中国学者梳理了日本学术界对《资本论》法文版的翻译与研究③,结果发现:在马克思主义传入日本之后,一些马恩著作的早期译介者即对法文版《资本论》有所关注,20世纪50—60年代,佐藤金三郎、游部久藏、平田清明等人先后标举法文版《资本论》的重要性和独立科学价值;20世纪70年代以后,法文版《资本论》的全译本和综合性研究成果陆续出现;20世纪90年代以后,伴随着《马克思恩格斯全集》历史考证版(MEGA)第Ⅱ部分第7卷的出版,日本学者从MEGA的最新考证成果和马克思经济学体系出发,对法文版《资本论》进行了更加深入的研究。

1886年又出了《资本论》意大利文本,1887年出了英文译本。在恩格斯生前,《资本论》共用德、俄、法、意、英、波兰、丹麦、荷兰和西班牙9种文字出版了22版。其中,第一卷出了18版,第二卷出了4版,第三卷出了1版。恩格斯逝世后,《资本论》在全世界究竟出了多少种文字、多少版本,现在还没有精确的统计。据中共中央马克思、恩格斯、列宁、斯大林著作编译局统计,至1968年,《资本论》第一卷已在世界70个城市,以43种文字出版了220多种版本。目前,《资本论》在世界上流行的版本,第一卷以德文1890年的第四版为基础,第二卷以德文1893年第二版为基础,第三卷以德文1894年第一版为基础,第四卷原来用考茨基编的版本,现在多用苏联编的版本。

2008年世界经济危机后《资本论》在全球的热播

从时序来看,《资本论》在世界范围的传播与世界经济尤其是主要资本主义经济的实践发展紧密相关。尤其是,在20世纪柏林墙倒塌、苏联解体之后,《资本论》在世界的翻译、出版、传播和研究一度大幅缩减,在西方甚至某种程度上可谓乏人问津。但进入21世纪以来,伴随着新自由主义导致的资本主义经济危机的爆发,

---

① 《资本论》第1卷,第26页。
② 同上书,第29页。
③ 周思成:《日本学者对法文版〈资本论〉的翻译与研究》,《国外理论动态》2014年第7期。

特别是美国次贷危机和国际金融危机的爆发,《资本论》及其手稿再度成为热门读物,介绍、解读《资本论》的书籍也大量涌现①。2008 年,从美国开始的金融危机和经济危机席卷全球,其范围之广、影响之深,历史上少见,全球各界反映强烈。从地区来说,无论是美洲、欧洲,还是亚洲、非洲;从界别来说,无论是政界、商界还是学界,很多人在考察、在思考,在寻找原因、在寻找对策,这就在全球范围内出现了马克思热、《资本论》热。

在学术界,重新阅读《资本论》并以此探寻当前经济社会矛盾的科学解释和解决出路,甚至已经成为全球思想界一个值得关注的重要动向。例如:德国左翼社会主义大学生联盟(Die Linke. SDS)倡议,在全德范围内各高校开展"阅读《资本论》活动",从 2008 年 10 月冬季学期开始,在一年内阅读《资本论》第一卷;如果《资本论》第一卷阅读顺利的话,再推动第二、第三卷的阅读。同时,卢森堡基金会、马克思协会、柏林 MEGA 编辑出版资助协会则联合主办了在德国范围内研读马克思著作的松散组"马克思-秋季学校"(Die Marx-Herbstschule),该组织是"阅读《资本论》活动"的延伸,从 2008 年 10 月至 2013 年 10 月该组织分六期进行,参加者在每期不到三天的集中学习中,分成小组热烈地讨论《资本论》手稿②。2009 年,美国总统奥巴马上台执政后,曾获诺贝尔经济学奖的一位美国经济学家建议他读四本书,其中有一本就是马克思的《资本论》。21 世纪开始以来,世界范围出现的这股《资本论》热,绝不是偶然发生的。这是因为《资本论》是分析资本主义制度最深入、最详尽的著作,人们企望从中找到资本主义弊端产生的根本原因,并探索相应的对策和出路。

(五)《资本论》在中国的传播及深远影响

作为政治经济学领域的鸿篇巨制,马克思的《资本论》在 20 世纪初就开始传播到中国。新中国成立以来,中国共产党一贯重视《资本论》的学习和宣传。改革开放以来,我国在学习和研究《资本论》方面更是取得了很大进展。

《资本论》在中国的翻译和出版

根据考查,中国人最早知道的马克思的著作就是《资本论》。最早提到《资本论》的译著是《大同学》和《近世社会主义》。1899 年 2 月至 5 月的《万国公报》上,最先提到马克思的《资本论》。在《万国公报》第 123 期上的《大同学》提到:"试稽

---

① 崔友平:《〈资本论〉的传播与当代价值》,《当代世界与社会主义》2017 年第 3 期。
② 王凤才、袁芃:《〈资本论〉:从重新阅读到重新诠释》,《社会科学战线》2015 年第 12 期。

近代学派,有讲求安民新学之一家。如德国之马客偲,主于资本者也。"1903年,上海广智书局出版的《近世社会主义》译本中,称赞"马陆科斯之《资本论》,为一代之大著述,为新社会主义者,发明无二之真理,为研究服膺之经典"。

中国人自己介绍《资本论》,最早是由同盟会骨干之一的朱执信在《民报》第二号上发表的《德意志社会革命家小传》一文中介绍的。1908年,《夏声》杂志第三号上的《二十世纪之新思潮》一文中也介绍了《资本论》。1911年,天津出版的《维新人物考》一书中,提到马克思"其最著名著作为《产业》",即《资本论》。1912年,在上海出版的《新世界》杂志第二期上,有《社会主义大家马儿克之学说》一文,第一次对《资本论》作了简介。

国内最早的《资本论》译文,是1920年10月在上海出版的《国民》月刊第二卷第三号上,刊载了一篇《资本论自叙》,即《资本论》第一卷德文第一版的序言。最早的中译本,是1930年上海昆仑书店出版的陈启修的译本。这个译本只有《资本论》第一卷的第一篇。其次,是1932年在北京出版的两个译本:一个是东亚书局出版的潘冬舟的译本,这个译本是《资本论》第一卷的第二、三、四篇,分两册出版;另一个是侯外庐和王思华的《资本论》第一卷译本,当时分上中下三册,上册以"国际学社"名义出版,译者署名侯外庐、王慎民,中、下册以"世界名著译社"名义出版,译者署名玉枢、右铭(侯外庐,又名玉枢;王思华,原名王慎明,又名右铭)。这个译本到1936年6月在北京出了《资本论》第一卷的全译本。此外,还有1934年上海商务印书馆出版的吴半农的译本,这个译本只有《资本论》第一卷的第一篇和第二篇。所以,以上中译本都只是第一卷,有的只是第一卷的一部分。

《资本论》前三卷即理论部分第一至第三卷中文全译本,最早是1938年由上海读书出版社出版的郭大力、王亚南的三卷本。这个译本1953年作了一些修改后由人民出版社出版,1963年底又开始出这个译本的修改第二版。第一卷出版于1963年12月,第二卷出版于1964年11月,第三卷出版于1966年6月。从1972年起,又出版了中共中央马克思、恩格斯、列宁、斯大林著作编译局的全译本。第一卷即《马克思恩格斯全集》第23卷,出版于1972年9月;第二卷即《马克思恩格斯全集》第24卷,出版于1972年12月;第三卷即《马克思恩格斯全集》第25卷,出版于1974年11月。

改革开放以来,我国将《资本论》的整理、翻译、出版和传播放在更为重要的位置。《马克思恩格斯全集》中文第一版共50卷,从1955年开始编译,于1985年出齐,该版本主要是依据苏共中央马列主义研究院编辑的《马克思恩格斯全集》俄文版翻译出版的。1986年,中共中央马克思、恩格斯、列宁、斯大林著作编译局开始编译《马克思恩格斯全集》中文第二版,该版本以国际马克思恩格斯基金会正在编撰的《马克思恩格斯全集》历史考证版(MEGA)为蓝本,同时参考德、英、俄等其他版本开展编译工作。该版本将《资本论》三卷分别编为第44、第45和第46卷,并由人民出版社于2001年6月、2003年4月和2003年5月出版。《马克思恩格斯全集》中文第二版的第42卷和第43卷则分别为《资本论》第一版的德文版和法文版,这两卷也于2017年上半年由人民出版社出版了。此外,2004年中央组织实施了马克思主义理论研究和建设工程,按照该项工程的任务要求,中共中央马克思、恩格斯、列宁、斯大林著作编译局编译了十卷本《马克思恩格斯文集》,该文集翻译和校订所依据的外文版本主要有:《马克思恩格斯全集》历史考证版、《马克思恩格斯全集》德文版和《马克思恩格斯全集》英文版。文集的第五、第六、第七卷为马克思的《资本论》第一、第二、第三卷,第八卷为《资本论》手稿选编。该文集已于2009年12月由人民出版社出版。

《资本论》第四卷的中文译本现在一共有三种:一是1949年5月出版的郭大力译本。这个译本是郭大力同志根据1923年柏林出版的考茨基编本的第五版翻译的。书名是《剩余价值学说史——政治经济学批判遗稿》,该译本是分三卷四册出版的。

二是中共中央马克思、恩格斯、列宁、斯大林著作编译局翻译本。这个译本是根据《马克思恩格斯全集》俄文第二版第26卷并参考德文版译出的。书名是《剩余价值理论》,其中,第一册于1972年6月出版,第二册于1973年7月出版,第三册于1975年4月出版。

三是郭大力新译本。这个译本是郭大力同志根据新版本的德文本和英译本翻译的。题名仍叫《剩余价值学说史》,分为三卷。其中,第一卷于1975年12月出版,第二卷于1978年5月出版,第三卷于1978年10月出版。郭大力同志在新译本第一卷出版后不久,心脏病突然发作,于1976年4月9日逝世。他没有看到《剩余价值学说史》第二、第三卷的出版。

中国共产党人一贯重视《资本论》的传播

1919年,中国共产党创始人李大钊同志在《新青年》上发表了《我的马克思主义观》一文,第一个宣传了《资本论》的基本思想。1920年1月,伟大的共产主义战士周恩来同志在天津与北洋军阀斗争被捕,在狱中,他就热心宣传《资本论》。在记录他狱中生活的《检厅日录》中有这样的记载:"6月4日。晚上聚会……演讲会仍由周恩来续讲马克思主义——经济论中的余工余值说。""6月7日。晚上会议。……先开讲演会,周恩来续讲马克思学说——经济论中的《资本论》,同《资产集中说》。今天马氏学说已讲完了。"

1920年,毛泽东同志在长沙创办文化书社时,就开始推销有关介绍《资本论》的书籍。在革命战争的艰苦年代里,党中央和毛泽东同志也十分重视《资本论》的学习和宣传。1937年,毛泽东同志在他所著的《矛盾论》中,就号召全党必须学会《资本论》中所运用的唯物辩证法。他说:"中国共产党人必须学会这个方法,才能正确地分析中国革命的历史和现状,并推断革命的将来。"①1942年,毛泽东同志在《反对党八股》一文中还指出:"或者有人要说:《资本论》不是很长的吗,那又怎么办? 这是好办的,看下去就是了。"②

1949年,新中国成立之后,党中央也十分重视《资本论》的学习和宣传。在十年内乱中,《资本论》在我国的传播受到很大干扰和破坏。党的十一届三中全会以后,党中央十分重视《资本论》的学习和宣传。1980年10月,党中央书记处研究室编辑出版了《学习马克思关于再生产的理论》一书,书中选编了《资本论》第二卷的主要内容,党中央并发出正式通知号召县级以上干部学习《资本论》第二卷,进一步推动了全国《资本论》的学习和宣传。在党的号召下,不仅大专学生、中高级干部,还有不少基层干部和知识青年,都通过各种形式和途径学习马克思的主要著作——《资本论》。

2008年以来《资本论》在中国的影响正不断增强

在中国,人们在研究和分析2008年开始席卷全球的经济危机时,广大群众和学术研究者也想到了马克思,想到了《资本论》。2009年9月,上海科学技术文献出版社赶印出版的《通俗〈资本论〉》(新版),受到了社会各界的热烈欢迎,在市场上广为热销。2010年,中共中央宣传部、国家新闻出版总署把《通俗〈资本论〉》(新版)推荐为第二届10种优秀通俗理论读物之一;之后,教育部、上海市还授予该书社会科学优秀成果奖的荣誉称号。

进入21世纪以来,中央决策层更是将继承和发展马克思主义政治经济学放在极为突出的位置。2012年6月19日,习近平同志视察了中国人民大学《资本论》教学中心,并做了关于学习和研究《资本论》的重要讲话,这在中共党史中实属少见,也令全国广大社会科学工作者和干部群众深受鼓舞。他强调:"马克思主义中国化形成了毛泽东思想和中国特色社会主义理论体系两大理论成果,追本溯源,这两大理论成果都是在马克思主义经典理论指导之下取得的。《资本论》作为最重要的马克思主义经典著作之一,经受了时间和实践的检验,始终闪耀着真理的光芒。加强《资本论》的教学与研究具有重要意义,要学以致用,切实发挥理论的现实指导作用,进一步深化、丰富和发展中国特色社会主义理论体系。"2015年11月23日,中共中央政治局就马克思主义政治经济学基本原理和方法论进行第二十八

---

① 《毛泽东选集》第1卷,人民出版社1991年版,第308页。
② 《毛泽东选集》第3卷,人民出版社1991年版,第834页。

次集体学习,习近平总书记指出:"马克思主义政治经济学是马克思主义的重要组成部分,也是我们坚持和发展马克思主义的必修课。""学习马克思主义政治经济学,是为了更好指导我国经济发展实践,既要坚持其基本原理和方法论,更要同我国经济发展实际相结合,不断形成新的理论成果。"2016年5月17日,习近平总书记《在哲学社会科学工作座谈会上的讲话》强调:"马克思主义关于世界的物质性及其发展规律、人类社会及其发展规律、认识的本质及其发展规律等原理,为我们研究把握哲学社会科学各个学科各个领域提供了基本的世界观、方法论。"针对马克思主义政治经济学和《资本论》,习近平总书记指出:"有人说,马克思主义政治经济学过时了,《资本论》过时了。这个说法是武断的。远的不说,就从国际金融危机看,许多西方国家经济持续低迷、两极分化加剧、社会矛盾加深,说明资本主义固有的生产社会化和生产资料私人占有之间的矛盾依然存在,但表现形式、存在特点有所不同。国际金融危机发生后,不少西方学者也在重新研究马克思主义政治经济学、研究《资本论》,借以反思资本主义的弊端。"

(六) 我国学习和研究《资本论》的新进展

新中国成立之后,特别是党的十一届三中全会以来,我国学习和研究《资本论》取得了很大进展。葛扬、侯祥鹏两位学者采用实证方法对我国的《资本论》研究进行了文献计量分析[1],结果发现:2000—2010年我国以《资本论》为主题的1 872篇期刊论文表明中国《资本论》研究已经形成了以教授、副教授等具有较高学术地位者为主的核心研究队伍,以高等院校和社科院系统为主的核心研究机构,以《当代经济研究》《马克思主义研究》《经济学家》《南京大学学报》为主的核心学术期刊;研究中心地处北京和沿海发达地区,研究视角多元化,涵盖经济学、马克思主义、哲学等多个学科;研究主题动态化,既把握了价值理论、所有制、生产方式等传统研究领域,又抓住了改革开放、股份制、经济全球化、金融危机等时代热点。概括起来,新中国成立以来,尤其是改革开放之后,我国结合国内外变动的社会实践开展了对《资本论》的学习和研究工作,并在学习和研究中体现出对《资本论》基本原理、观点和方法论的继承与发展。

主要表现在:

第一,把学习和研究《资本论》与社会主义经济建设密切结合起来。例如,通过学习和研究《资本论》中关于商品价值、价格的理论,探讨了社会主义社会存在

---

[1] 葛扬、侯祥鹏:《〈资本论〉研究的文献计量分析》,《南京大学学报(哲学、人文科学、社会科学)》2012年第6期。

商品生产的原因,探讨了价值规律在社会主义经济中的作用和社会主义价格形成的基础。通过学习和研究《资本论》中剩余价值存在的经济物质基础,探讨了社会主义社会的共享价值概念对马克思劳动价值论的继承和发展①,共享价值应成为社会主义政治经济学尤其是中国特色社会主义政治经济学的重要概念范畴。通过学习和研究《资本论》中关于商品-货币-资本的分析逻辑,探讨了我国国有企业的根本问题是"资本"问题以及相应的改革主张②。通过学习和研究《资本论》中关于生产劳动的理论,探讨了如何划分社会主义生产劳动与非生产劳动的问题。通过学习和研究《资本论》中的社会必要劳动时间和平均利润理论,探讨了市场经济的竞争机制对创新的推动作用③。通过学习和研究《资本论》中关于再生产的理论,探讨了社会主义简单再生产与扩大再生产的关系、扩大再生产的源泉、再生产的基本条件和公式。通过学习和研究《资本论》中关于生息资本和地租的理论,研究我国在社会主义经济建设中实体经济与金融的关系以及土地要素的优化配置。通过学习和研究《资本论》及其手稿中的三大社会形态理论,提出了我国进入社会主义初级阶段后不可能跳过商品经济的充分发展阶段,社会主义初级阶段的经济建设需要市场经济④。通过学习和研究《资本论》中的生产力和生产关系的关系,提出社会主义现代化建设中解放和发展生产力,实现共同富裕,贯彻落实创新、协调、绿色、开放、共享新理念等。

第二,把学习和研究《资本论》与分析现代资本主义出现的新情况新问题结合起来。例如,运用《资本论》中的劳动价值论,剖析了"机器人"出现后是否还是劳动创造价值的问题。运用《资本论》中的货币理论,分析了黄金非货币化问题。运用《资本论》中资本增殖过程对生产力的双重作用,指出资本增殖在推动生产力发展的同时必然吮吸三种自然力——人的自然力、自然界的自然力和"社会劳动的自然力",由此相应地形成三个方面"贫困的积累":劳动者经济贫困的积累、生态环境的贫困积累、人与人关系的贫困积累,这就导致了资本主义社会的金融危机、经济危机和生态危机⑤。运用《资本论》中无产阶级贫困的理论,分析了现代资本主义国家工人阶级的状况。运用《资本论》中关于经济危机的理论,研究了第二次世界大战后资本主义世界经济危机的特点。运用《资本论》中资本增殖运动和剩余价值生成的理论,研究全球化背景下生态和环境变化与资本运动之间的关系。运

---

① 刘金燕、洪远朋、叶正茂:《共享价值论初探》,《复旦学报(社会科学版)》2015年第3期。
② 张馨:《论国企的根本问题是资本问题——〈资本论〉框架下的国企改革分析》,《财贸经济》2014年第7期。
③ 李义平:《市场经济为什么是创新的机器——基于马克思〈资本论〉相关论述的思考》,《教学与研究》2013年第3期。
④ 余源培:《〈资本论〉的当代意义》,《复旦学报(社会科学版)》2006年第5期。
⑤ 鲁品越:《〈资本论〉的基本思想及其在中国实践中的发展》,《思想理论教育》2016年第3期。

用《资本论》中关于虚拟经济的生成及其性质的理论,研究全球化背景下主要发达国家经济虚拟化的成因及其结果。运用《资本论》中生产资料所有制及其分配制度形成的当代化特征,研究了2008年美国次贷危机和国际金融危机的发生根源,阐明了"资本主义私有制是形成金融危机的深层制度原因,金融资本的独立性、逐利性和贪婪性是形成危机的直接原因,市场经济中商品内在二重性矛盾潜伏着危机产生的可能性,资本主义生产资料私人占有制使危机爆发成为必然现实"[①]等。

第三,把学习和研究《资本论》与建立社会主义政治经济学结合起来。例如,通过学习和研究《资本论》的出发点,探讨了社会主义政治经济学应该是以商品、以产品、以所有制还是以劳动为出发点的问题。通过学习和研究《资本论》的对象,探讨了社会主义政治经济学的研究对象是生产关系还是生产方式的问题。通过学习和研究《资本论》的基本原理和观点,探究了马克思主义政治经济学的当代化和本土化,特别是将马克思主义政治经济学基本原理与中国实践相结合,提出了构建中国特色社会主义政治经济学的重要命题。通过学习和研究《资本论》的方法,探讨了社会主义政治经济学如何运用历史唯物主义和辩证唯物主义,在经济学研究以及其他哲学社会科学研究中贯彻矛盾分析法、抽象上升到具体的方法、将逻辑分析与经验分析相结合的方法。通过学习和研究《资本论》的观点和方法,提出构建马克思主义政治经济学应以广义生产关系为对象和以经济利益为中心,以生产关系四环节为框架和以唯物辩证法为基础吸收新方法,且中国版的马克思主义政治经济学必须有"中国特色"[②]。通过学习和研究《资本论》的研究目的和研究对象,强调中国特色社会主义政治经济学的研究对象是中国特色社会主义的生产方式以及与之相对应的生产关系、交换关系,最后揭示中国特色社会主义的经济运行规律[③]等。

---

① 王伟光:《运用马克思主义立场、观点和方法,科学认识美国金融危机的本质和原因》,《马克思主义研究》2009年第2期。
② 洪远朋:《构建马克思主义政治经济学的新思维》,《探索与争鸣》2010年第2期。
③ 逄锦聚:《〈资本论〉的体系结构与中国特色社会主义政治经济学的关系》,《政治经济学评论》2017年第3期。

二、《资本论》的理论和实践价值

自地球上有资本家和工人以来,没有一本书像我们面前这本书那样,对于工人具有如此重要的意义。

——恩格斯:《卡·马克思〈资本论〉第一卷书评——为〈民主周报〉作》①

《资本论》在大陆上常常被称为"工人阶级的圣经"。任何一个熟悉工人运动的人都不会否认:本书所作的结论日益成为伟大的工人阶级运动的基本原则。

——恩格斯:《资本论》第一卷英文版序言②

《资本论》是马克思主义的主要著作,是马克思花费毕生精力创作出来的一部伟大的、划时代的科学巨著,具有巨大的理论价值和重大的现实意义。《资本论》第一卷德文版出版150年以来,这部科学巨著不仅是尚处在资本主义统治下的无产阶级寻求解放和社会变革的重要理论依据,而且是已经取得解放的无产阶级进行社会主义革命和开展社会主义建设的强大思想武器。

(一)《资本论》是马克思主义理论体系的重要组成部分

马克思主义整个理论体系是由马克思主义哲学、政治经济学和科学社会主义三大部分组成的。在整个马克思主义理论体系的"宏伟殿堂"中,《资本论》这部巨著是马克思主义的"百科全书",它概括了马克思主义的三个重要组成部分,完成

---

① 《马克思恩格斯全集》第16卷,人民出版社1964年版,第263页。
② 《资本论》第1卷,第36页。

了从古典政治经济学向马克思主义政治经济学的伟大变革,具有高度的科学性和巨大的理论意义。

《资本论》首先是马克思主义的政治经济学著作

《资本论》首先是一部伟大的政治经济学著作,它阐述了无产阶级革命运动的基本原理。在马克思以前已经有了政治经济学,不过那是资产阶级的政治经济学。资产阶级古典政治经济学,在资产阶级上升时期曾经有过一些成就,例如:古典政治经济学的代表人物斯密和李嘉图已经提出了劳动价值论,斯密还提出分工对经济增长的作用以及市场规模对分工的影响,李嘉图则提出了不同国家展开国际贸易的比较优势理论。但是,由于时代和阶级的局限性,资产阶级古典政治经济学整体上是从资产阶级的偏见出发,把资本主义视为一种永恒的绝对的社会制度。因此,资产阶级政治经济学在科学上不可能有真正的发展。与资产阶级政治经济学相反,马克思坚定地站在无产阶级立场上,通过《资本论》揭示了资本主义经济运动的规律,揭露了资本主义制度的剥削本质,得出了资本主义一定要灭亡,社会主义必然胜利的革命结论,使政治经济学成为无产阶级革命斗争最有力的理论武器。所以,有了马克思的《资本论》,政治经济学才真正获得了科学的地位,政治经济学才成为无产阶级的科学。所以,恩格斯称《资本论》"是工人阶级政治经济学的科学表述"[①]。

《资本论》也是马克思主义的哲学著作

马克思的《资本论》通过对剩余价值生产、实现和分配的系统论述,揭示了资本主义生产方式的内在缺陷以及长期演变趋势,因此,它毫无疑问是杰出的政治经济学著作。不仅如此,马克思的《资本论》还是一部光辉的哲学著作,是唯物史观的典范,是活的辩证法。马克思主义哲学就是辩证唯物主义和历史唯物主义。《资本论》从头到尾都是以辩证唯物主义为指导的,从头到尾贯穿了辩证唯物主义的方法,这为后来的人们展开政治经济学研究提供了方法论的重要启示。列宁在《哲学笔记》中说:"虽说马克思没有遗留下'逻辑'(大写字母的),但他遗留下'资本论'的逻辑,应当充分地利用这种逻辑来解决当前的问题。在'资本论'中,逻辑、辩证法和唯物主义的认识论[不必要三个词:它们是同一个东西]都应用于同一门科学,而唯物主义则从黑格尔那里吸取了全部有价值的东西,并且向前推进了这些有价值的东西。"[②]

马克思在《资本论》中运用唯物辩证法,揭示了资本主义发展过程自始至终的

---

① 《马克思恩格斯全集》第16卷,第411页。
② 《列宁全集》第38卷,人民出版社1959年版,第357页。

矛盾运动,这种矛盾运动体现在剩余价值生产、流通、分配和消费的所有环节之中,而最终资本主义的经济危机正是所有环节矛盾运动的逻辑和实践结果。列宁说:"马克思在《资本论》中首先分析资产阶级社会(商品社会)里最简单的、最普通、最常见、最平凡、碰到过亿万次的关系——商品交换,这一分析从这个最简单的现象中(从资产阶级社会的这个'细胞'中)揭示出现代社会的一切矛盾或一切矛盾的胚芽。"①

唯物史观是马克思发现的。早在1845年春,马克思就对唯物史观作了明确的表述,但是当时提出的唯物史观仍然是一种假设,还没有得到具体的证明。《资本论》出版后,情况就不同了。列宁指出:"自从《资本论》问世以来,唯物主义历史观已经不是假设而是科学地证明了的原理。"②总之,马克思主义哲学在《资本论》中得到最深刻、最全面、最彻底的证明和运用。所以,《资本论》实际上也是马克思给我们留下的一部具体的哲学与方法论著作。

《资本论》还是马克思科学社会主义的主要著作

在人类社会演进史和思想史上,"社会主义"这个词并不是马克思首先提出来的,它在19世纪初期就出现了。但是,那是空想的社会主义,它只是反映广大群众对资本主义制度不满和对建立一个平等社会的向往,是缺乏科学根据的。马克思的《资本论》出版以后,情况就不同了,它使社会主义完全建立在科学的基础上。从理论形成的角度看,如果说唯物辩证法提供了马克思理解资本主义社会的"方法论",而科学社会主义是马克思整个社会分析最终"结论"的话,那么《资本论》则构成了运用方法论并推导出最终结论的"论证"过程。从这个意义上说,《资本论》无疑是马克思科学社会主义的主要著作,正是建立在《资本论》的细致论证基础之上,马克思的科学社会主义才是具有说服力的。

在《资本论》中,马克思根据生产力与生产关系、经济基础与上层建筑辩证关系的原理,论证了资本主义必然灭亡、社会主义一定胜利是不以人们意志为转移的客观规律,从而使社会主义制度从空想变成了科学。恩格斯在《资本论》第一卷出版后曾经说过:"任何人,不管他对社会主义采取什么态度,都不能不承认,社会主义在这里第一次得到科学的论述。"③

我们知道,剩余价值学说作为一条红线贯穿于整部《资本论》,《资本论》四卷分别论述了剩余价值的生产、流通、分配以及马克思之前的经济学说史。正是马克思剩余价值学说的建立,使社会主义从空想变成了科学。恩格斯指出:关于剩余价值来源问题的解决"是马克思著作的划时代的功绩。它使社会主义者早先像资

---

① 《列宁选集》第2卷,第712—713页。
② 《列宁选集》第1卷,第10页。
③ 《马克思恩格斯全集》第16卷,第411—412页。

产阶级学者一样在深沉的黑暗中摸索的经济领域,得到了明亮的阳光的照耀。科学的社会主义就是从此开始,以此为中心发展起来的"①。

此外,《资本论》还包括马克思关于政治、法律、历史、教育、文学以及数理方法应用等方面的深湛见解。《资本论》本身语言生动、有血有肉、有活生生的图画、有小故事,从《资本论》中我们可以学到各方面的知识。苏联有个作者曾经写过一本书,名叫《〈资本论〉的文学构造》。我国也有作家号召文学工作者学习《资本论》,他的结论是:诗崇毛主席、文拜马克思。近年来,还有学者从《资本论》的逻辑体系和数理思维出发,利用数理方法整理、解说和重构马克思的劳动价值理论、剩余价值理论、资本循环理论、社会再生产理论、价值转形理论等②。

由此可见,《资本论》确是马克思主义的百科全书,是马克思主义理论的基本阵地,是马克思主义整个理论体系的重要组成部分,缺少《资本论》则马克思主义的理论学说就是不完整的。对于中国社会主义经济建设和理论研究而言,要坚持四项基本原则,掌握马克思主义的基本原理,就要学习马克思的主要著作——《资本论》。恩格斯曾经说过:"在我们看来,任何对政治经济学、工业、工人状况、文化史和社会主义感兴趣的人,无论他抱什么观点,都不能不读这本书。"③

(二)《资本论》是工人阶级实现自身解放的理论思想来源

在马克思主义的整个理论体系中,《资本论》具有举足轻重的作用。在理论应用和社会实践中,《资本论》也是工人阶级反对资本主义剥削制度的强大武器,具有巨大的革命意义。它不仅为工人阶级指出了社会主义革命胜利的必然性,而且为无产阶级指出了实现自身解放的有效道路。

《资本论》论证了社会主义一定胜利的历史必然性

马克思在《资本论》第一卷序言中说:"本书的最终目的就是揭示现代社会的经济运动规律。"④这里所说的现代社会的经济运动规律就是资本主义经济运动的规律。列宁说:"资本主义社会必然要转变为社会主义社会这个结论,马克思是完全而且仅仅根据现代社会的经济运动规律得出的。"⑤《资本论》通过对资本主义生

---

① 《马克思恩格斯选集》第3卷,第243页。
② 藤森赖明、李邦喜:《马克思经济学与数理分析》,社会科学文献出版社2014年版。
③ 《马克思恩格斯全集》第16卷,第262页。
④ 《资本论》第1卷,第11页。
⑤ 同上书,第819页。

产方式剥削事实的充分揭露,揭示了资本主义产生、发展和灭亡的客观规律,论证了资本主义制度一定灭亡、社会主义一定胜利的历史必然性,从而使无产阶级充分认识到自己的历史使命和前进方向。马克思在《资本论》第一卷第二版跋中曾经明确指出,无产阶级的历史使命就是推翻资本主义生产方式和最后消灭阶级。"就这种批判代表一个阶级而论,它能代表的只是一个阶级,这个阶级的历史使命是推翻资本主义生产方式和最后消灭阶级。这个阶级就是无产阶级。"①

《资本论》为无产阶级实现自身解放指出了努力的方向

《资本论》是从历史演进的角度来揭示资本主义经济运行规律的,这种对规律的揭示是要实现无产阶级的解放,或者说"人的全面发展"。从这个角度看,《资本论》不仅论证了资本主义制度的内在缺陷,而且涉及社会变革以及无产阶级寻求解放的出路。《资本论》是马克思站在无产阶级立场上用血和火的文字写成的,它强烈地揭露了资产阶级残酷剥削的罪行,说明无产阶级和资产阶级的矛盾是无法调和的,无产阶级只有通过社会主义革命才能推翻资产阶级的统治,获得彻底的解放。恩格斯在《资本论》第一卷英文版序言中说:"毫无疑问,在这样的时刻,应当倾听这样一个人的声音,这个人的全部理论是他毕生研究英国的经济史和经济状况的结果,他从这种研究中得出这样的结论:至少在欧洲,英国是唯一可以完全通过和平的和合法的手段来实现不可避免的社会革命的国家。当然,他从来没有忘记附上一句话:他并不指望英国的统治阶级会不经过'维护奴隶制的叛乱'而屈服在这种和平的和合法的革命面前。"②

正是因为这样,在马克思逝世以前,《资本论》已经被看成"工人阶级的圣经"。马克思逝世后,许多国家社会主义革命的胜利,无论是苏联十月革命,还是中国社会主义革命,都是《资本论》科学真理具体实践的光辉典范。现在,《资本论》仍然是尚处在资本主义统治下的无产阶级和广大劳动人民反对资本主义,争取社会主义胜利的最强大、最有力的理论武器。

(三)《资本论》是分析资本主义 新特征的重要理论依据

《资本论》的出版引起了资产阶级的极大恐惧和仇恨,他们从《资本论》出版时起,就千方百计地对该著作加以诋毁和诬蔑。到了垄断资本主义或帝国主义阶段,

---

① 《列宁选集》第2卷,第599页。
② 《资本论》第1卷,第37页。

他们又借口《资本论》的理论只适用于资本主义的自由竞争阶段,而不适用于垄断资本主义阶段,来攻击《资本论》在帝国主义阶段已经过时了。问题的关键在于:《资本论》真的对于分析资本主义新特征失效了吗?

《资本论》的科学内核在垄断资本主义阶段仍具有解释力

从生产方式的阶段特征来看,资本主义尤其是主要资本主义国家现在已经发展到垄断资本主义阶段。所谓垄断资本主义是指:"由于存在必要最小资本的规模扩大化的壁垒,部分经济部门成了垄断部门(也包括寡头大企业),资本无法自由进入其中;但与此同时,也存在着即使较小规模的资本也能自由进入的非垄断部门(中小零售企业、农业)。这就导致了部门之间相互异质化的资本主义,它向我们展示了具有结构性差别的资本主义形态。"[①]从经济运行主体的特征来看,垄断资本主义确实与马克思当时所处的自由竞争阶段有所区别。但二者始终不过是整个资本主义历史过程的两个不同发展阶段,尽管它们在个别的、局部的方面发生了某些变化,但它们的经济基础仍然是资本主义的生产关系,这个根本的性质没有发生改变。列宁说:"帝国主义是作为一般资本主义基本特性的发展和直接继续而成长起来的。"[②]

从时序的角度看,资本主义在危机、战争和技术革新的背景下会出现阶段性发展,人们通常将二战后的资本主义称为现代资本主义。现代资本主义是基于两次世界大战以及两次大战之间的经济危机及其应对的经验,通过财政-金融政策、就业政策、产业政策等手段以国家垄断资本主义的形式全面介入经济运行的过程,它在一段时期内取得了相当大的成功,甚至被誉为"黄金年代"[③]。然而,20世纪70年代的石油危机、布雷顿森林体系的解体以及新自由主义经济的复兴,导致资本主义开始从国家垄断资本主义向全球化资本主义过渡。这一过程呈现出资本主义历史的可变性,它可以局部地、短期地缓和资本主义生产方式内在矛盾,但当这种矛盾不断累积并冲破缓和方式提供的边界时,马克思所揭示的资本主义的经济危机就会爆发出来,并在全球范围内产生持续的扩散和震荡效应。

21世纪初的美国次贷危机和国际经济危机,为人们检验马克思《资本论》的解释力和预测力提供了一个重要契机。2007年4月,以美国第二大次级抵押贷款机构——新世纪金融公司——向法院申请破产为标志,美国金融系统随之爆发了严重的次贷危机(subprime lending crisis)。2008年美国次贷危机经过产业、地区之间的扩散已演变为席卷全球的国际金融危机或国际经济危机。此轮次贷危机爆发

---

① 鹤田满彦:《〈资本论〉与现代资本主义论》,《国外理论动态》2016年第1期。
② 列宁:《帝国主义是资本主义的最高阶段》,人民出版社1964年版,第79页。
③ 鹤田满彦:《〈资本论〉与现代资本主义论》,《国外理论动态》2016年第1期。

于世界最大的经济体美国,因此对全球经济的冲击和震荡效应异常猛烈,美国次贷危机爆发后旋即在产业、地域等层面产生了"多米诺骨牌"效应。自2008年爆发直至10年后的今天,全球经济在某种程度上依然处在后金融危机的深度转折和持续震荡阶段。无论是就卷入危机的国家数量而言,还是从经济震荡的持续时间来看,美国次贷危机以及由此引致的国际金融危机,无疑是1929—1933年"大萧条"以来全球范围内遭遇的最为严重的经济危机。

国际经济危机自然也引发出学术思想领域的关注和思考,尤其是,学术界基于2008年爆发的美国次贷危机和国际金融危机,重新思考马克思《资本论》对资本主义制度的"病理学"解析。例如:《21世纪资本论》的作者托马斯·皮凯蒂深受马克思《资本论》的影响,他的《21世纪资本论》与《资本论》在写作的历史背景、研究对象、研究内容、体系结构、研究方法、分配问题的重点和解决问题的思路等方面存在着区别[①]。但是《21世纪资本论》对经济学是有贡献的,该著作以丰富的历史资料表明:资本主义具有一种使财富和收入分配不均等程度日益加剧的长期内在趋势,20世纪的财富和收入差距缩小并不像库兹涅茨"倒U形曲线假说"所预言的那样是资本主义的一种正常现象,而是对资本主义长期趋势的一种偶然偏离[②]。值得强调的是,皮凯蒂在其著作中对马克思的政治经济学说给予了极大尊重和关注,他评论道:"马克思提出的无限积累原则表现出其深邃的洞察力,它对于21世纪的意义毫不逊色于其在19世纪的影响。从某个角度看,这个原则比李嘉图的稀缺性原则更加让人担忧。"[③]

尽管资本主义存在着从自由竞争阶段向垄断资本主义或帝国主义的演变,然而,只要存在着资本对剩余劳动的私人占有,那么《资本论》中分析资本主义制度的许多重要原理,对分析垄断资本主义或帝国主义仍然适用。例如:资本主义生产的实质、目的和动力是榨取剩余价值,这仍然是揭露帝国主义剥削本质的武器,所不同的是,在自由竞争阶段,剩余价值表现为平均利润,在垄断阶段表现为垄断高额利润。资本主义再生产过程,一直是通过周期性的经济危机,以巨大的破坏而自发调整的,到了垄断阶段,周期性的经济危机,不但未消失,而且进一步恶化。具体到美国,从20世纪80年代开始,作为全球GDP总量最大的经济体,美国的经济体系存在着这样的内在失衡:收入分配差距不断拉大但消费率不断提高。在这种情形下,美国采取了一系列的修复机制来缓和经济体系中的内部失衡,特别是,经济全球化导致市场供求对接的空间维度发生变化,经济金融化导致市场供求对接的时间维度发生变化,福利改进性则导致市场供求对接的制度维度发生变化,经济

---

① 崔友平:《〈资本论〉与〈21世纪资本论〉比较研究》,《马克思与现实》2015年第2期。
② 杨春学、张琦:《如何看待〈21世纪资本论〉对经济学的贡献》,《经济学动态》2014年第9期。
③ 托马斯·皮凯蒂:《21世纪资本论》,中信出版社2014年版,第13页。

全球化、经济金融化和福利改进性在某种程度上使经济危机具有了空间修复、时间修复和制度修复等功能,但这些并没有超越马克思所揭示的资本主义生产相对过剩和供求对接难题,因此也就不能在根本上规避或"消灭"生产相对过剩型的经济危机①。如果别除房地产泡沫化和金融虚拟因素,以及美国通过美元工具而形成的对外部资源的汲取因素,美国经济中的生产相对过剩问题将是严重的。尽管在短期内,经济全球化、金融化、福利化等机制可以修复或延缓美国经济的结构性问题,但并未在根本上解决生产相对过剩这个诱发经济危机的核心问题。正如有学者评论指出的:"回顾最近三十年来新自由主义的发展,全球化、金融化、互联网技术革命、资产泡沫乃至过度消费,都是使资本积累基本矛盾获得暂时'修复'的手段。这些形形色色的'修复'——空间修复、技术修复、金融修复等等——给资本积累基本矛盾创造了新的发展空间,同时也决定了危机爆发的最终形式。"②

对于马克思在《资本论》中所揭示的经济危机理论,有学者将其要点概括为:每次危机都源于资本主义积累的不可克服的矛盾;每次危机的克服都只能采取这样一些途径,这些途径不可避免地引起新的、照例更加严重的危机;资本主义发展到一定阶段后,世界规模的危机每隔一定时期必然重复发生③。这种评论凸显了马克思《资本论》揭示的是资本主义生产方式的基本经济规律和长期运动趋势,经济危机是与资本主义的基本制度、而不是资本主义的某个发展阶段或某种具体形态相关联的。无论是自由竞争阶段还是垄断资本主义阶段,资本主义的基本矛盾仍然是生产社会化和生产资料私人所有制之间的矛盾,资本主义社会的主要矛盾仍然是无产阶级和资产阶级之间的矛盾,到了垄断资本主义阶段这些矛盾进一步激化。资本主义一定要灭亡,社会主义必然胜利是不以人们意志为转移的客观规律,垄断资本主义是形态发生变化但最终必然会走向变革的资本主义。

《资本论》关于垄断的论述为后续的研究提供了认识起点

《资本论》本身在不少地方已经论证了自由竞争向垄断过渡的原理以及关于垄断的若干原理。例如,马克思在第一卷第二十四章揭示了垄断成为资本主义生产方式的桎梏。马克思说:"资本的垄断成了与这种垄断一起并在这种垄断之下繁盛起来的生产方式的桎梏。"④在第三卷第二十七章,马克思揭示了垄断和金融贵族的产生。恩格斯说:"竞争已经为垄断所代替,并且已经最令人鼓舞地为将来由

---

① 高帆:《马克思的经济危机理论:本源、拓展及当代意蕴》,复旦大学出版社 2014 年版,第 229—230 页。
② 孟捷:《新自由主义积累体制的矛盾与 2008 年经济-金融危机》,《学术月刊》2012 年第 9 期。
③ 门德尔逊:《经济危机和周期的理论和历史》,生活·读书·新知三联书店 1977 年版,第 184 页。
④ 《资本论》第 1 卷,第 831 页。

整个社会即全民族来实行剥夺做好了准备。"①马克思说:"它在一定部门中造成了垄断,因而要求国家的干涉。它再生产出了一种新的金融贵族,一种新的寄生虫——发起人、创业人和徒有其名的董事;并在创立公司、发行股票和进行股票交易方面再生产出了一整套投机和欺诈活动。这是一种没有私有财产控制的私人生产。"②在第三卷第五十章,马克思分析了垄断价格的产生及其性质问题。马克思说:"如果剩余价值平均化为平均利润的过程在不同生产部门内遇到人为的垄断或自然的垄断的障碍,特别是遇到土地所有权的垄断的障碍,以致有可能形成一个高于受垄断影响的商品的生产价格和价值的垄断价格,那么,由商品价值规定的界限也不会因此消失。某些商品的垄断价格,不过是把其他商品生产者的一部分利润,转移到具有垄断价格的商品上。"③

以上情况说明,《资本论》仍然是分析当代资本主义的理论依据。这就是说,《资本论》的基本原理、观点和方法论,在垄断资本主义阶段并没有过时。但是,《资本论》的学习也不能完全代替当代垄断资本主义问题的研究,不能将《资本论》的所有观点直接移植或对应到对当代资本主义国家经济问题的分析中。《资本论》第一卷德文版出版距今已经150年了,资本主义的本质并没有发生变化,但是,局部的质变和制度修补还是有的,不同的资本主义国家某些具体的制度安排也通常存在差别。例如:美国式的竞争资本主义和欧洲的福利资本主义并不完全相同。列宁根据马克思主义的原理,研究了19世纪末20世纪初资本主义的新发展,撰写并出版了《帝国主义是资本主义的最高阶段》,从而结合后来的社会实践发展了马克思主义。《帝国主义是资本主义的最高阶段》出版距今也有100年了,在这100年中资本主义世界又起了很大变化,特别是经济全球化、金融化和资本主义的国家职能均出现了若干新特征、新趋势。我们必须根据《资本论》的基本原理,从资本主义变动的社会实践出发,发现新情况,研究新问题,作出新的理论概括,进一步丰富和发展马克思主义的政治经济学。

从学术研究的角度看,国际学术界也充分关注到资本主义的多样性。例如:米歇尔·阿尔伯特(Michel Albert)在1991年出版了著作《资本主义对资本主义》(*Capitalisme contre Capitalisme*),在该著作中将资本主义分为以市场和金融为主的盎格鲁-萨克逊式资本主义(英国和美国)和社会共同体式的莱茵式资本主义(德国和日本)两种类型。法国调节学派重要学者阿玛布尔则将OECD国家分为以美国和英国为代表的"市场主导型资本主义",以意大利、西班牙为代表的"南欧型资

---

① 《资本论》第3卷,第495页。
② 同上书,第496页。
③ 同上书,第973页。

本主义",以北欧各国为代表的"社会民主主义的资本主义",以德国和法国为代表的"欧洲大陆型资本主义",以日本和韩国为代表的"亚洲型资本主义"五种类型[①]。这说明即使在全球化资本主义背景下,由于不同国家存在着发展阶段、经济结构、文化特征、人口规模等因素的差别,资本主义在空间意义的多样性是存在的。资本主义的时序演变性和空间多样性,需要在《资本论》的框架下进行阐释,由此就引发出两种马克思主义的特定资本积累结构理论:一是法国调节学派,该学派的中心观点是资本积累会按照某种积累体制所特有的规律运行,调节模式(model of regulation)则维持着积累体制内部各变量之间的均衡,调节模式的失灵及其演变造成资本积累的结构性危机爆发以及危机的缓和;二是美国积累的社会结构学派,其核心观点是资本主义经济中的快速增长和长期萧条交替发生,根源于资本主义社会一整套促进经济增长的制度的产生和崩溃,这一整套的社会制度就是"积累的社会结构"(SSA)。上述两个学派在很大程度上为资本主义的历史演变性和空间多样性提供了解释,现阶段我们在理解当代资本主义新特征时,需要从马克思《资本论》以及新近的马克思主义相关经济学说中获取思想养分。

(四)《资本论》是建设中国特色社会主义经济的指导原理

　　《资本论》主要是揭示资本主义经济运动规律的,它对社会主义经济的发展有没有作用呢? 1966 年 9 月林彪曾经攻击《资本论》在社会主义社会已经过时。他肆意评论道:"有人说《资本论》是理论的基本阵地,其实《资本论》只解决资本主义社会的规律问题。我们国家,资本主义已经打倒了,现在是社会主义的规律问题。"林彪的攻击绝无损于《资本论》的光辉。时至今日,有人主张《资本论》对中国实践问题缺少解释力的观点也无损于《资本论》的理论价值。《资本论》不仅是无产阶级进行社会主义革命的强大思想武器,而且也是无产阶级进行社会主义建设、发展社会主义经济的重要指针。《资本论》揭示的经济规律对于我国解放和发展生产力,实现共同富裕,贯彻落实创新、协调、绿色、开放、共享等发展理念具有重大理论支撑意义。

　　从论证逻辑来看,马克思的《资本论》通过对剩余价值生产、流通和分配等环节中经济规律的系统阐述,说明了资本主义生产方式的内在缺陷及其转向社会主义制度的长期趋势。这一论证逻辑主要是围绕资本主义生产方式而展开的,但其

---

① Bruno Amable, *The Diversity of Modern Capitalism*, Oxford University Press, 2003, pp176 - 177。吕守军、严成男:《资本主义多样性理论与〈21 世纪资本论〉》,《当代经济研究》2015 年第 9 期。

逻辑展开的前提、过程、方法论和落脚点对社会主义的经济发展具有重要指导作用。按照我国学者洪银兴的观点,马克思《资本论》概括起来包括四个方面的内容:第一,基本立场代表无产阶级根本利益;第二,研究对象是在一定生产力水平基础上的生产关系;第三,基本任务是阐述经济规律,尤其是社会主义代替资本主义的必然性;第四,研究方法是唯物辩证法和历史唯物主义①。从这种观点引申开来,马克思的《资本论》对社会主义的经济发展尤其是建设中国特色的社会主义经济至少存在如下重要启示:社会主义的经济发展是以满足绝大多数人的利益诉求为依归的,以人民为中心是社会主义经济发展的出发点和落脚点,自然地,解放和发展生产力、消除两极分化和实现共同富裕是社会主义经济发展的基本指向。社会主义的经济发展应该重视生产关系的作用,但生产关系的选择、调整和完善本质上受到生产力水平以及结构特征的影响,超越生产力水平去选择生产资料所有制以及分配制度往往会导致严重的经济后果。社会主义的经济发展应该注重在唯物辩证法和历史唯物主义等方法论指导下,总结和提炼社会主义经济的经济规律,这一规律是马克思主义政治经济学当代化和本土化的重要体现,其具有经济理论发展和特定国家社会实践指引等多种功能。

《资本论》涉及社会主义经济发展的直接提示

《资本论》主要是揭示资本主义经济运动规律的,但是,马克思在揭示资本主义经济运动规律的同时,还用对比的方式,科学地揭示了社会主义经济运动的一系列客观规律。例如:马克思在《资本论》中强调社会主义必须建立在生产力高度发展的物质基础上,社会主义必须大力发展和解放生产力,建立强大的物质基础。在生产力决定生产关系的规律作用下,社会主义必须"重新建立个人所有制",马克思指出:"从资本主义生产方式产生的资本主义占有方式,从而资本主义的私有制,是对个人的、以自己劳动为基础的私有制的第一个否定。但资本主义生产由于自然过程的必然性,造成了对自身的否定。这是否定的否定。这种否定不是重新建立私有制,而是在资本主义时代的成就的基础上,也就是说,在协作和对土地及靠劳动本身生产的生产资料的共同占有的基础上,重新建立个人所有制。"②社会主义仍然有剩余劳动,必须有积累;社会主义必须实行按劳分配为主的分配制度;社会主义必须加强经济核算,必须注重实体经济和虚拟经济之间的关联关系;社会主义要重视生产资料部门和生活资料部门之间的平衡;社会主义必须通过制度安排来解决不同群体之间的收入分配差距;等等。正确地掌握和运用马克思揭示的社

---

① 洪银兴:《〈资本论〉和中国特色社会主义经济学的话语体系》,《经济学家》2016年第1期。
② 《资本论》第1卷,第832页。

会主义经济运动的客观规律,对发展社会主义经济有直接的指导意义。

《资本论》在许多地方探究的是人类社会普遍规律

《资本论》在揭示资本主义经济运动规律的同时,不仅直接揭示了社会主义经济运动的一系列规律,而且揭示了人类社会普遍适用的经济规律、社会化大生产的共同规律、商品生产的一般规律。例如:生产关系一定要适合生产力发展的规律;生产关系或经济制度安排对生产力具有反作用的规律;商品经济中商品生产和价值实现的对立统一规律;劳动生产率不断增长的规律;资本有机构成等技术变化推动经济增长的规律;农业是国民经济运行基础的规律;人类的任何生产活动都需要协作;任何社会生产都必须有储备;社会化大生产要求加强企业管理;有商品生产就有价值规律发挥作用;经济活动需要生产、流通、分配、消费等不同环节保持平衡;经济增长需要考虑自然环境和生态等因素等。在社会主义社会,正确掌握和运用这些经济规律,对于发展社会主义经济有重大的指导意义,对于中国实现经济社会持续协调发展并构建中国特色社会主义政治经济学提供了基础性的理论渊源。

《资本论》的诸多原理对社会主义经济发展具有借鉴作用

马克思在《资本论》中揭示了资本主义经济运动的许多规律,资本主义社会的这些特有经济规律,是不能机械地照抄照搬到社会主义经济中来的。但是,资本主义某些特有的经济规律,如抛掉它的资本主义性质和目的,就它的方法来说,对于社会主义国家的经济建设和经济发展也有借鉴作用。例如:《资本论》第一卷第五章关于资本主义生产过程二重性的分析,对于社会主义经济体系中生产过程的分析;第一卷第十四章关于生产劳动和非生产劳动的分析,对于如何区分社会主义的生产劳动与非生产劳动;第一卷第四篇关于资本主义社会生产力发展阶段的分析,对于我们研究社会主义社会如何提高劳动生产率;《资本论》第二卷第一、第二篇关于资本循环和资本周转的理论,对研究社会主义企业如何加强经济核算和加速资金周转;第二卷第三篇关于社会总资本的再生产和流通,对于社会主义经济如何实现不同部门间的协调发展;《资本论》第三卷第一至第三篇关于平均利润和生产价格的理论,对于研究社会主义经济的利润和价格形成;第三卷第四、第五篇关于商业资本和生息资本的分析,对于社会主义经济如何发挥商业和银行的作用;第三卷第六篇的地租理论,对于社会主义农业集体经济的研究和农产品价格的制定等,都有借鉴作用。

由此可见,《资本论》在社会主义社会并没有过时,《资本论》的许多基本原理和方法对社会主义经济建设仍然有用,它应成为建设中国特色社会主义经济的指导原理。关键是我们要真正读懂读透《资本论》的基本原理、观点和方法论,并结合具体的经济社会实践加以应用,并在应用过程中通过经验的系统化总结和提炼,不断坚持、完善和发展马克思主义的政治经济学。因此,学习《资本论》,研究《资本论》,宣传《资本论》,运用《资本论》的某些原理和方法来推动社会主义经济建设,这是我们继承马克思的事业、将马克思主义理论当代化和本土化的一项重要任务。

《资本论》对社会主义初级阶段经济发展的指导作用

马克思在《资本论》中是从生产力和生产关系的相互作用出发,来论证资本主义剩余价值的生产规律的。在论证过程中有一个重要的推论,即资本主义的生产目的是获取剩余价值,而在这过程中表现出来两面性:一方面是劳动生产力的提高;另一方面是贫富的两极分化,最终导致了周期性的经济危机和资本主义生产关系的瓦解,即经济发展的力量同时也是自我毁灭的力量。解放生产力和共同富裕都是社会主义本质,而对处于生产力落后状态的我国来说,解放生产力、发展生产力是社会主义各项事业发展的基础。根据历史唯物主义,生产力和生产关系为辩证统一,因此,我们国家现在的生产力也必须有相应的生产关系与之匹配,因此也会有商品,也会有市场。同时,作为社会化大生产,需要统筹不同生产要素之间的分工协作,也就必然需要有资本。但是,资本的运动有其规律,不但有促进经济的效果,也会有负面的效果,比如贫富分化,比如失业等。这些都是马克思在《资本论》中所论述的。不可回避的是,中国在实行改革开放之后,生产力大大提高,人民物质生活极大丰富,但同时,失业问题、收入不平等问题,也成为当今中国面临的巨大挑战。与资本主义无法解决内部痼疾不同,以公有制为主体,以按劳分配为主体的社会主义中国,可以通过发挥市场和政府的双重力量,来解决经济发展中的问题,最终消除两极分化,实现共同富裕。

尤其值得一提的是,在论证生产力和生产关系的矛盾运动中,马克思对生产力的论述包含着对自然、生态、环境等问题的关注,这对社会主义经济特别是中国经济的持续协调健康发展具有重要的启示作用。马克思强调:"劳动首先是人和自然之间的过程,是人以自身的活动来引起、调整和控制人和自然之间的物质变换的过程。"[1]由此可见,马克思是从"人和自然之间的物质变换"来理解人与自然之间关系的,生产力的发展以及生产关系的展开不能离开自然、生态、环境等而独立进行。这种理解意味着马克思的《资本论》包含着丰富的生态思想,其核心是人与自然之间的物质变换[2]。在国际学术界,施密特、奥康纳、福斯特和岩佐茂等学者在《资本论》研究中,也对其理论蕴含的生态学思想进行了探索和研究,这些研究发现:马克思在《资本论》中对资本主义造成的生态破坏进行了批判[3]。近年来,韦斯科普

---

[1] 《资本论》第1卷,第201—202页。
[2] 胡家勇、李繁荣:《〈资本论〉中的生态思想及其当代价值》,《经济学动态》2015年第7期。
[3] 莫放春:《国外学者对〈资本论〉生态思想的研究》,《马克思主义研究》2011年第1期。

夫在回顾激进政治经济学 50 年发展史时,强调未来资本主义矛盾有两个基本来源:一是社会环境恶化和随之而来的国内动荡和矛盾;二是自然环境恶化和随之而来的地球生态资产的消耗和破坏[①]。

就中国的经济发展而言,改革开放近 40 年以来,我国在工业化快速发展和经济总量持续高速增长的背景下,生态环境保护与经济增长之间的冲突关系却在加剧。工业废水排放、工业废气排放、工业固体废物生产量等均呈现出快速的增长态势,单位 GDP 工业废水排放、单位 GDP 工业废气排放、单位 GDP 工业固体废物生产量则存在波动特征,农村中的点源污染、面源污染也渐趋严重。上述情形意味着:现阶段和今后较长时间我国面临的生态环境约束将渐趋增强,这不仅会对经济持续增长产生负面影响,而且会通过影响空气、水、食品的品质而直接影响城乡居民的身心健康。这种情形要求我国必须转变此前单纯追求经济增长的思路,着力通过全面深化改革来贯彻落实绿色发展理念,以形成更可持续、更为包容、资源集约型、环境友好型的经济发展。由此可见,《资本论》对中国社会主义初级阶段的经济发展具有重要的理论指导作用。

(五)《资本论》为批判错误思潮和观点提供了重要理论依据

马克思研究政治经济学,撰写和出版《资本论》,是从批判古典政治经济学、资产阶级庸俗政治经济学和小资产阶级政治经济学入手的。《资本论》这部著作的副标题就是《政治经济学批判》。《资本论》的每篇、每章几乎都有对资产阶级经济学说的批判,最后一卷即第四卷,还专门写了针对此前政治经济学说尤其是劳动价值论和剩余价值学说的批判史。所以,《资本论》是批判资产阶级、批判资产阶级经济学的锐利武器,同时,也可以作为我们现在批判错误经济思潮和观点的锐利武器。

坚持历史唯物主义批判"上层建筑决定论"

唯物史观是马克思主义政治经济学的理论基础。在《资本论》中,马克思全面论证了生产力决定生产关系、经济基础决定上层建筑的重要原理,并以此为基础,揭示了资本主义生产方式产生、发展和必然灭亡的规律。马克思在《资本论》中所运用的历史唯物主义的原理和方法,对于社会主义社会仍然适用。在我国,有段时

---

① Thomas E. Weisskopf, "Reflections on 50 Years of Radical Political Economy", *Review of Radical Political Economics*, 2014, 46(4): 437-447.

间曾出现这样的观点:"物质基础不是主要的,主要是精神",这是对马克思主义唯物史观的公然否定。在这种观点的提出者看来,社会主义生产关系的建立可以不以生产力的一定发展为基础,社会主义生产关系的变革可以不依赖生产力的发展,所有制的过渡也不需要物质条件。他们根本否认生产活动是人类最基本的实践活动。在他们看来,生产力的发展是无足轻重的,只要抓他们的"上层建筑",生产可有可无。这是典型的唯心史观,它反对马克思主义关于生产力在社会生产发展中起决定作用的原理。1981年中国共产党第十一届六中全会通过了《关于建国以来党的若干历史问题的决议》,该决议首次明确提出我国的社会主义制度还处在初级阶段。1982年中国共产党第十二次代表大会通过的《全面开创社会主义现代化建设的新局面》强调"我国的社会主义社会现在还处在初级发展阶段,物质文明还不发达"。1987年中国共产党第十三次代表大会通过的《沿着有中国特色的社会主义道路前进》则系统阐述了社会主义初级阶段理论,该理论强调:中国社会已经是社会主义社会,必须坚持而不能离开社会主义社会;中国的社会主义还处在初级阶段,必须从这个实际出发,而不能超越这个阶段。我国社会主义初级阶段理论的提出是对马克思历史唯物主义的直接体现,也是对唯心史观这种错误观点的坚决否定。

按劳分配是社会主义的原则——批判按劳分配是旧事物的谬论

社会主义必须实行按劳分配的原则,这是马克思在《资本论》第一卷第一章和第二卷第十八章都非常明确地讲过的。而且,马克思一再强调指出,只有社会主义才能实行按劳分配的原则,在资本主义社会不可能按劳动分配。但是,有种社会思潮却把按劳分配说成是资本主义社会就存在的旧事物,这种思潮的核心观点是:资本主义工资也是按劳分配。《资本论》中关于分配的理论告诉我们,资本主义的分配不是按劳分配,而是按资分配,资本家是按照资本的多少来瓜分工人劳动所创造的剩余价值的,至于工人出卖劳动力得到的工资,并不是劳动的报酬,而是出卖劳动力的价值或价格。在马克思的政治经济学中,工资是劳动力价值的货币表现,而不是必要劳动和剩余劳动获取的全部回报。如果工人为资本家做工,从资本家那里领得与他劳动相当的报酬,那么资本家就不可能榨取工人劳动所创造的剩余价值,资本主义就根本不能存在了。马克思一再指出,工资是劳动力的价值或价格,而不是劳动的价值或价格。否则,"或者消灭那个正是在资本主义生产的基础上才自由展开的价值规律,或者消灭那种正是以雇佣劳动为基础的资本主义生产本身。"[①]所以,那种认为资本主义社会已经存在按劳分配的观点,是根本违背马克思主义政治经济学的,是不符合历史事实的。

---

① 《资本论》第1卷,第586页。

工人阶级内部的根本利益是一致的——批判工人阶级内部是阶级关系的谬论

马克思在《资本论》中揭示了资本主义社会人们在生产过程中的相互关系归根到底是阶级关系,是整个资产阶级剥削整个工人阶级的阶级对抗关系。马克思说:"每一单个资本家,同每一个特殊生产部门的所有资本家总体一样,参与总资本对全体工人阶级的剥削,并参与决定这个剥削的程度,这不只是出于一般的阶级同情,而且也是出于直接的经济利害关系。"[①]在激烈的经济竞争中,不同的资本家之间存在着争权夺利、尔虞我诈,但从剥削整个工人阶级来说,他们的根本利益是一致的。马克思说得好:"资本家在他们的竞争中表现出彼此都是虚伪的兄弟,但面对着整个工人阶级却结成真正的共济会团体。"[②]因此,马克思一再强调工人应该以整个阶级来反抗整个资产阶级的剥削和压迫。为了"'抵御'折磨他们的毒蛇,工人必须把他们的头聚在一起,作为一个阶级来强行争得一项国家法律,一个强有力的社会屏障,使自己不致再通过自愿与资本缔造的契约而把自己和后代卖出去送死和受奴役"[③]。所以,在资本主义社会,工人阶级内部的根本利益是一致的,是阶级兄弟。在社会主义社会,由于所有制和分配制度的变化,特别是由于社会主义生产资料国有制和集体所有制的建立,工人成了社会生产过程的主人,工人阶级内部在根本利益一致的基础上形成了互助合作关系。但是,有种观点却把社会主义制度下工人阶级内部的互助合作关系诬蔑为无产阶级与资产阶之间的阶级关系,把企业内部领导与工人群众的关系、工人与工人之间、工人与技术人员、管理人员之间的关系,统统说成是阶级关系,用阶级关系来取代工人内部的不同环节、不同领域的社会分工关系。这是完全违背马克思主义关于阶级关系理论的。在工人阶级内部,没有根本的经济利害冲突。在社会主义社会,工人阶级内部不存在阶级对抗关系,更不可能是无产阶级和资产阶级之间的关系。

社会主义更需要经济核算——批判"经济核算无用论"

经济核算是社会生产发展的客观要求,在社会主义大生产中大为必要。马克思在《资本论》中说过:"在资本主义生产方式消灭以后,但社会生产依然存在的情况下,……簿记,将比以前任何时候都更重要。"[④]簿记,就是对生产经营过程中的劳动耗费和劳动成果,进行记录、计算、分析和对比的活动,也就是我们通常所说的

---

① 《资本论》第3卷,第220页。
② 同上书,第221页。
③ 《资本论》第1卷,第335页。
④ 《资本论》第3卷,第963页。

经济核算。经济核算对于推动企业的投入-产出分析以及社会主义的国民经济发展具有重要作用。所以,马克思在《资本论》中讲得非常清楚,社会主义不仅需要经济核算,而且比以往任何社会更加必要。然而,在我国一段时间内却出现了这样的论点:"大家都姓公,核算有啥用?"这种观点公开与马克思针对经济核算的理论唱反调。作为一个正处在社会主义初级阶段的发展中大国,我国实行的是以公有制为主体、多种所有制并存的基本经济制度,且经济运行机制正处在从传统计划经济转向现代市场经济的转轨阶段,我国深化经济体制改革就是要促使市场在资源配置中起决定性作用和更好发挥政府作用。显而易见,我国的社会主义国民经济发展是一个高度社会化的统一体,不同部门、不同企业以及企业内部的经济关系十分复杂,非常密切。只有加强经济核算,对生产过程中人力、物力、财力的各种消耗进行认真的记录、分析和核算,并基于市场机制的激励约束功能才能不断改善企业经营管理,提高劳动生产率,降低产品成本,增加盈利,为社会主义建设提供更多的积累,推动我国社会生产力的不断解放和发展。所以,经济核算对社会主义经济发展的作用很大,主张"经济核算无用论"的观点是荒谬的。

新中国成立以来,国内有些社会思潮对马克思主义政治经济学的篡改和歪曲,并不仅限于上述问题。例如,还可以运用《资本论》中关于商品生产的论述,批判社会主义商品生产必然导致资本主义的谬论;运用《资本论》中关于社会主义必须注重不同部类之间协调发展的原理,批判完全自由化、市场化并取消政府经济调控的谬论;运用《资本论》中企业管理是社会化大生产客观要求的论述,批判企业管理取消论和企业管理无用论;运用《资本论》中任何社会都需要积累的理论,批判积累有罪以及私营企业应该彻底取缔的观点,等等。

总之,《资本论》具有巨大的理论意义和重大的现实意义。《资本论》的科学真理为中国这样的社会主义国家开展经济建设提供了理论资源,而《资本论》的基本原理与中国社会实践相结合,也就成为马克思主义当代化、本土化以及构建中国特色社会主义政治经济学的前提条件。

(六)对待《资本论》应既坚持基本原理又结合实践进行完善

《资本论》的基本原理对现阶段的经济实践仍有借鉴作用

在现阶段的国内外社会科学研究中,有部分人并没有认真学过甚至根本没有读过《资本论》,只是由于看到资本主义世界出现了一些新情况,社会主义建设过程中走了一些弯路,就对《资本论》的现实意义产生了怀疑,这是完全错误的。

最通常的一种说法是：《资本论》讲的是150年以前的事，现在恐怕不适用了。《资本论》第一卷德文版出版至今确有150年了，但是，理论是否正确不是以时间来衡量的，而是用客观事实来检验的，理论的价值在于其对科学规律的揭示以及对社会实践的解释。《资本论》揭示的是经济规律，而不是经济现象。只要经济规律赖以存在的条件没有变，经济规律就仍然会起作用，反映经济规律的经济理论也就不会过时。例如：马克思在《资本论》中揭示的"生产剩余价值或赚钱，是这个生产方式的绝对规律"①，只要资本主义制度存在，资本主义的这个基本经济规律就不会失去作用。第二次世界大战之后，主要资本主义国家在全球化和金融化等新格局下，经济发展经历了所谓的"黄金时期"：经济增速较快，经济波动程度减缓。这似乎意味着马克思揭露的资本主义经济危机理论失灵了。然而，2008年的美国次贷危机和国际金融危机却以铁一般的事实告诉我们：主要资本主义国家一直存在生产相对过剩型的危机，尽管主要资本主义国家会采取多重修复功能来改变危机的发生形态，但马克思对资本主义的无限积累和经济危机规律的揭示仍有巨大的理论魅力。这个例证告诉我们，不是《资本论》已经过时，而是有些同志没有很好学习和掌握《资本论》的基本原理，也未能将《资本论》的基本原理与变动的经济格局结合起来以深入地理解社会实践。

有些同志经常喜欢拿无产阶级贫困理论做例子，来证明《资本论》已不能解释当代资本主义国家的现实。他们认为，现在资本主义国家工人有小汽车、电冰箱、个人电脑等，怎么能说工人的物质生活越来越坏呢？是的，马克思在《资本论》中确实论证了无产阶级贫困的理论，但是，在《资本论》中从来没有论证过什么绝对贫困化规律和相对贫困化规律，也没有用过绝对贫困化和相对贫困化这样的范畴，更没有说无产阶级的贫困就是工人的报酬越来越低，物质生活越来越坏。马克思讲得很清楚："不管工人的报酬如何，工人的状况必然随着资本的积累而日趋恶化。"①可是，某些政治经济学读物中，由于受20世纪50年代初苏联政治经济学教科书的影响，把所谓工人物质生活越来越坏的绝对贫困化规律，强加给了马克思的《资本论》。实际上这些理论并不是马克思的，马克思是相对于资本家的剩余价值积累来探究劳动者的工资水平的。这类问题也不能证明《资本论》已经过时，而只说明我们的政治经济学原理应该通过拨乱反正，恢复马克思主义政治经济学理论的本来面貌。

概言之，《资本论》的基本原理和方法论并没有过时，《资本论》的科学真理永放光辉。经济创新理论的提出者约瑟夫·熊彼特曾这样评论马克思的理论："大多数智力或想象力的创造，经过短的不过饭后一小时，长的达到一个世纪的时间，就

---

① 《资本论》第1卷，第679页。

永远消失了。但有一些创作却不是这样,它们遭受几度隐没,复又出现,它们不是作为文化遗产中不可辨认的成分而出现,而是穿着自己的服装,带着人们能看到的、摸到的自己的瘢痕而重现。这些创作,我们完全可以称之为伟大的创作——这个把伟大与生命力联结一起的称谓不会不恰当。从这个意义上说,无疑这伟大一词适合马克思的理论。"① 在经济学说史上,马克思的《资本论》不仅对后续马克思主义者的经济学说产生了重要影响,而且对西方经济学的学说演变也产生了深刻影响,这集中表现为:一是"马克思为现代宏观经济理论创建了基础";二是"马克思不只是经济学研究中许多理论的先驱者,而且为继续发展这些理论奠定了基础";三是"尽管马克思在未来的社会主义社会问题上保持沉默,但是马克思至少是在《政治经济学批判大纲》中对远至自动化时代的社会制度变革进行了概略的叙述"②。正是因为马克思的经济思想具有超越时空的重要影响力,英国广播公司(BBC)1999年9月根据网上民意测验排出了千年最伟大的思想家,马克思高居榜首就丝毫不令人感到吃惊。

《资本论》的原理也要通过实践进一步地完善和发展

还有些同志,对学习和研究《资本论》采取教条主义的态度,认为凡是《资本论》的论述都得照抄照搬,这也是错误的。《资本论》是一个极其丰富的马克思主义理论宝库。但是,《资本论》是行动的指南,而不是僵死的教条。

《资本论》中的某些论点与马克思早期或后期著作的观点并不完全一致。例如:在《雇佣劳动与资本》中,马克思还没有在概念上把劳动和劳动力区分开来,但在《资本论》中对这两个概念作了区分。马克思在《资本论》中没有把共产主义分为两个阶段,但是到了《哥达纲领批判》中有了这种区分。由于马克思本人对某些问题的认识也有一个过程,所以,出现前后观点不一致这种情况本来是正常的。但是,过去有人用马克思早期的提法否定晚期的提法,又有人用马克思晚期的提法否定早期的提法。对于这类问题,需要具体问题具体分析,应该由社会实践来检验。

《资本论》的有些观点与特定的历史背景有关联,这就使其带有特定社会实践和时空背景的"印痕"。以马克思在《资本论》中揭示的资本主义经济危机理论为例:"马克思经济学的产生时期,经济危机主要是发生在实体经济的产业经济(主要是棉纺织业)领域,并以'生产的相对过剩'为主要特征。为此,马克思在《资本论》等著作中对经济危机的分析,主要是结合大量19世纪英国机器化、工业化背景下产业经济危机现象,运用矛盾分析法,并侧重于制度视角,从交换、生产、消费

---

① 约瑟夫·熊彼特:《资本主义、社会主义和民主》,商务印书馆1999年版,第43页。
② Karl Kuhne, *Economics and Marxisn*, Vol.1, English Translation Edition, translated by Robert Shaw, Macmillan Press Ltd., 1979, p42.

到社会经济制度,对以生产过剩为特征的实体经济危机成因进行全面系统的剖析。"①然而,从19世纪开始直至现在,主要资本主义国家在发展过程中,强调了经济全球化、金融化、国家调控等力量对缓和经济波动的作用,实体经济的危机往往转化为金融领域的危机,特定国家的危机往往扩散为全球范围的危机,危机的表现形态、持续时间、作用领域等均发生了区别于19世纪的显著变化。这就需要我们结合资本主义的新情况、新特征,引入时空背景发生变化的主要因素,借助《资本论》中经济危机理论的科学内核和基本方法对现阶段的经济危机问题进行深入分析。

《资本论》对社会主义经济的预测也有一些不符合社会主义现实。在《资本论》中,马克思认为社会主义社会不存在商品生产和商品交换。但是,现实的情况是,在社会主义社会还必须有商品生产和商品交换,在中国的社会主义初级阶段,经济体制改革的目标是建立社会主义市场经济体制,使市场在资源配置中起决定性作用和更好发挥政府作用。这是中国在社会实践中坚持和发展马克思主义的重要体现,也是马克思政治经济学中生产力和生产关系相互作用规律的直接应用。毛泽东同志说过:"社会科学,马克思列宁主义,斯大林讲得对的那些方面,我们一定要继续努力学习。我们要学的是属于普遍真理的东西,并且学习一定要与中国实际相结合。如果每句话,包括马克思的话,都要照搬,那就不得了。"②如果不从社会主义的现实出发,认为马克思说过的都应该绝对地遵守,完全地套用,那就会在实践中造成严重后果。

概括起来,我们既不能否认《资本论》基本原理的解释力和指导作用,也不能把《资本论》当作僵死的和可以直接套用套搬的教条。针对《资本论》这部著作的"过时论"和"凡是论"两种看法,都是错误的。

---

① 周小亮:《金融危机成因的马克思主义经济学分析及其现实思考》,《政治经济学评论》2009年第1期。
② 《毛泽东文集》第7卷,人民出版社1999年版,第42页。

三、《资本论》的研究对象

> 经济范畴只不过是生产方面社会关系的理论表现,即其抽象。
>
> ——马克思:《哲学的贫困》第二章《政治经济学的形而上学》①

> 经济学所研究的不是物,而是人和人之间的关系,归根到底是阶级和阶级之间的关系;可是这些关系总是同物结合着,并且作为物出现;诚然,这个或那个经济学家在个别场合也曾觉察到这种联系,而马克思第一次揭示出它对于整个经济学的意义,从而使最难的问题变得如此简单明了,甚至资产阶级经济学家现在也能理解了。
>
> ——恩格斯:《卡尔·马克思〈政治经济学批判〉》②

《资本论》到底是研究什么的?也就是说,《资本论》的研究对象是什么呢?我国理论界对《资本论》的研究对象是有不同理解的。《资本论》的研究对象是一个值得进一步研究和探讨的问题。下面根据我们学习《资本论》的体会,对《资本论》的研究对象及其有关问题谈一些初步的看法。

(一)《资本论》的研究对象是资本主义生产关系

马克思在《资本论》第一卷第一版序言中说:"我要在本书研究的,是资本主义生产方式以及和它相适应的生产关系和交换关系。"③那么,应该怎样理解马克思这句话呢?

---

① 《马克思恩格斯全集》第4卷,人民出版社1958年版,第143页。
② 《马克思恩格斯全集》第13卷,人民出版社1962年版,第533页。
③ 《资本论》第1卷,第8页。

针对生产方式的不同界定及其实质内涵

要弄清这个问题,关键是对"生产方式"这个概念如何理解的问题。"生产方式"这一概念,在马克思主义经典作家论述的不同场合有不同含义。

生产方式有时是指社会经济形态。例如,马克思指出:"大体说来,亚细亚的、古代的、封建的和现代资产阶级的生产方式可以看做是社会经济形态演进的几个时代。"①"整个社会内的分工,不论是否以商品交换为媒介,是各种社会经济形态所共有的,而工场手工业分工却完全是资本主义生产方式的独特创造。"②

生产方式有时是指保证人们生活的方式或生活资料的谋得方式。例如,马克思强调:"随着新生产力的获得,人们改变自己的生产方式,随着生产方式即保证自己生活的方式的改变,人们也就会改变自己的一切社会关系。"③斯大林也指出:"人们生存所必需的生活资料谋得方式,便是社会生活和发展所必需的食品、衣服、靴鞋、住房、燃料和生产工具等等物质资料生产方式。"④

生产方式有时就是指生产方法。例如,马克思说:"采用改良的生产方式的资本家比同行业的其余资本家,可以在一个工作日中占有更大的部分作为剩余劳动。"⑤"必须变革劳动过程的技术条件和社会条件,从而变革生产方式本身,以提高劳动生产力。"⑥"生产方式的改革,在工场手工业中以劳动力为起点,在大工业中以劳动资料为起点。"⑦"一个工业部门生产方式的变革,必定引起其他部门生产方式的变革。……因此,有了机器纺纱,就必须有机器织布。"⑧以上论述中所使用的生产方式,都是指具体的生产方法。

生产方式有时就是指生产力。例如,马克思在《资本论》第一卷中强调"一定的生产方式以及与它相适应的生产关系"⑨;又如:"资本的垄断成了与这种垄断一起并在这种垄断之下繁盛起来的生产方式的桎梏。"⑩

生产方式有时是指生产关系。例如,马克思论证指出:"对于这个历史上一定的社会生产方式即商品生产的生产关系来说,这些范畴是有社会效力的、因而是客

---

① 《马克思恩格斯选集》第2卷,第83页。
② 《资本论》第1卷,第397—398页。
③ 《马克思恩格斯全集》第4卷,第144页。
④ 斯大林:《列宁主义问题》,人民出版社1955年版,第707页。
⑤ 《资本论》第1卷,第354页。
⑥ 同上书,第350页。
⑦ 同上书,第408页。
⑧ 同上书,第421页。
⑨ 同上书,第99页。
⑩ 同上书,第831页。

观的思维形式。"①在这里,生产方式与生产关系是并列的,社会生产方式就是商品生产的生产关系。恩格斯在《反杜林论》中所讲的生产方式通常也是表达生产关系的概念。例如:"只有采用同生产力的现在这个发展阶段相适应的新的生产方式,新的生产力本身才能保存和往前发展。"②

生产方式有时是指生产力与生产关系的统一。例如,马克思在论述原始部落共同体时说过:"这种生产方式既表现为个人之间的相互关系,又表现为他们对无机自然界的一定的实际的关系。"③斯大林也说:"生产方式是把社会的生产力和人们的生产关系两者都包括在内,而体现着两者在物质资料生产过程中的统一。"④

生产方式在马克思主义经典作家的不同论述中含义并不相同,那么,马克思在《资本论》序言中所讲述的"生产方式"究竟是指什么呢? 如果把马克思这句话前后文联系起来理解,则可以认为马克思在这里所说的"生产方式"是指"社会经济形态"。马克思是说《资本论》研究的是资本主义经济形态,而不是别的什么经济形态。正如列宁在阐述《资本论》第一版序言的基本思想时指出的:"马克思只说到一个'社会经济形态',即资本主义经济形态,换句话说,他研究的只是这个形态而不是别的形态的发展规律。"⑤可见,马克思在《资本论》序言中所讲的"生产方式"是指"社会经济形态"。马克思强调《资本论》研究的是与资本主义社会经济形态相适应的生产关系和交换关系,实际上就是说《资本论》研究的是资本主义社会的生产关系⑥。

从《资本论》的内容看《资本论》研究对象

《资本论》的研究对象是什么? 如果分析《资本论》的主要内容,就理解得更加清楚了。《资本论》主要研究的是资本,资本是贯穿《资本论》四大卷的核心概念,而资本就是能够带来剩余价值的价值。由此,《资本论》的中心是揭示资本家如何榨取工人所创造的剩余价值,即研究资本与劳动这两个核心范畴之间的关系,也就是研究资本主义社会的生产关系。

马克思之所以把自己的著作称为《资本论》,就是因为资本是资本主义生产关系最本质的范畴,从而把资本当作是"资本主义生产方式的占统治的范畴、起决定

---

① 《资本论》第1卷,第93页。
② 恩格斯:《反杜林论》,人民出版社1970年版,第264页。
③ 《政治经济学批判(1857—1858年草稿)》,《马克思恩格斯全集》第46卷上册,人民出版社1979年版,第495页。
④ 斯大林:《列宁主义问题》,第708页。
⑤ 《列宁全集》第1卷,人民出版社1955年版,第116页。
⑥ 《列宁全集》第21卷,人民出版社1959年版,第41页。

作用的生产关系"①来论述的。作为资本运动的承担者,即人格化的资本——资本家活动的唯一动机和目的是尽可能使资本的价值增殖,尽可能追求剩余价值最大化。马克思从生产关系的角度论证了资本的本质:"作为资本家,他只是人格化的资本。他的灵魂就是资本的灵魂。而资本只有一种生活本能,这就是增殖自身,获取剩余价值,用自己的不变部分即生产资料吮吸尽可能多的剩余劳动。资本是死劳动,它像吸血鬼一样,只有吮吸活劳动才有生命,吮吸的活劳动越多,它的生命就越旺盛。"②可见,《资本论》研究资本,就是研究资本主义生产关系,集中表现为资产阶级占有无产阶级剩余劳动的关系。

恩格斯在评论马克思的《资本论》时也指出:"自地球上有资本家和工人以来,没有一本书像我们面前这本那样,对于劳动者具有如此重要的意义。资本和劳动的关系,是我们现代全部社会关系所赖以旋转的轴心,这种关系在这里第一次作了科学的说明。"③

《资本论》所深刻分析并论证的各个经济范畴:商品、价值、货币、资本、剩余价值、工资、利润、生产价格、利息、地租、资本积累等,都是生产关系的理论表现。《资本论》第一卷集中论述剩余价值的生产,第二卷集中论述剩余价值的流通或者剩余价值的实现,第三卷集中论述剩余价值的分配,也都是生产关系的具体展开。因此,从《资本论》的具体内容看,它研究的对象是生产关系,具体地说是资本主义的生产关系。

马克思主义经典作家对政治经济学对象的论述

《资本论》是马克思主义政治经济学的代表性巨著,《资本论》的研究对象,实际上也就是马克思主义政治经济学的研究对象。从马克思、恩格斯、列宁、斯大林对政治经济学对象的论述来看,都是指生产关系。例如,马克思在《哲学的贫困》中指出:"经济范畴只不过是生产方面社会关系的理论表现,即其抽象。"④恩格斯在《卡尔·马克思〈政治经济学批判〉》一文中指出:"经济学所研究的不是物,而是人和人之间的关系,归根到底是阶级和阶级之间的关系。"⑤列宁在《评经济浪漫主义》中强调:"政治经济学的对象决不像通常所说的那样是'物质的生产'(这是工艺学的对象),而是人们在生产中的社会关系。"⑥斯大林则指出:"政治经济学的对

---

① 《资本论》第3卷,第935页。
② 《资本论》第1卷,第260页。
③ 《马克思恩格斯选集》第2卷,第269页。
④ 《马克思恩格斯全集》第4卷,第143页。
⑤ 《马克思恩格斯全集》第13卷,人民出版社1962年版,第533页。
⑥ 《列宁全集》第2卷,人民出版社1959年版,第166页。

象是人们的生产关系,即经济关系。"①

根据以上分析,可见《资本论》从而马克思主义政治经济学的研究对象是生产关系,即在社会生产中所结成的人与人的关系,而不是生产方法或者其他生产方式的具体含义。

(二)《资本论》研究资本主义生产关系是结合四个环节完整展开的

《资本论》是研究资本主义生产关系的,而生产关系是由生产、交换、分配、消费四个环节组成的。因此,马克思在《资本论》中是从生产关系的四个环节来研究资本主义生产关系的。

第一卷集中分析资本主义直接生产过程中的关系

《资本论》第一卷研究的是资本的生产过程。就是研究资本主义直接生产过程中的关系。这里所研究的资本具体是指产业资本,也就是经营物质生产部门的资本。而且,它所研究的产业资本,又是以工业资本为主要对象进行典型分析的。值得说明的是,马克思对工业资本所作的分析,对于交通运输业的资本和农业资本基本上也是适用的。

《资本论》第一卷所分析的资本的生产过程,是资本的直接生产过程,是在生产过程和流通过程的统一中抽象出来的生产过程,是纯粹的生产过程。马克思在《资本论》第三卷的开头,曾经对整个《资本论》的结构和体系作过一个高度的概括和说明。他说:"在第一卷中,我们研究的是资本主义生产过程本身作为直接生产过程考察时呈现的各种现象,而撇开了这个过程以外的各种情况引起的一切次要影响。"②

资本的生产过程,其实质是剩余价值的生产过程,也是资产阶级榨取无产阶级剩余劳动的过程。所以,《资本论》第一卷的论证的中心,就是剩余价值如何生产的问题。马克思在这里分析了剩余价值生产的前提、剩余价值的生产过程以及剩余价值转化为资本的问题,尤其是马克思从商品两因素和劳动二重性出发,将劳动力成为商品以及劳动力商品使用价值的特殊性作为剩余价值生产的理论基础。

马克思通过《资本论》第一卷资本的生产过程的分析,揭示了剩余价值规律是资本主义的基本经济规律。

---

① 斯大林:《苏联社会主义经济问题》,人民出版社 1961 年版,第 58 页。
② 《资本论》第 3 卷,第 29 页。

资本的生产过程,由于是剩余价值的生产过程,因此,它一方面再生产出资本家,另一方面再生产出工人。资本的生产过程同时也是资本主义生产关系的生产过程,是无产阶级与资产阶级关系的生产过程,是阶级矛盾的生产过程,是资本家占有工人在剩余劳动时间所创造的剩余价值的过程。

第二卷集中分析资本主义流通过程中的关系

第二卷《资本的流通过程》,就是研究资本主义流通过程中的关系。

第二卷研究资本的流通过程,这里的流通是指广义的流通,而不是狭义的流通。狭义的流通是买卖过程,广义的流通不仅包括买卖过程,还包括生产过程。《资本论》第二卷所研究的流通过程,并不是单纯的资本流通过程,而是作为资本的生产过程和流通过程统一的流通过程,也就是总流通过程。资本总流通过程中的生产,主要是指再生产,因此资本流通理论又叫再生产理论。在这一点上,《资本论》第二卷与第一卷和第三卷有区别。第一卷所研究的资本的生产过程,是资本的直接生产过程,是抽象掉流通过程的纯粹生产过程,而第三卷所研究的资本主义总过程是作为生产过程、流通过程、分配过程三者统一的总过程。也就是说,第三卷研究资本主义生产总过程,比第二卷多了分配过程,而且侧重于研究分配过程。

第二卷研究的资本流通过程,既包括个别资本的流通,又包括社会总资本的流通。这里的资本流通不仅包括物(商品)的运动,而且包括价值的运动。概括起来,第二卷不是单纯地研究物的空间和形态变化,而是集中研究资本主义生产关系在流通过程中的表现,是在物或商品的流通过程中研究资本主义生产关系。

第二卷研究资本流通的目的,是分析剩余价值的实现问题。资本的流通过程,按它的实质来讲,是剩余价值生产准备、进行和实现的过程,其中心是实现。所以,《资本论》第二卷的中心是剩余价值的实现问题,这一实现问题涉及资本循环和资本周转。剩余价值虽然产生于生产过程,却要在流通过程中实现,没有流通过程,资本家无法购买生产所需要的各类要素:生产资料和劳动力,货币就不能变成资本,资本主义的生产过程就无从开始,既无法创造剩余价值,并且生产出来的商品也无法销售出去,剩余价值不能实现,资本家的资本也无从得到补偿和替换,再生产过程既不能开始,也无法扩大。因此,从一定意义上来说,资本主义的流通过程,也就是剩余价值实现问题,归根到底是资本主义的发展问题。

第三卷集中分析资本主义分配过程中的关系

《资本论》第三卷研究的是资本主义生产总过程,即分析作为生产过程、流通过程和分配过程统一的资本主义生产总过程。第三卷的重点是研究资本主义分配过程中的关系,中心是讲剩余价值在产业资本家之间、产业资本家和商业资本家、产业资本家和借贷资本家、产业资本家和土地所有者之间的分配问题。恩格斯在介绍《资本论》第三卷时曾经明确指出:"第三卷所阐述的就是剩余价值的分配规律。"①"剩余价值的分配就像一根红线一样贯串着整个第三卷。"②

在资本主义生产总过程中,资本的具体形式更复杂了,不仅有属于产业资本的工业资本,还有商业资本、生息资本和农业资本。从资本形式的多样性、复杂性出发,马克思明确地指出《资本论》第三卷的论证主题:"这一卷要揭示和说明资本运动过程作为整体考察时所产生的各种具体形式。资本在自己的现实运动中就是以这些具体形式互相对立的,对这些具体形式来说,资本在直接生产过程中采取的形态和在流通过程中采取的形态,只是表现为特殊的要素。因此,我们在本卷中将要阐明的资本的各种形式,同资本在社会表面上,在各种资本的互相作用中,在竞争中,以及在生产当事人自己的通常意识中所表现出来的形式,是一步一步地接近了。"③

在资本主义生产总过程中,由于资本形态的复杂性,阶级关系也变得更加复杂了。《资本论》第一卷和第二卷,主要分析了工业资本家和雇佣工人的矛盾,第三卷则分析了整个工人阶级和整个资产阶级的矛盾。进而在整个工人阶级和整个资产阶级主要矛盾的基础上,分析了工业资本家之间、工业资本家、商业资本家、生息资本家、农业资本家以及土地所有者之间的矛盾,即资产阶级内部不同群体之间的矛盾。在资本主义社会,工人阶级和资产阶级之间的矛盾是主要矛盾,资产阶级内部不同群体之间的矛盾是次要矛盾,资本主义社会的次要矛盾服从于主要矛盾,因为资产阶级总体的利益是一致的,即攫取剩余价值,剩余价值的分配是建立在剩余价值产生和形成的基础上的。

所以,《资本论》第三卷实际上是分析资本主义生产关系在分配中的表现。

第四卷评述了资本主义经济学说的理论演变史

在《资本论》第四卷——《剩余价值学说史》中,马克思梳理了从威廉·配第开始一直到庸俗经济学的各个经济学流派的主要观点。从内容实质上说,剩余价值学说史,同样也是资本主义生产关系理论史,尤其是马克思区分了古典政治经济学和庸俗经济学两种对于资本主义生产关系有不同阐述的理论。在古典政治经济学范畴内,价值是由劳动创造的,资本的收益,即利润是总产出对于地租以及工资扣除之后的剩余,这也就意味着劳动和资本是呈对立的、矛盾的关系。古典政治经济学尽管本质上也是为资产阶级辩护的,但是由于其坚持劳动价值论这一科学论断,

---

① 《马克思恩格斯全集》第22卷,人民出版社1965年版,第511页。
② 同上书,第512页。
③ 《资本论》第3卷,第29—30页。

因此,从其理论中能够分析出剥削和剩余价值的存在,而且古典政治经济学并不回避这种剥削,只不过他们认为这是一种理所应当。与之相对,庸俗经济学则否认了劳动价值论,并认为一切要素都在生产中创造价值,并按照其贡献获得相应的报酬,而资本的报酬称作利息,不再是总产出中对于地租和工资的扣除。在生息资本形态下,资本成为剩余价值的独立源泉。于是,劳动和资本之间的矛盾对立消失不见了,剩余价值也消失不见了,反而呈现出和谐的景象。正因为对于资本主义生产关系的不同描述,最终也就得出了完全相反的结论。马克思批判地继承了古典政治经济学理论,而对庸俗经济学则提出了彻底的批判,这种对资本主义经济学说的系统梳理和评述,也为马克思深刻地论证剩余价值生产、实现和分配等问题奠定了坚实的理论基础。

《资本论》四大卷中都有针对消费关系的分析

《资本论》虽然没有专门分出一卷研究资本主义的消费关系,但是在各卷中都有关于消费关系的论述。在第一卷就有关于生产消费与个人消费的论述。例如,马克思在《资本论》第一卷第五章指出:"生产消费与个人消费的区别在于:后者把产品当作活的个人的生活资料来消费,而前者把产品当作劳动即活的个人发挥作用的劳动力的生活资料来消费。因此,个人消费的产物是消费者本身,生产消费的结果是与消费者不同的产品。"[①]

马克思在《资本论》第二卷研究了资本主义再生产过程中的消费关系,以及消费品生产与生产资料生产的关系。例如,《资本论》第二卷第二十章中指出:"年产品既包括补偿资本的那部分社会产品,即社会再生产,也包括归入消费基金的、由工人和资本家消费的那部分社会产品,就是说,既包括生产消费,也包括个人消费。这种消费包括资本家阶级和工人阶级的再生产(即维持),因而也包括总生产过程的资本主义性质的再生产。"[②]

《资本论》第三卷揭示了资本主义生产和消费的矛盾。例如,马克思在《资本论》第三卷第十五章指出:"直接剥削的条件和实现这种剥削的条件,不是一回事。二者不仅在时间和空间上是分开的,而且在概念上也是分开的。前者受社会生产力的限制,后者受不同生产部门的比例和社会消费力的限制。但是社会消费力既不是取决于绝对的生产力,也不是取决于绝对的消费力,而是取决于以对抗性的分配关系为基础的消费力;这种分配关系,使社会上大多数人的消费缩小到只能在相当狭小的界限以内变动的最低限度。这个消费力还受到追求积累的欲望的限制,

---

① 《资本论》第1卷,第208页。
② 《资本论》第2卷,第435页。

受到扩大资本和扩大剩余价值生产规模的欲望的限制。……生产力越发展,它就越和消费关系的狭隘基础发生冲突。"①资本主义生产和消费的矛盾导源于特定的生产资料所有制和分配制度,而这种矛盾正是引致生产相对过剩进而资本主义周期性经济危机的直接原因。

马克思在《资本论》第四卷还批判了资产阶级经济学家关于生产和消费关系的观点。例如,第四卷第二册批判了李嘉图关于资本主义条件下生产与消费关系的错误观点,指出:"主张把资本主义生产中的消费者(买者)和生产者(卖者)等同起来,从而否定危机,是再荒谬不过的了。……反过来,说消费者就是生产者,也同样是错误的。土地所有者(收取地租的人)不生产,可是他消费。"②

综上所述,《资本论》中研究资本主义生产关系,是研究社会再生产中生产、交换、分配、消费各个环节中的人与人形成的经济关系。

(三)《资本论》是在两对概念之间的矛盾运动中研究生产关系的

《资本论》是研究资本主义生产关系的,但《资本论》不是孤立地研究生产关系,而是在两对矛盾,即生产力与生产关系的矛盾以及上层建筑与经济基础的矛盾运动中研究生产关系。联系生产力与生产关系、上层建筑与经济基础这两对概念之间的矛盾运动来研究生产关系,使得马克思《资本论》对资本主义经济规律的分析具有系统性、深入性和动态演进性。为了凸显生产力与生产关系矛盾运动的关联,我国有学者甚至将马克思《资本论》的研究对象解读为:作为资本主义经济形成的生产力基础的生产组织或劳动方式,以及和它相适应的生产关系和交换关系③。

《资本论》研究生产关系结合了生产关系与生产力的矛盾运动

马克思主义基本原理告诉我们:生产力是社会领域中最革命最活跃的因素,是生产力的发展推动了生产关系变革。生产关系一定要适合生产力性质、生产关系对生产力具有反作用的规律,是人类社会发展的普遍规律。马克思在《政治经济学批判》序言中指出:"人们在自己生活的社会生产中发生一定的、必然的、不以他们的意志为转移的关系,即同他们的物质生产力的一定发展阶段相适合的生产关系。……社会的物质生产力发展到一定阶段,便同它们一直在其中活动的现存生

---

① 《资本论》第3卷,第272—273页。
② 《资本论》第4卷(Ⅱ),第592—593页。
③ 林岗:《论〈资本论〉的研究对象、方法和分析范式》,《当代经济研究》2012年第6期。

产关系或财产关系(这只是生产关系的法律用语)发生矛盾。于是这些关系便由生产力的发展形式变成生产力的桎梏。那时社会革命的时代就到来了。"① 由于生产关系不能脱离生产力而孤立地存在,所以,研究生产关系,就不能离开生产力这个最具活跃性的因素,必须在生产力和生产关系的矛盾运动中研究生产关系。

马克思在《资本论》中,正是从生产力与生产关系的矛盾中揭示资本主义生产关系产生、发展和灭亡规律的。例如:在《资本论》第一卷第四篇,马克思通过协作、分工、机器大工业等生产力的发展状况,来说明资本主义生产关系怎样主宰了资本主义全社会;同时又通过生产力的发展说明资本主义生产社会化与私人所有制之间矛盾的发展,怎样为社会主义制度代替资本主义制度创造了条件。"它在使生产过程的物质条件及其社会结合成熟的同时,也使生产过程的资本主义形式的矛盾和对抗成熟起来,因此也同时使新社会的形成要素和旧社会的变革要素成熟起来。"②

有些同志喜欢用《资本论》第一卷第四篇说明《资本论》是主要研究生产力的,或者是既研究生产关系又研究生产力的。实际上,这一篇既不是主要研究生产力,也不是既研究生产关系又研究生产力,而是主要研究生产关系,研究资本家怎样加强对工人的剥削,进而实现剩余价值最大化的。从这一篇的标题"相对剩余价值"可以看出,它是讲资本家榨取工人剩余价值的一种主要方法。但是,由于相对剩余价值生产与整个社会生产力的提高关系很大,所以,马克思比较多地提到社会生产力的问题,但这绝不是研究生产力本身的规律,而是讲生产力对生产关系的影响,讲资本家如何通过提高劳动生产力加强对工人剩余价值的占有。第十一章《协作》,重点是讲"协作发挥的劳动的社会生产力表现为资本的生产力"③。这里马克思还说过:"一旦从属于资本的劳动成为协作劳动,这种管理、监督和调节的职能就成为资本的职能。"④ 第十二章《分工和工场手工业》,重点讲的是:"工场手工业分工作为社会生产过程的特殊的资本主义形式……只是生产相对剩余价值即靠牺牲工人来加强资本(……)自行增殖的一种特殊方法。工场手工业分工不仅只是为资本家而不是为工人发展社会劳动生产力,而且靠使各个工人畸形化来发展社会劳动生产力。它生产了资本统治劳动的新条件。"⑤ 第十三章《机器和大工业》,马克思一开始就指出:"机器是生产剩余价值的手段"⑥,并且强调机器的资本主义应用所产生的后果:"因为机器就其本身来说缩短劳动时间,而它的资本主义应用延长工作日;因为机器本身减轻劳动,而它的资本主义应用提高劳动强度;因为机器

---

① 《马克思恩格斯选集》第2卷,第82—83页。
② 《资本论》第1卷,第550页。
③ 同上书,第372页。
④ 同上书,第367—368页。
⑤ 同上书,第403页。
⑥ 同上书,第408页。

本身是人对自然力的胜利,而它的资本主义应用使人受自然力奴役;因为机器本身增加生产者的财富,而它的资本主义应用使生产者变成需要救济的贫民。"①

综上,尽管马克思在《资本论》中屡屡讲到生产力,但并不是为了揭示生产力本身的规律,而是从生产力与生产关系矛盾运动的视角出发,集中研究资本主义生产关系。

《资本论》研究生产关系结合了经济基础与上层建筑的矛盾运动

在每一种社会形态里,占统治地位的生产关系的总和构成这个社会的经济基础,而上层建筑则是建立在经济基础之上的政治法律制度和与之相适应的社会意识形态。马克思主义基本原理强调:同生产力与生产关系的关系相类似,上层建筑与经济基础的关系也是辩证的统一。经济基础决定上层建筑,上层建筑则反作用于经济基础。一定的上层建筑,总是适应一定的经济基础的要求而产生的,并且是为一定的经济基础服务的。随着经济基础的变革,全部庞大的上层建筑迟早也要发生变革。但是,上层建筑一旦产生,就具有相对的独立性、稳定性,有其相对独立的运动和规律,并且反过来对经济基础产生影响,即上层建筑对经济基础有着重大的反作用。所以,马克思在《资本论》中分析生产关系、分析经济基础也没有离开上层建筑。

举例来说,马克思在《资本论》第一卷第二十四章中分析了暴力在资本主义生产关系产生中的作用,指出资本原始积累的各种方法都是"利用国家权力,也就是利用集中的有组织的社会暴力,来大力促进封建生产方式向资本主义生产方式的转变过程,缩短过渡时间。暴力是每一个孕育着新社会的旧社会的助产婆。暴力本身就是一种经济力"②。

马克思在《资本论》中通过劳动力商品买卖的分析,还深刻揭示了资产阶级自由、平等、所有权、人权的虚伪性,指出资产阶级的自由、平等、民主都是建立在商品等价交换这个假象上的。所谓自由,对劳动者来说只是出卖劳动力的自由;所谓平等,就是劳动者平等地被资产阶级剥削;所谓所有权,实际上是劳动者一无所有,只有劳动力这种商品可供出卖;所谓人权,就是资产阶级平等地占有劳动者创造的剩余价值。列宁曾经指出:"搬弄关于自由、平等和民主的笼统词句,实际上等于盲目背诵那些反映着商品生产关系的概念。"③

在《资本论》中更有大量关于意识形态的分析。《资本论》不仅基本上每篇或每章都有对资产阶级经济思想的分析和批判,而且专门有一卷,即第四卷,系统地分析和批判资产阶级的各种经济学说。正由于《资本论》在研究资本主义生产关

---

① 《资本论》第1卷,第483页。
② 同上书,第819页。
③ 《列宁选集》第4卷,第93页。

系的同时,不是单纯分析生产关系或经济基础,而是联系资本主义国家的上层建筑,分析了政治权力和意识形态等有关的问题,才使《资本论》成为不仅是有"骨骼"而且是"有血有肉"的著作。

正如列宁所指出的:《资本论》"专门以生产关系说明该社会形态的结构和发展,但又随时随地探究适合于这种生产关系的上层建筑,使骨骼有血有肉。《资本论》所以大受欢迎,是由于'德国经济学家'的这一著作把整个资本主义社会形态作为活生生的东西向读者表明出来,将它的生活习惯,将它的生产关系所固有的阶级对抗的具体社会表现,将维护资产阶级统治的资产阶级政治上层建筑,将资产阶级的自由平等之类的思想,将资产阶级的家庭关系都和盘托出"①。

总之,《资本论》中研究生产关系联系到生产力和上层建筑,是在联系生产力和上层建筑的基础上研究资本主义生产关系的,资本主义生产方式正是因为在长期中会对生产力发展产生内在制约而需要被社会主义制度取代。但是,生产力和上层建筑并不是《资本论》的研究对象,不能认为《资本论》既研究生产关系又研究生产力和上层建筑。

(四)《资本论》研究对象对社会主义政治经济学的启示

《资本论》主要是马克思主义政治经济学的一部巨著,所以《资本论》的研究对象,实际上就是马克思主义政治经济学的研究对象。分析《资本论》的研究对象,对于正确规定社会主义政治经济学的研究对象具有重大的指导意义,对于构建和发展中国特色社会主义政治经济学也具有重要的启示意义。

社会主义政治经济学应该集中研究社会主义的生产关系

既然《资本论》是研究资本主义生产关系的,因此,社会主义政治经济学的研究对象应该是社会主义生产关系。社会主义政治经济学不能主要以生产力为研究对象。斯大林在《苏联社会主义经济问题》中正确地指出:雅罗申柯认为社会主义政治经济学只是研究生产力的合理组织,这不是马克思主义的政治经济学。当然,这不等于社会主义国家不要研究生产力本身的规律,但是,正如有些同志指出的,这可以由一门生产力经济学专门去研究。社会主义政治经济学也不能主要以上层建筑为对象,我国在一段时间有观点主张以资产阶级法权作为社会主义政治经济学的研究对象,这根本不符合马克思主义政治经济学的原意。

---

① 《列宁全集》第1卷,第9页。

新中国成立之后,尤其是改革开放以来,我国经济格局发生了深刻变化,生产力得到了极大解放和提高,经济总量的持续高速增长在世界经济史上创造了"增长的奇迹",然而现阶段我国仍存在多个维度的结构性问题。近年来,导源于世界经济周期性波动和国内经济结构性问题的相互叠加,我国经济开始步入增长速度下行、经济结构变动、发展动力转换的新常态。在这种背景下,构建和发展中国特色社会主义政治经济学就具有极为重要的理论和实践价值。从本质上说,中国特色社会主义政治经济学就是要系统总结我国在社会主义生产关系中的做法和经验,并将这些做法和经验进行理论提炼,以此更好地体现对马克思主义政治经济学本土化、当代化的回应,体现出对国际经济理论发展提供中国贡献的回应,体现出对中国后续经济社会持续发展实践需要的回应。从这个意义上看,中国特色社会主义政治经济学应该以研究中国这个社会主义发展中大国的生产关系作为逻辑主线。

将中国这个社会主义发展中大国的生产关系作为中国特色社会主义政治经济学的逻辑主线,就需要把握中国的基本制度安排、基本国情以及所处的基本国际格局。社会主义意味着相对于资本主义,中国要实现生产力的更大解放和发展,并在此基础上实现共同富裕目标;尽管和马克思笔下所说的生产力高度发达的作为共产主义第一阶段的社会主义有所区别,我们国家还处于社会主义初级阶段,但是从根本制度、核心生产关系和主流意识形态上,中国和西方资本主义国家有着本质性的区别;发展中国家意味着中国的生产力水平整体偏低,其主要矛盾仍是生产力水平与人民群众不断增长的物质文化需要之间的矛盾;大国意味着中国是一个地理空间和人口规模庞大的国家,其内部不同地区和群体之间的经济落差极为显著,且中国的发展状态对全球经济秩序具有重要的影响力。中国特色社会主义政治经济学必须对这些本土特征予以高度关注,中国经济领域中的生产关系也是从这些特征中内生出来的,脱离这些特征去套用其他经济体的生产关系、经济制度,很可能会对中国经济的持续发展带来不利影响。从这个意义上说,马克思在《资本论》中从生产力与生产关系的矛盾运动中阐述资本主义生产方式,这种研究对象的确立对中国具有至关重要的指引作用。

在中国特色社会主义政治经济学的理论建构中,有学者尝试从马克思《资本论》的研究对象中分析其对中国经济实践和理论发展的作用,这种作用集中体现为:以生产力和生产关系的话语体系说明社会主义初级阶段及其基本经济制度;以商品经济和价值规律的话语体系说明社会主义市场经济;以生产关系和分配关系的话语体系说明社会主义初级阶段的分配制度;以发展生产力和扩大再生产的话语体系说明新阶段的经济发展[①]。这种概括具有极强的实践和理论价值,它既

---

① 洪银兴:《〈资本论〉和中国特色社会主义经济学的话语体系》,《经济学家》2016年第1期。

体现了对马克思《资本论》研究对象的回应,也体现了对中国本土化特征和经济发展目标的回应。从这种理解出发,现阶段的生产力水平特征决定了我国正处在社会主义初级阶段,而社会主义初级阶段也就形成了与该阶段生产力发展相适应的生产资料所有制、经济运行制度和分配制度。例如:在生产资料所有制中,中国实行的是公有制为主体、多种所有制并存的经济制度,且公有制的实现形式可以采取国有制、集体所有制、混合所有制等多种方式,而农村在坚持土地集体所有制的前提下可以稳定承包权、放活经营权;经济运行制度是社会主义市场经济体制,市场机制和价格机制是实现资源优化配置的工具,当前我国在经济体制改革深化中要使市场在资源配置中起决定性作用和更好发挥政府作用,实现私有化、自由化的市场原教旨主义,或者中央政府完全依靠指令推行的计划经济,都不符合中国的经济发展实践;经济分配制度实行按劳分配和按要素分配相结合,以此体现出对公平和效率两个原则的兼顾,在中国经济总量持续增长和收入分配问题凸显的背景下,我国应通过收入分配体制改革促使不同群体能够相对均等地分享增长的成果,等等。

值得强调的是,按照《资本论》研究对象中生产力和生产关系的矛盾运动,我国社会生产力也在动态发生变化。从经济总量、居民收入以及中国对全球经济的影响力来看,现阶段我国的经济格局与新中国成立初期以及改革开放初期相比均发生了明显变化。这种生产力的变化也自然地要求生产关系作出适应性调整,包括生产资料所有制、分配制度、经济运行机制以及国家对外战略都有在对我国经济社会所处阶段进行精确研判的基础上进行适应性调整的内在需要。在这个意义上,当我国现阶段的生产关系导致生产力不断解放和发展时,生产关系的调整以及经济制度的改革也就成为中国现代化建设的重要命题。

社会主义政治经济学要着力研究生产关系的四个环节

社会主义政治经济学研究社会主义生产关系,中国特色社会主义政治经济学研究中国作为社会主义发展中大国的生产关系,也应该根据《资本论》中马克思关于生产关系四个环节的理论,从生产、交换、分配、消费四个环节,研究社会主义生产关系。在社会主义再生产过程的生产、交换、分配、消费四个环节中,生产仍然起决定作用,对于中国这样处在社会主义初级阶段的发展中国家而言,促使社会生产、持续解放和发展生产力具有更为突出的实践意义。因此,社会主义政治经济学,首先要研究社会主义直接生产过程中的关系,研究怎样在生产过程中以最小劳动耗费取得最大经济效益;其次,由于社会化大生产的再生产过程是生产过程和流通过程的统一,因此,又要从社会主义生产过程和流通过程的统一中研究社会主义交换关系;再次,分配是链接生产和消费两个过程的中间环节,因此,社会主义政治经济学还要研究社会主义社会的各种分配关系;最后,消费作为生产的终点和劳动者能力恢复的前置条件,它也是社会再生产的一个重要环节,社会主义政治经济学也要研究社会主义消费过程的各种关系。

社会主义政治经济学为什么有必要把消费关系作为一个单独的部分加以分析呢?这是因为:

第一,社会主义消费关系,是社会主义生产关系的一个单独方面。马克思在《资本论》中没有把消费单独列出来,这是与资本主义生产关系的性质相联系的。因为,在资本主义社会,工人的个人消费是附属于资本主义生产消费的。而社会主义消费是社会主义再生产顺利进行不可缺少的条件,没有针对消费关系的研究,就不可能全面了解整个社会主义再生产过程,从而也就不可能深刻地揭示社会主义的全部生产关系。

第二,社会主义消费是社会主义基本经济规律的重要内容。社会主义生产的目的是为了满足劳动人民日益增长的物质和文化生活的需要,实际上就是要在生产力解放和发展的基础上满足劳动者的消费需要。因此,社会主义政治经济学要根据社会主义基本经济规律的要求,研究社会主义消费关系,既要体现消费是社会主义生产的目的,又要体现消费是安排整个社会生产的出发点。

第三,按照马克思主义经典作家的设想,在社会主义社会,由于生产资料公有制的建立,社会主义消费不再是每个劳动者个人的事情。即使在社会主义初级阶段,单个居民或家庭的消费往往受到就业、收入分配、社会保障等诸多因素的影响,且居民和家庭的消费与整个社会的投资也存在着比例安排问题。由此出发,社会主义政治经济学需要单独对社会主义国家、集体和家庭等消费单位消费什么、消费多少以及怎样消费进行全面深入的研究。

值得强调的是,生产关系的四个环节——生产、交换、分配、消费不是恒定不变的,伴随着技术进步以及市场环境的变革,生产关系的四个环节均可能发生变化,社会主义政治经济学尤其是中国特色社会主义政治经济学应该关注生产关系的动态演变性质。以新近的"共享经济"(sharing economy)为例,所谓共享经济是指:通过新兴技术平台分享住房、汽车、技能、时间,以及生产装备、生产能力等闲置资源和能力(包括利用不充分的资源),在满足社会需求的同时提高社会资源利用效率的一种绿色发展模式[①]。从定义可以看出,共享经济的核心是借助互联网等技术进步以及信息交互平台的发展,降低不同经济主体的交易成本,以此提高某种特定资源在更多使用者之间的共享,或者促成生产者和消费者之间的直接对接。就实践来看,由于共享经济可以优化资源配置效率,因此,近年来其在经济实践中得到了极为迅速的发展,这可以从中国大城市中"共享单车"的发展历程中得到显著

---

① 杨帅:《共享经济类型、要素与影响:文献研究的视角》,《产业经济评论》2016年第2期。

的验证。从产生的社会背景来看,共享经济是与消费观念转变、互联网技术支撑、社会信任机制完善等紧密相关的,特别是互联网技术进步以及由此导致的信息交互平台发展,导致人们对某项资源的分段、分时利用交易成本大幅度降低,"只有当互联网特别是移动互联网发展起来以后,共享经济才在各行各业得以产生,它会对生产、交换、分配及消费各领域产生深刻影响"①。

就其效应而言,共享经济的出现改变了传统的生产方式。例如:在大城市公共交通体系建设中,许多城市通常以政府力量直接推动公共自行车的运营和发展,但"摩拜单车"等则基于共享经济理念,试图在技术和组织变革的基础上,以市场力量来解决城市公共自行车发展难题。这种努力也引致出公共自行车从政府供给方式转向企业供给方式,从社会效益突出转向社会效益、经济效益均较为显著。从产品供求对接或商业模式的角度看,共享经济出现导致传统的"劳动者-企业-消费者"商业模式开始转向"劳动者-共享平台-消费者"的新模式,在这种新模式背景下,不同社会群体的分配关系、消费理念等均会发生变化。有学者甚至认为"互联网及移动互联网使得马克思的'自由人'联合体的构想在一定范围内得以实现,因此共享经济预示着人类经济社会关系的重大变革"②。对于共享经济这个全新的商业模式和经济形态,我国政府主管部门要积极研究、主动接触,"对从业者所做的业务深入调研,对其发展抱宽容态度,重视正当的市场需求和权益诉求,争取将其归入现有的监管框架之内"③。概言之,我们在研究社会主义生产关系的四个环节时,应该从动态视角理解生产等环节的新变动趋向,注重对技术变革背景下共享经济的产生、效应以及制度条件等进行深入探究,也就是要回答:共享经济是如何发生的? 共享经济有哪些具体类型? 共享经济中价值流通和补偿怎样实现? 共享经济会对经济增长和收入分配产生什么影响? 共享经济在发展过程中存在哪些风险? 共享经济的持续发展需要哪些制度和技术条件? 等等。

注重在两对概念之间的矛盾运动中深入研究社会主义生产关系

社会主义政治经济学研究社会主义生产关系,中国特色社会主义政治经济学研究中国的生产关系,也应该像《资本论》一样,在生产力与生产关系、上层建筑与经济基础的矛盾运动中研究生产关系。政治经济学不能以生产力为主要研究对象,但不等于不要研究生产力,社会主义政治经济学应该联系生产力来研究生产关系。新中国成立之后直至改革开放之前,我们在社会主义建设中,脱离生产力的发展片面强调生产关系的变革,这种"左"的指导思想所造成的损失是巨大的,教训

---

① 卢现祥:《共享经济:交易成本最小化、制度变革与制度供给》,《社会科学战线》2016 年第 9 期。
② 同上。
③ 刘奕、夏杰长:《共享经济理论与政策研究动态》,《经济学动态》2016 年第 4 期。

是深刻的。即使改革开放以来我国取得了经济总量的持续高速增长绩效,但现阶段我国仍处在社会主义初级阶段,我国仍是世界上最大的发展中国家,我国面临着人民日益增长的美好生活需要和不平衡不充分的发展之间的矛盾,这意味着我国构建中国特色社会主义政治经济学应紧密联系生产力的解放和发展。在这个意义上,我们一定要牢记生产关系必须适应生产力发展的规律,研究社会主义政治经济学、构建中国特色社会主义政治经济学不能忘记这一点。同样,研究社会主义政治经济学不能以上层建筑为主要对象,但也不能完全脱离社会主义上层建筑,不能完全脱离党的社会主义建设的路线、方针、政策,也不能完全忽视社会主义观念和意识形态的作用。政治经济学的主要任务是揭示经济规律,而不是解释经济政策,但是,要运用经济规律,还必须从实际出发,制定适当的经济政策,把经济规律的要求具体化、明确化和可操作化。没有这样那样正确的合理的经济政策,没有对经济政策进行有效的制定和实施,所谓掌握和运用经济规律,利用经济规律来解释和引导社会实践,也是一句空话。同时,对经济政策的研究,尤其是经济政策实施的效果以及问题的研究,可以加深和丰富对社会主义国家客观经济规律的认识。所以,社会主义政治经济学的对象虽然不是经济政策,但绝不能无视或轻视经济政策。

四、《资本论》的体系结构

> 不论我的著作有什么缺点,它们却有一个长处,即它们是一个艺术的整体。
>
> ——马克思致恩格斯(1865年7月31日)①
>
> 你明白,在像我这样的著作中细节上的缺点是难免的。但是结构、整个的内部联系是德国科学的辉煌成就,这是单个的德国人完全可以承认的,因为这决不是他的功绩,而是全民族的功绩。
>
> ——马克思致恩格斯(1866年2月20日)②

马克思的主要著作《资本论》中心突出,结构严密,是一个非常完整的科学体系。探讨《资本论》的结构体系,不仅对全面深入地理解和掌握马克思主义政治经济学的基本原理非常重要,而且对社会主义政治经济学体系尤其是中国特色社会主义政治经济学的构建也具有重大的指导意义。

(一)《资本论》的整体体系结构

《资本论》是包括四大卷的完整政治经济学理论体系

不少人认为《资本论》是三大卷:第一卷《资本的生产过程》;第二卷《资本的流通过程》;第三卷《资本主义生产的总过程》。实际上,按照马克思和恩格斯的原意,《资本论》应该是四大卷,《剩余价值学说史》也是《资本论》整个体系的一个重

---

① 《马克思恩格斯全集》第31卷,第135页。
② 《马克思恩格斯〈资本论〉书信集》,第202页。

要组成部分,是《资本论》的第四卷。马克思在《资本论》第一卷第一版序言中说:"这个著作第二卷将探讨资本的流通过程(第二册)和总过程的多种形式(第三册),第三卷即最后一卷将探讨理论史。"①马克思在1866年10月13日给库格曼的信中写道:"全部著作分为以下几部分:第一册《资本的生产过程》。第二册《资本的流通过程》。第三册总过程的各种形式。第四册理论史。"②恩格斯在1884年3月31日致劳拉·拉法格的信中也说:"《剩余价值理论》是我发现的一部批判性的巨著,是《资本论》第一稿(1862年)的一部分。"③1895年3月28日恩格斯致劳拉·拉法格的信中又说:"在此期间我将着手《资本论》第四卷的工作。"④可见,马克思和恩格斯写作和出版《资本论》都是包括第四卷《剩余价值学说史》的。

四卷本《资本论》是一个艺术的整体,是围绕剩余价值这个核心概念而逐次展开的科学的理论体系。1865年7月31日马克思写信给恩格斯说:"至于说到我的工作,我愿意把全部真情告诉你。再写三章就可以结束理论部分(前三册)。然后还得写第四册,即历史文献部分,对我来说这是最容易的一部分,因为所有的问题都在前三册中解决了,最后这一册大半是以历史的形式重述一遍。……不论我的著作有什么缺点,它们却有一个长处,即它们是一个艺术的整体。"⑤那么,应该怎样理解四卷本《资本论》是一个艺术整体呢?

《资本论》四大卷以剩余价值为中心展开论证过程

整个四卷本《资本论》,是以剩余价值为中心而贯串起来的一个不可分割的整体。恩格斯说过:"马克思的整本书都是以剩余价值为中心的。"⑥恩格斯还说过:"在现代社会中工人并没有得到他的劳动产品的全部价值。这个原理像红线一样也贯穿着所评论的这本书全部。"⑦马克思通过四卷本《资本论》揭示了资本主义剩余价值生产、剩余价值实现和剩余价值分配的规律,以及剩余价值理论史。与此相适应,《资本论》第一卷《资本的生产过程》,中心是分析剩余价值生产的问题;第二卷《资本的流通过程》,中心是分析剩余价值的实现问题;第三卷《资本主义生产的总过程》,中心是分析剩余价值的分配问题;第四卷《剩余价值理论》,中心是分析此前不同学派和学者的剩余价值学说史。所以,四卷本《资本论》是以剩余价值为中心建立起来的完整的科学体系。

---

① 《资本论》第1卷,第12页。
② 《马克思恩格斯〈资本论〉书信集》,第204页。
③ 同上书,第431页。
④ 同上书,第584页。
⑤ 同上书,第196页。
⑥ 恩格斯:《反杜林论》,第210页。
⑦ 《马克思恩格斯全集》第16卷,第244页。

《资本论》是以合乎逻辑的出发点建立起来的研究框架

《资本论》作为一个艺术的整体和完整的理论体系,与它有一个合乎逻辑的出发点是分不开的。

大家都知道,《资本论》这个艺术的整体是从"商品"这个概念出发来揭示资本主义生产关系的。打开《资本论》第一卷第一章,马克思就开宗明义地说:"资本主义生产方式占统治地位的社会的财富,表现为'庞大的商品堆积',单个的商品表现为这种财富的元素形式。因此,我们的研究就从分析商品开始。"[①]马克思还说过:"一定范围的商品流通和货币流通,从而商业的一定发展程度,是资本形成和资本主义生产方式的前提、起点。我们把商品就看作这样的前提,我们就从作为资本主义生产的最简单原素的商品出发。"[②]

但是,只要我们比较深入地思考一下,如果不是从现象或形式考虑,而是由本质或内容考虑,我们就会发现:马克思所说的分析资本主义生产关系从分析商品开始,实质上是从劳动价值论或者说是从劳动开始的。这是因为:商品最大的特点是有价值,价值是凝结在商品中无差别的人类劳动,即价值是由劳动创造的。马克思明确说过:"商品中包含的劳动的这种二重性,是首先由我批判地证明了的。这一点是理解政治经济学的枢纽。"[③]马克思还说过:"经济学家们毫无例外地都忽略了这样一个简单的事实,既然商品有二重性——使用价值和交换价值,那么,体现在商品中的劳动也必然具有二重性。……实际上,这就是批判地理解问题的全部秘密。"[④]

马克思正是在劳动二重性理论的基础上,建立了他的剩余价值理论、工资理论、利润理论、利息理论和地租理论。从实质或从实际内容来说,《资本论》是以劳动为出发点建立起来的完整体系。所以,马克思还曾经把资产阶级政治经济学称为资本的政治经济学,而把工人阶级的政治经济学称为劳动的政治经济学。

《资本论》体现出理论和历史相结合的重要论证特征

整个四卷本《资本论》还是理论和历史相结合的完整体系。这里的历史包括两方面:一是指政治经济学文献的历史批判部分。马克思经常把《资本论》前三卷称为理论部分,把第四卷称为历史部分。这是因为:马克思的《资本论》还是在批判地继承英国古典政治经济学,以及与资产阶级庸俗经济学做斗争中创立的。马

---

① 《资本论》第1卷,第47页。
② 马克思:《直接生产过程的结果》,人民出版社1964年版,第11页。
③ 《资本论》第1卷,第55页。
④ 《马克思恩格斯〈资本论〉书信集》,第249—250页。

克思在创立马克思主义政治经济学的同时，还研究了资产阶级古典政治经济学的产生、发展和瓦解的过程。因此，马克思著作的正标题是《资本论》，副标题是《政治经济学批判》。在《资本论》的前三卷，马克思按理论顺序，对资产阶级有关经济学说作了批判，最后，又按历史顺序系统地编写了剩余价值学说史，作为《资本论》的第四卷。马克思写作《资本论》的顺序是先"史"后"论"，而《资本论》发表的顺序是先"论"后"史"，这体现了马克思政治经济学理论逻辑与历史演变两者的有机统一。马克思1877年11月3日在给济格蒙德·肖特的信中写道："我开始写《资本论》的顺序同读者将要看到的顺序恰恰是相反的。"①所以，《剩余价值学说史》应该是《资本论》不可缺少的一个组成部分。否则，《资本论》就不是一个"史""论"相结合的完整体系。

二是资本主义形成发展的历史。资本主义形成发展的历史包括资本主义形成的前史、资本主义本身的历史以及资本主义发展的历史趋势。为此，马克思在《资本论》的有关部分，既叙述了资本主义生产关系形成以前的一些历史情况，论述了资本主义生产、流通、分配和消费等的经济规律，又预示了未来社会主义和共产主义社会的一些经济特征。在这个意义上，马克思的《资本论》系统论证了资本主义生产方式从产生到运行、再到变革的完整历史演变过程。

作为一个艺术的整体，《资本论》这部科学巨著，马克思生前只出版了第一卷。马克思逝世后，恩格斯整理出版了第二卷和第三卷。但是，恩格斯没有来得及整理出版第四卷。1905—1910年，考茨基编辑出版了《剩余价值学说史》，但没有把它作为《资本论》第四卷，而作为一部与《资本论》平行的著作分三卷出版。所以，长期以来，国内外许多人都认为《资本论》是三大卷，而不是四大卷。这是一个误解。《资本论》完整的体系应该是四卷，《剩余价值学说史》是《资本论》不可缺少的一个组成部分。

（二）《资本论》每一卷都是研究主题相对独立的完整体系

《资本论》四大卷不仅是一个完整的科学体系，而且每一卷本身也是一个相对独立的完整体系。

《资本论》第一卷的框架结构

《资本论》第一卷《资本的生产过程》，是以剩余价值生产为中心建立的科学体

---

① 《马克思恩格斯〈资本论〉书信集》，第352页。

系。这一卷共分七篇、二十五章,从体系上来看由三大部分构成。

第一部分是第一篇《商品和货币》,这一部分以一般商品生产为对象,以劳动价值论为中心,分析商品到货币的转化,这是研究资本和剩余价值生产的前提和出发点。这一部分是作为资本主义生产过程的理论前提和历史前提进行分析的。

第二部分是第二篇至第六篇,这一部分以资本主义商品生产为对象,研究剩余价值的生产过程,也就是分析货币转化为资本和资本占有剩余价值的问题,这是第一卷研究的中心。这一部分各篇之间的关系是:第二篇《货币转化为资本》是以劳动力成为商品为中心,论述劳动力商品的使用价值和价值,以此分析剩余价值生产的基础;第三篇和第四篇是分析剩余价值的源泉、生产过程和方法,揭示资本主义生产的实质;第五篇论述绝对剩余价值和相对剩余价值的生产,是把第三、第四两篇综合起来进行比较和分析,以此分析资本主义剩余价值生产的两种主要方式;第六篇是揭示资本主义工资的实质以及资本家如何利用工资形式作为进一步榨取剩余价值的手段,是剩余价值生产理论的继续和补充,这一篇由第十七章至第二十章共四章组成。总之,《资本论》第一卷的第二部分是分析剩余价值的生产过程,第二部分第二篇是为分析剩余价值生产提供基础;第三、第四篇是剩余价值生产过程本身;第五篇是剩余价值生产理论的综合分析;第六篇是剩余价值生产的继续和补充。

第三部分是第七篇《资本的积累过程》,这一部分是研究剩余价值怎样转化为资本,即资本主义通过剩余价值资本化完成资本积累,进而实现资本主义商品和生产关系的再生产,这是对资本主义经济运动规律和历史过程的总结。

《资本论》第一卷这三大部分之间的关系是怎样的呢?

第一,从劳动的角度考察,第一部分是分析劳动创造商品的价值;第二部分是分析劳动创造剩余价值;第三部分是分析劳动创造资本。

第二,从剩余价值的角度考察,第一部分是分析剩余价值生产的基础;第二部分是分析剩余价值的生产过程;第三部分是分析剩余价值怎样转化为资本。

第三,从资本的角度考察,第一部分是分析资本的前提;第二部分是分析资本的增殖;第三部分是分析资本的积累。

第四,从逻辑的角度考察,第一部分是出发点;第二部分是中心;第三部分是总结。

第五,从历史的角度考察,第一部分是讲资本主义的产生;第二部分是讲资本主义的发展;第三部分是讲资本主义的消亡和变革。

总之,《资本论》第一卷围绕资本的生产或者剩余价值的生产展开论证,体现出理论、逻辑、历史的有机结合,是一个论证逻辑和结构安排非常严密的科学体系。

《资本论》第二卷的框架结构

《资本论》第二卷研究资本的流通过程,中心是分析资本主义社会剩余价值的实现问题。

第二卷是以剩余价值实现为中心建立的科学体系,它由三篇、二十一章、四十二节组成。如果从资本运动的形式看,第二卷的总结构可分为三部分:第一篇《资本形态变化及其循环》,这是以货币资本为中心,分析个别资本运动的形态和过程,强调购买阶段、生产阶段和销售阶段对资本循环的重要性,揭示资本循环的关键在于资本运动的连续性。第二篇《资本周转》,是以生产资本为中心,分析个别资本运动的速度,强调固定资本、流动资本等资本不同特征对周转速度的影响,揭示资本周转的关键是速度。第三篇《社会总资本的再生产和流通》,是以商品资本为中心,分析社会总资本的实现问题,强调生产资料部类与生活资料部类之间的实物补偿和价值补偿对社会总资本运动的关键作用,揭示社会总资本顺利实现的关键在于不同部类之间应按比例协调发展。

如果从个别资本和社会总资本来分,《资本论》第二卷可以分为两大组成部分:第一部分是第一篇和第二篇,即分别从资本循环和资本周转两个方面出发,研究个别资本的再生产和流通;第二部分是第三篇,是研究社会总资本的再生产和流通。

以前学术界常常有一种误解,认为《资本论》第二卷的第一、第二篇是讲资本的循环和周转,不是再生产理论,第三篇才是再生产理论。实际上,第二卷的第一篇和第二篇也是再生产理论,区别在于:一个是个别资本的再生产,一个是社会总资本的再生产,前者主要是第二卷的第一篇和第二篇论证的,后者主要是在第二卷的第三篇论证的。而且,就马克思的再生产理论来说,也不是仅仅限于第二卷,《资本论》第一卷、第三卷和第四卷也有专门论述再生产的部分。例如:第一卷第七篇也是研究再生产的,那里主要是从直接生产过程来研究资本主义生产关系的再生产,即从剩余价值资本化或资本积累的角度来分析资本主义生产关系再生产,而第二卷主要是从流通过程研究再生产的实现条件和不同部类之间的比例关系问题。

学术界还有一种看法,认为《资本论》第二卷的结构从生产和再生产来分,可以分为两大部分:第一部分是第一篇资本循环,这是分析资本的生产和流通;第二部分是第二篇和第三篇,这是分析资本的再生产和流通。这就是说,第一篇不是再生产理论,第二、第三篇才是再生产理论。这种观点也是值得商榷的。实际上,第一篇针对资本循环问题的研究也是在讨论社会再生产。例如:第一篇第二章分析生产资本的循环,第一节题为《简单再生产》,第二节题为《积累和规模扩大的再生产》,从这些标题中可以看出马克思在分析资本循环问题时也是在研究再生产。马克思还明确说过:"运动的一般形式 P…P 是再生产的形式。""商品资本的循环包含着再生产。"①所以,《资本论》第二卷第一至第三篇都包含着资本主义生产方式的再生产,因此都是再生产理论。概括起来,马克思《资本论》第二卷是以剩余价值的实现为研究中心、涵盖个别资本和社会总资本再生产的完整科学体系。

《资本论》第三卷的框架结构

《资本论》第三卷《资本主义生产的总过程》,是以剩余价值分配为中心建立的科学体系。

第三卷一共有七篇、五十二章,是《资本论》四卷中章数最多的一卷。如果从剩余价值在产业资本家与非产业资本家之间的分配来划分,这一卷可以分为三个部分。

第一部分是第一篇至第三篇,分析平均利润和生产价格的形成,即分析资本流动如何导致平均利润的出现、商品价值如何转化为生产价格,中心是说明在产业资本家内部是怎样分配劳动者创造的剩余价值的问题。

第二部分是第四篇至第六篇,第四篇分析商业资本如何获得商业利润,这涉及产业资本家和商业资本家之间的分配;第五篇分析生息资本如何获取利息,这涉及产业资本家和借贷资本家之间的分配;第六篇分析土地所有者如何获得地租,这涉及产业资本家和土地所有者之间的分配。从第四篇到第六篇中心是说明在产业资本家之外,资产阶级内部的不同集团如何参与分割产业工人创造的剩余价值。

第三部分是第七篇即《各种收入及其源泉》,这部分不仅是《资本论》第三卷、而且是《资本论》前三卷即理论部分的系统总结,中心是说明资本主义的生产关系决定着分配关系。

第三卷如果从剩余价值的分配形式来划分,可以分为四个部分。

第一部分是利润,包括产业利润和商业利润,说明产业资本和商业资本都是获得平均利润。这一部分包括第三卷的第一篇到第四篇。

第二部分是利息,生息资本获取的报酬是利息,利息不是平均利润,而是平均利润的一部分。平均利润等于利息加企业主收入。这一部分是第五篇分析的。

第三部分是地租,土地所有者获取的地租也不是平均利润,而是平均利润以上的余额,即超额利润。无论是绝对地租还是级差地租,其本质都是土地所有者获取的、由农业工人创造的超过平均利润的那部分剩余价值。这一部分是第六篇分析的。

第四部分仍然是第七篇,即对第三卷和《资本论》理论部分的总结。

---

① 《资本论》第 2 卷,第 107、108 页。

《资本论》第四卷的框架结构

《资本论》第四卷是《剩余价值学说史》,在这一卷里,马克思围绕政治经济学理论的核心问题——剩余价值理论,对资产阶级各派经济理论进行了系统的历史的分析和批判,同时以论战的形式阐述了自己关于政治经济学的许多重要原理。这一卷的体系,是以李嘉图的理论为中心,按历史顺序分为三个组成部分。

第一册,评述李嘉图以前的政治经济学,主要是批判地分析重农学派和亚当·斯密的观点。

第二册,评述李嘉图,指出了李嘉图对资产阶级古典政治经济学的贡献,也指出了李嘉图的理论错误和阶级局限性。

第三册,评述李嘉图以后的经济学家,主要是讲李嘉图的观点所遭到的各种批判,也探讨了李嘉图学派解体的过程。

总之,《资本论》四卷之间存在着紧密的逻辑关联,是理论和历史相结合的完整科学体系,《资本论》的各卷本身也是一个艺术的整体,它们围绕剩余价值的生产、流通、分配以及剩余价值学说史,分别形成了具有逻辑严密性和结构完整性特征的论证框架。

(三)《资本论》体系结构对社会主义政治经济学的启示和借鉴意义

马克思的《资本论》通过对剩余价值的生产、实现和分配的系统论证,形成了一个理解资本主义生产方式和经济规律的完整理论体系。马克思《资本论》的完整性可以从方法论的角度、理论体系的角度、研究内容的角度进行理解[1],此外,马克思《资本论》的完整性也体现为其既是政治经济学著作,又是哲学著作,体现的是政治经济学与哲学的双向批判和重建,即可以将《资本论》看作是马克思主义的经济哲学著作[2]。这种理论体系的完整性及其结构安排对于社会主义政治经济学体系尤其是中国特色社会主义政治经济学的建立具有巨大的指导意义。

像《资本论》那样社会主义政治经济学应该有完整的理论体系

社会主义经济与资本主义经济有着本质的区别。它们的所有制结构不同:社会主义是生产资料公有制,资本主义是生产资料私有制,当前我国正处在社会主义

---

[1] 邰丽华、栗瑶平:《论马克思主义整体性与莱博维奇"超越〈资本论〉的逻辑》,《政治经济学评论》2016年第5期。

[2] 余源培:《〈资本论〉的当代意义》,《复旦学报(社会科学版)》2006年第5期。

初级阶段,其基本经济制度是公有制为主体、多种所有制经济共同发展。它们的生产目的不同:社会主义生产是为了满足人民群众不断增长的物质文化生活需要,而资本主义生产是为了榨取剩余价值。它们的经济机制不同:社会主义强调政府职能与市场机制的结合,资本主义则往往强调完全自由化的市场经济,改革开放以后,我国确立了社会主义市场经济体制的改革目标,这一目标的实现不是在经济领域中实行私有化、自由化和金融化,而是要使市场在资源配置中起决定性作用和更好发挥政府作用。它们的分配原则不同:社会主义实行按劳分配,避免和减缓不同群体之间的收入分配差距扩大,资本主义是按资分配,在资本家和劳动者之间很容易形成财富-贫困的两重积累,当前我国正处在社会主义初级阶段,我国的经济发展既要解放和发展生产力,又要避免两极分化并最终实现共同富裕,且在分配领域中强调将按劳分配和按要素分配相结合。所以,不能把马克思揭示资本主义经济运动规律的《资本论》体系结构原封不动地搬到社会主义政治经济学中来,中国特色社会主义政治经济学的构建也不是要完全重复或简单照搬《资本论》的结构安排和理论体系。但是,我们可以从《资本论》体系中得到许多有益的启示,找到可以借鉴的东西。这是因为:

第一,《资本论》实际上是马克思主义政治经济学的资本主义部分,社会主义政治经济学是马克思主义政治经济学的社会主义部分。所以,二者都是马克思主义政治经济学的重要组成部分。因此,作为建立马克思主义政治经济学体系的一些基本原则,二者应该是通用的。

第二,《资本论》是以资本主义生产关系为对象,社会主义政治经济学以社会主义生产关系为对象,也就是说二者都是研究生产关系的。因此,以生产关系为对象组成的《资本论》体系,当然对研究社会主义生产关系、建立社会主义的政治经济学体系和构建中国特色社会主义政治经济学具有借鉴作用。

第三,资本主义生产关系的物质基础是社会化大生产,社会主义生产关系的物质基础也是社会化大生产。同样是社会化大生产,必然有共同的经济规律及其表现形式,政治经济学的资本主义部分和社会主义部分涉及这些共同的经济规律及其表现形式,因此社会主义政治经济学可以从《资本论》中获得体系和结构安排的重要启示。

第四,资本主义生产是商品生产,社会主义社会仍然存在商品生产,这两种商品生产的性质、发展趋势根本不同,但是,同样是商品生产,也必然有共同的东西可以借鉴。例如:商品生产如何将不同的要素相结合?商品生产如何与消费者的需求相对接?不同部门的商品生产如何实现协调发展?商品生产的结果如何在不同群体之间进行分配?等等。针对这些具有共同性的问题,社会主义政治经济学也可以借鉴《资本论》的理论体系进行阐释和分析。

从理论体系的角度看,社会主义政治经济学尤其是中国特色社会主义政治经济学以中国作为发展中大国的生产关系作为研究对象,由此就要细致地阐述这个生产关系的具体展开方式。具体地说,中国特色社会主义政治经济学首先需要明确我国生产力的基本特征,由此延伸出生产资料所有制、流通方式、分配方式、消费结构等生产关系的重要安排,进而引入国家的作用阐释政府对生产关系不同环节的影响,之后再阐述生产、流通、分配、消费中各类生产关系的经济效应,即其是否在本质上回应了解放和发展生产力、消灭两极分化并实现共同富裕这些社会主义的目标,最后探究我国生产关系动态调整的趋向和动力源泉。显而易见,中国特色社会主义政治经济学至少应该包括如下内容:中国社会生产力的长期演变史;中国社会主义初级阶段理论;中国生产资料所有制理论;中国经济运行机制理论;中国收入分配理论;中国国民消费理论;中国政府调控理论;中国经济的社会福利理论;中国经济制度变迁理论,等等。显然,中国特色社会主义政治经济学也是在生产力-生产关系的相互作用中展开的,且这种理论学说也应涵盖生产、分配、流通、消费等整个经济活动,并体现出对社会主义经济发展目标和生产关系动态调整的回应。

像《资本论》那样社会主义政治经济学应该有一个合乎逻辑的出发点

《资本论》作为一个"艺术的整体",首先与它有一个合乎逻辑的出发点是分不开的。社会主义政治经济学体系的建立,也需要一个能反映社会主义生产关系本质和发展趋势的合乎逻辑的出发点,中国特色社会主义政治经济学的构建,同样需要一个能够反映中国经济发展中生产关系本质和发展趋势的逻辑起点。由于在社会主义社会,人与人之间的生产关系不再为物的外壳所掩盖,所以,分析社会主义生产关系应该也可以直接从劳动这个概念开始。国内有学者研究社会主义基本经济制度在理论和实践中的发展时,也强调以劳动平等作为核心概念展开对社会主义政治经济学的研究,并强调以公有制为主体的市场经济能够建立起全社会范围内更高程度的劳动平等[①]。以劳动为概念分析社会主义生产关系的理由在于:

第一,劳动是政治经济学的最简单最一般的范畴,劳动的二重性是政治经济学的枢纽。马克思的《资本论》从形式上是从商品开始,实际上从劳动概念或者说从劳动二重性出发,建立了它的政治经济学科学体系。社会主义政治经济学也只有从劳动出发才能建立起科学的体系。

第二,劳动是社会主义最普遍的范畴。恩格斯指出:在社会主义制度下,"任

---

① 荣兆梓:《劳动平等论:完善社会主义基本经济制度》,社会科学文献出版社 2013 年版。

何人都不能把自己在生产劳动这个人类生存的自然条件中所应参加的部分推到别人身上"①。社会主义政治经济学应该、也可能从劳动这个在社会主义社会最普遍的范畴出发。

第三,劳动是社会主义客观存在的最本质的要素,它是社会主义最本质关系的体现。社会主义生产关系本质上是人们等量劳动相交换的社会分工关系。劳动作为稀缺资源在不同领域的有效配置,是社会主义经济运行机制的重要内容,劳动付出的计量和核算是社会主义按劳分配以及实现经济激励和约束的重要依据,劳动所形成的财富积累以及投资增加是社会主义发展的基础。所以,社会主义政治经济学应该从劳动这个社会主义最本质的要素出发。

马克思在《资本论》中分析资本主义生产关系并没有从所有制出发,而且马克思认为不能从所有制出发。马克思说:"给资产阶级的所有权下定义不外是把资产阶级生产的全部社会关系描述一番。"所以,作为社会主义经济关系最基本条件的生产资料公有制,也不能作为社会主义政治经济学的出发点。作为现阶段我国的基本经济制度的生产资料公有制为主体、多种所有制经济共同发展,也不能作为构建中国特色社会主义政治经济学的出发点。在分析社会主义生产关系形成的时候,可以首先讲一下生产资料公有制是怎样建立起来的,讲一下中国现阶段基本经济制度经历了怎样的演变过程。但是,先讲一下生产资料所有制形态的建立,并不等于生产资料所有制形态可以成为社会主义政治经济学合乎逻辑的出发点。

像《资本论》那样社会主义政治经济学应该有一个中心贯穿全书

《资本论》作为一个"艺术的整体",首先是以剩余价值为中心贯穿全书的一个不可分割的整体。我们知道,剩余价值规律是资本主义基本经济规律。所以,《资本论》以剩余价值为中心,也就是以资本主义基本经济规律为中心。

马克思主义者认为:一切社会关系都是社会利益关系的表现,一切产业集团关系、民族关系、阶级关系以及各种政策归根到底都是经济利益关系的表现。更重要的是,不同的社会经济制度追求不同的利益,资本主义经济制度、生产资料的资本主义私有制,决定了资本家追求的是以剩余价值形式表现的私人利益。社会主义经济制度中的生产资料的公有制为主体、分配制度中的按劳分配和按要素分配相结合,则决定了社会成员应该共享利益。由此可见,利益是一切社会活动的核心,利益是一切社会关系的核心,共享利益是社会主义经济理论的核心,这就是说社会主义政治经济学应该以共享利益为核心。社会主义政治经济学以共享利益为核心建立研究框架,就是要分析社会主义生产过程中的共享利益关系、流通领域中

---

① 《马克思恩格斯选集》第3卷,第333页。

的共享利益关系、分配过程中的共享利益关系以及消费过程中的共享利益关系。

马克思在《资本论》中认为社会主义社会将结合成"自由人联合体",在这一共同体中,生产资料是全体社会成员联合占有,劳动产品由所有社会成员共同享有,即全体社会成员共享利益。所以,共享利益是社会主义经济的核心,也是社会主义利益关系的基本标志。

从我国的社会主义经济实践来看,中国共产党人总结了我国社会主义建设和改革的经验,并由此指出社会主义经济应该实现共享利益。党的十七大报告中第一次提出了共享利益的原则,指出要按照"共同建设、共同享有的原则,着力解决人民群众最关心、最直接、最现实的利益问题"。党的十八大后又多次提出要全体人民共同享受全体人民创造的利益,尤其值得强调的是,党的十八届五中全会明确提出:"实现'十三五'时期发展目标,破解发展难题,厚植发展优势,必须牢固树立并切实贯彻创新、协调、绿色、开放、共享的发展理念。"而共享发展理念就是"按照人人参与、人人尽力、人人享有的要求,坚守底线、突出重点、完善制度、引导预期,注重机会公平,保障基本民生,实现全体人民共同迈入全面小康社会"。广大人民共同创造的利益要由广大人民共享,这是一条马克思主义的原则,是对马克思主义理论的新发展。

共享利益观的确立具有重大的理论价值和现实意义。共享利益观的确立可以进一步推动多种所有制的发展,从而进一步完善社会主义经济的基本经济制度;共享利益观的确立,为把按劳分配与多种分配形式结合起来提供了坚实的理论基础,从而有利于社会主义分配制度的完善;共享利益观的确立,可以促进资源的社会化和市场化,从而进一步完善社会主义市场经济;共享利益观的确立,可以保证全体人民共享经济繁荣成果,充分调动社会各方面的积极性,从而进一步解放和发展社会生产力。总而言之,以共享利益为中心建立社会主义政治经济学确立了理论基础,可以进一步丰富和发展马克思主义的政治经济学。

像《资本论》那样社会主义政治经济学要以马克思主义为指导吸取古今中外一切经济理论的合理成分

正确对待马克思主义经济理论,既要坚持,也要澄清,还要发展。在人类思想史上,没有哪一种理论学说像马克思主义理论体系那样具有巨大的解释力、生命力。社会主义国家革命和建设的实践也表明:马克思主义不仅是指导社会主义革命的理论武器,也是进行社会主义经济建设的理论来源。共产党领导的社会主义革命和社会主义建设应该以马克思主义为指导,必须坚持和发展马克思主义,包括马克思主义的政治经济学。

我们应该完整地准确地学习和掌握马克思主义的经济理论,并且正确地加以运用,以此指导社会主义现代化建设。如果对马克思主义经济理论理解得不全面不准确,甚至将误解、误读视为马克思政治经济学的原本含义,就会引致理论和实践中的重大偏差。例如:马克思和恩格斯都认为生产力应该是三因素:劳动、劳动资料、劳动对象,三源泉是:劳动力、科学力、自然力,这是正传,生产力二因素是讹传;生产关系包括生产、流通、分配和消费四环节,这是正传,生产关系包括所有者、相互关系和分配是讹传;在扩大再生产条件下,生产资料生产应该较快增长,这是正传,生产资料优先增长是讹传,等等。对于这些马克思主义经济理论的曲解和误传,必须正本清源,加以澄清。

马克思主义经济理论的主要著作——《资本论》发表距今已有150年了,马克思没有社会主义建设的实践经历,因此当然不可能解答社会主义经济建设中的所有问题。此外,科学技术的迅猛发展,也使当前的经济实践出现了马克思时代不可思议的巨大变化,大量新的经济现象和经济问题随之产生了。希望从马克思的《资本论》中找到解答这些问题的现成答案,这是不可能的。基于此,建立社会主义政治经济学,就必须从社会主义经济建设的现实出发,运用马克思主义原理来发现和解决新问题,以此丰富和发展马克思主义政治经济学。值得强调的是,新中国成立之后,尤其是改革开放以来,我国运用马克思主义政治经济学基本原理并结合中国实践,提出了适合中国国情的若干经济理论,例如:社会主义的本质是解放和发展生产力,消灭剥削,消除两极分化,最终达到共同富裕;经济体制改革的目标是建立社会主义市场经济,实行以公有制为主体、多种所有制经济共同发展的基本经济制度,实行按劳分配与多种分配方式相结合的社会主义分配制度等。这些新理论、新发展必须在中国特色社会主义政治经济学中得到反映。

在构建社会主义政治经济学以及展开社会主义经济建设时,对待西方经济理论既要了解,也要批判,还要吸取。针对西方经济理论,首先要将这些理论的隐含假设、本意、来龙去脉、政策含义等搞清楚,不能一知半解,例如:对于凯恩斯的需求管理理论,对于供给学派,对于新增长理论,对于消费理论,对于货币理论等,应该通过细致学习和研究来理解这些理论的真实内涵。

然而,西方经济理论在不同时段也存在演化的特征,其理论中也存在着不科学的地方,例如:西方经济理论总体说来是为资产阶级利益服务的,西方经济理论往往关注经济现象本身,而忽视了经济的制度基础和实质,西方经济理论比较重视经济发展的主观和心理因素,而忽视或轻视经济发展的客观因素和制度因素,这使其理论具有很大的片面性和主观性特征。

西方经济学的整个理论体系,不能机械地搬到社会主义政治经济学中来,但是,资本主义商品经济和社会主义商品经济、资本主义市场经济和社会主义市场经济都是社会化大生产,都包含着生产、交换、分配和消费四个环节,都符合生产力与生产关系的相互作用规律，都必须遵循价值规律等商品经济的一般规律。因此，我们必须承认当代西方经济学中有不少内容可供我们参考和借鉴。在社会主义经济建设中，借鉴和吸收西方经济理论的合理成分，必须注意与我国的国情相结合。在构建社会主义政治经济学尤其是中国特色社会主义政治经济学的过程中，搞马克思主义的教条主义不行，搞凯恩斯主义和新自由主义的教条主义也没有出路。

构建社会主义政治经济学和进行社会主义经济建设，还必须继承和弘扬中国古代经济思想的宝贵遗产。对待中国古代的经济思想，既要挖掘，也要继承，还要扬弃。继承和发展马克思主义政治经济学，特别是构建中国特色社会主义政治经济学，现在不少人对"洋为中用"很重视，这当然是必要的。然而，不重视"古为今用"，对我国古典经济思想采取民族虚无主义的态度则是不可取的。中国古代众多思想家的知识和理论博大精深，在传统文化诸领域都留下了宝贵论著，可供我们借鉴，在经济理论方面也有不少思想遗产值得我们继承和发扬。相比之下，我们对我国古代经济思想的学习和研究还是很不够的，许多有经济学科的大学竟然不开设"中国经济思想史"课程。发掘我国古代经济思想是一项伟大而艰巨的工程，现在还是浅层开发，还有待深入挖掘。深入挖掘我国古代经济思想，并加以继承弘扬，对丰富和发展马克思主义政治经济学具有重要意义。这些经济思想主要包括：农业是国民经济的基础；货币管理有利于商品流通；富国富民的思想；生财节用说；等等。

中国古代经济思想有其精华部分应该继承，也有糟粕部分应该舍弃。在研究中国古代经济思想并将其应用于中国特色社会主义政治经济学时，要特别注意中国有两千年的封建统治，不能将那些封建性的思想糟粕当作精华来继承。在社会主义市场经济建设中肃清封建残余的影响是一个重要任务。另外，中国有几千年的自然经济过程，自给自足、墨守成规的小农思想也不能作为思想精华来继承。

像《资本论》那样社会主义政治经济学应该是一个理论和历史相结合的完整体系

《资本论》作为"艺术的整体"，还是理论和历史相结合的完整体系。社会主义政治经济学也应该象《资本论》那样，"论"和"史"结合，除了前面按生产关系四个环节组成的理论部分之外，也应该有一个社会主义政治经济学理论形成和发展史。构建中国特色社会主义政治经济学，自然包括中国这个发展中大国政治经济学的演变和发展史。自从20世纪60年代以来，包括我国在内的一些社会主义国家，编了一些以本国为主、初步概括不同类型社会主义国家共同经验的社会主义政治经济学教科书，对社会主义政治经济学体系的建立各自作出了一定的贡献。虽然现有的社会主义政治经济学体系都不够理想,但总算积累了社会主义政治经济学史的一些重要材料。近期有研究者从三个阶段出发:1959—1978 年的学习借鉴阶段、1979—2010 年的自主探索阶段、2013 年以后的主动构建阶段,系统梳理并评论了新中国成立以来中国社会主义政治经济学教材演变的历史沿革①。社会主义政治经济学应该反映这些材料,一部完整的社会主义政治经济学,不能没有社会主义政治经济学史,也不能没有社会主义经济的发展演变史。正是从《资本论》第一卷呈现的系统化经济学说中受到启发,近期我国学者指出:对于中国特色"系统化经济学说"而言,其系统化主要体现为"一论两史",即包括中国特色社会主义政治经济学,以及中华人民共和国经济史和中国共产党经济思想史或中国社会主义经济思想史②。

社会主义政治经济学科学体系的建立,除了对社会主义生产关系的分析以外,也有必要叙述社会主义生产关系的形成历史,并揭示它为什么必然要向共产主义过渡,弄清社会主义社会和共产主义社会的联系和区别。对于中国这样的发展中大国,还要弄清社会主义社会和社会主义初级阶段的联系和区别。从而一方面使我们懂得在社会主义建设中,必须依据具体国情有针对性地制定经济政策,并采用制度完善有效地执行经济政策,避免脱离实际,避免好高骛远,避免急躁冒进;另一方面使我们懂得现在的社会主义是共产主义的初级阶段,我国现阶段还处在社会主义初级阶段,我国的社会主义初级阶段有动态变化特征,我国现阶段还是世界上最大的发展中国家,社会主义实践早已存在于我们的现实生活中,但是还必须为解放和发展生产力、实现共同富裕目标付出艰苦的劳动。

由于社会主义还是一个新生事物,社会主义实践经验还不够丰富,人们的认识还受着客观过程的发展及其表现程度的限制,因此,运用马克思主义基本原理,总结世界各国社会主义革命和社会主义建设的丰富经验,建立社会主义政治经济学的科学体系,是一个长期的、艰辛的过程,现阶段还不存在具有完整科学体系的社会主义政治经济学。但是,社会主义社会的实践在不断进行,而主要资本主义国家的经济矛盾也在不断显露,更为重要的是,新中国成立之后,尤其是改革开放以来,我国在经济发展进程中积累了较多的经验,形成了针对我国社会主义经济建设的若干重要理论和指导原则,例如:社会主义阶段理论;基本经济制度理论;公有制实现形式理论;分配理论;社会主义经济运行机制;创新、协调、绿色、开放、共享五大发展理念等,这些为建立社会主义政治经济学、构建中国特色社会主义政治经济学、实现马克思主义本土化当代化准备了有利条件。现阶段我们有马克思主义的

---

① 刘清田、权利霞:《中国社会主义政治经济学教材的历史沿革》,《政治经济学评论》2017 年第 3 期。
② 顾海良:《"一论两史":中国特色"系统化的经济学说"的学理依循》,《光明日报》2017 年 7 月 11 日。

指导,有《资本论》作为理论体系和结构安排的样板,有中国社会主义经济建设近70年的经验,也有了建立社会主义政治经济学体系的初步尝试。在此基础上,经过共同的努力,一定能逐步建立和完善中国特色社会主义政治经济学体系,这一体系是现阶段社会主义政治经济学和马克思主义当代化和本土化的集中体现。

五、《资本论》的研究方法

> 虽说马克思没有遗留下"逻辑"(大写字母的),但他遗留下"资本论"的逻辑,应当充分地利用这种逻辑来解决当前的问题。在"资本论"中,逻辑、辩证法和唯物主义的认识论[不必要三个词:它们是同一个东西]都应用于同一门科学,而唯物主义则从黑格尔那里吸取了全部有价值的东西,并且向前推进了这些有价值的东西。
>
> ——列宁:《黑格尔辩证法(逻辑学)的纲要》①

探讨《资本论》的方法是一个比较复杂的问题,自《资本论》问世以来,人们就众说纷纭。有的说《资本论》的方法是形而上学,有的说是演绎法,有的说是抽象法,有的说是分析法……这些说法,不是妄加议论,就是存在理解错误。马克思在《资本论》第二版跋中说:"人们对《资本论》中应用的方法理解得很差。"②

那么,《资本论》的方法究竟是什么呢?

(一)《资本论》中的唯物辩证法及其应用

《资本论》的基本方法是什么?马克思在《资本论》第二版跋中引用了俄国学者考夫曼的一段话后,指出:"这位作者先生把他称为我的实际方法的东西描述得这样恰当,并且在考察我个人对这种方法的运用时又抱着这样的好感,那他所描述的不正是辩证方法吗?"③在给恩格斯的一封信中,马克思还正面提及:《资本论》

---

① 《列宁全集》第38卷,第357页。
② 《资本论》第1卷,第19页。
③ 同上书,第23页。

是"把辩证方法应用于政治经济学的第一次尝试"①。

《资本论》的方法不仅是辩证的,而且唯物的。马克思说:"我的辩证方法,从根本上来说,不仅和黑格尔的辩证方法不同,而且和它截然相反。在黑格尔看来,思维过程,即他称为观念而甚至把它变成独立主体的思维过程,是现实事物的创造主,而现实事物只是思维过程的外部表现。我的看法则相反,观念的东西不外是移入人的头脑并在人的头脑中改造过的物质的东西而已。"②

所以,《资本论》的基本方法是唯物辩证法。就唯物辩证法的内涵而言,马克思将这一"用于指导我的研究工作的总的结果"概括为八个方面:一是生产力与生产关系的关系,二是经济基础与上层建筑的关系,三是生产方式与社会发展的关系,四是社会存在与社会意识的关系,五是生产力与生产关系、经济基础与上层建筑的矛盾运动和社会革命的到来,六是"两个绝不会",七是人类社会的发展是一个自然历史过程,八是资产阶级的生产关系是社会生产过程的最后一个对抗形式③。近期,我国学者张雷声将马克思的唯物辩证法基本原则概括为客观性、实践性和历史性,并指出"唯物史观在《资本论》中的应用,是将其客观性、实践性、历史性的原则渗透其中,并通过社会基本矛盾在经济领域的运动、社会历史规律在经济领域的表现、人类社会历史过程的发展变化而展开的"④。那么,马克思在《资本论》中是怎样具体运用唯物辩证法的呢?

《资本论》中矛盾分析法的应用

对立统一是唯物辩证法的核心。对立统一就是事物内部对立着的两个方面之间互相依赖又互相排斥的关系,也叫矛盾。列宁说:"就本来意义上来说,辩证法就是研究对象的本质自身中的矛盾。"⑤他又说过:"统一物之分为两个部分以及对它的矛盾着的部分的认识……是辩证法的实质。"⑥

马克思在《资本论》中模范地运用了唯物辩证法的对立统一规律,分析了资本主义发展过程中生产社会化与资本主义私人占有之间自始至终的矛盾运动。在以剩余价值生产为中心的《资本论》第一卷,马克思分析了商品概念中使用价值和价值的矛盾,分析了劳动概念中个别劳动和社会劳动、具体劳动和抽象劳动的矛盾,分析了在剩余价值生产过程中资本和劳动的矛盾。在以剩余价值实现为中心的

---

① 《马克思恩格斯〈资本论〉书信集》,第 239 页。
② 《资本论》第 1 卷,第 24 页。
③ 《马克思恩格斯文集》第 2 卷,人民出版社 2009 年版,第 591—592 页。
④ 张雷声:《〈资本论〉的唯物史观运用于中国特色社会主义经济学》,《当代世界与社会主义》2017 年第 3 期。
⑤ 《列宁全集》第 38 卷,第 278 页。
⑥ 同上书,第 407 页。

《资本论》第二卷中,马克思分析了剩余价值生产与剩余价值实现的矛盾。在以剩余价值分配为中心的《资本论》第三卷中,马克思分析了整个工人阶级与整个资产阶级以及资本主义社会资产阶级内部不同集团之间分割剩余价值的矛盾。马克思通过对资本主义社会自始至终矛盾运动的分析,揭示了资本主义产生、发展和必然灭亡的规律。

马克思在《资本论》中典范运用的这种矛盾分析法,是研究任何事物发展过程所必须应用的方法。毛泽东同志在《矛盾论》中指出:"中国共产党人必须学会这个方法,才能正确地分析中国革命的历史和现状,并推断革命的将来。"①

《资本论》在运动过程中揭示资本主义生产关系

辩证法认为事物总是不断变化发展的一个运动过程,从动态演变的视角理解经济问题或生产关系是辩证法的题中应有之义。马克思在谈到辩证法时非常强调要从运动中、从发展变化中把握事物的本质。马克思说:"辩证法对每一种既成的形式都是从不断的运动中,因而也是从它的暂时性方面去理解;辩证法不崇拜任何东西,按其本质来说,它是批判的和革命的。"②

马克思与资产阶级经济学家不同,他不是把资本主义社会看作一个永恒的不变的机体,而是认为资本主义社会"不是坚实的结晶体,而是一个能够变化并且经常处于变化过程中的机体"③。与资产阶级经济学家相区别,马克思既肯定资本主义制度及市场扩展对生产力发展的意义,也论证此制度的内在缺陷及其在人类发展史中的过渡性质。马克思《1844年经济学哲学手稿》指出:"国民经济学由于不考察工人(劳动)同产品的直接关系掩盖了劳动本质的异化。"④此后,马克思从社会关系视角揭示资本主义对剩余价值和资本积累的追求,导致其面临着发展生产力但劳动异化限制生产力之间的内在冲突,此种冲突进而引致资本主义的周期性经济危机,从长程运动看资本主义将向更能契合"人的全面发展"这一目标的制度演进。正如马克思所指出的:"资产阶级的生产,由于它本身的内在规律,一方面不得不这样发展生产力,就好像它不是在一个有限的社会基础上的生产,另一方面它又毕竟只能在这种局限性的范围内发展生产力,——这种情况是危机的最深刻、最隐秘的原因,是资产阶级生产中种种尖锐矛盾的最深刻、最隐秘的原因,资产阶级的生产就是在这些矛盾中运动,这些矛盾,即使粗略地看,也表明资产阶级生产只

---

① 《毛泽东选集》第1卷,第308页。
② 《资本论》第1卷,第24页。
③ 同上书,第11—12页。
④ 马克思:《1844年经济学哲学手稿》,人民出版社2000年版,第54页。

是历史的过渡形式。"①

不难发现，马克思在《资本论》中分析资本主义生产关系总是把资本作为一个运动、变化、发展的过程来考察的。第一卷《资本的生产过程》是从商品运动开始，先分析商品内在矛盾运动怎样外化为商品和货币的对立运动，再由作为商品流通的货币和作为资本流通的货币的区别分析资本的运动；先分析资本怎样占有剩余价值，然后再分析剩余价值怎样转化为资本，最后论及资本运动的历史趋势。从商品到货币、从货币到资本、从资本到剩余价值、从剩余价值到资本积累，这集中体现出资本生产的完整运动过程。第二卷《资本的流通过程》更明显是分析资本的连续运动的，第一篇和第二篇循环和周转是分析个别资本的运动，第三篇社会总资本的再生产和流通是分析社会总资本的运动，这样第二卷探究了个别资本和社会总资本连续运动的条件。第三卷《资本主义生产总过程》，是分析各种资本形式的运动，第一篇至第三篇还是分析产业资本的运动，第四篇是探究商业资本的运动，第五篇是分析生息资本的运动，第六篇是联系土地所有者讨论资本的运动。就这样，马克思完成了"本书的最终目的就是揭示现代社会的经济运动规律"②。

《资本论》中对质量互变规律的应用

质量互变规律是辩证法的主要规律之一。量变是事物在数量上的变化，质变是事物根本性质的变化。事物的量变达到一定程度就会引起质的变化，质变后的事物，又会在新的基础上发生量的变化。

马克思在《资本论》中运用质量互变规律对资本主义生产关系既作了质的分析，又作了量的分析，而且分析了量变到质变的过程和条件。马克思在《资本论》中通过对资本、剩余价值、工资、利润、生产价格、利息、地租等经济范畴的分析，深刻地揭示了资本主义占有劳动者剩余劳动的本质，这些解释侧重于对资本主义生产关系进行定性分析；也通过剩余价值量、剩余价值率、资本循环次数、资本周转速度、利润量、利润率、资本有机构成、绝对剩余价值生产、相对剩余价值生产等范畴作了大量绝对量和相对量的分析，这些分析侧重于对资本主义生产关系进行定量研究。马克思在《资本论》中所分析的量不是孤立的量，而是事物从量到质运动过程中的量，目的是通过量的变化说明质的特征及其变动态势。

《资本论》中《货币转化为资本》一章是运用量变引起质变规律来分析问题的光辉范例。货币和资本本来是两个不同的经济范畴。但是，货币在一定条件下，在少数人手里积累到一定的数量，就有可能转化为资本，从而成为能够带来更多货币

---

① 《资本论》第4卷(Ⅲ)，第86—87页。
② 《资本论》第1卷，第11页。

的货币,或者能够带来更大价值的价值。马克思说:"货币或商品的所有者,只有当他在生产上预付的最低限额大大超过了中世纪的最高限额时,才真正变为资本家。在这里,也像在自然科学上一样,证明了黑格尔在他的《逻辑学》中所发现的下列规律的正确性,即单纯的量的变化到一定点时就转化为质的区别。"①

此外,《资本论》论证了资本积累和资本有机构成提高的结果,即随着资本积累的连续进行,有机构成在不断提高,这会产生两方面的结果:一方面,劳动生产力不断提高;另一方面,相对剩余人口也不断增加,贫富差距拉大并形成两极分化,而这样的发展过程积累到一定限度就会产生经济危机。这也是质量互变规律的具体体现。

《资本论》中对否定之否定规律的运用

否定之否定也是辩证法的主要规律之一。一个社会发展到一定阶段,就为其中对立的因素所否定,旧社会就灭亡,新社会就诞生。新社会发展到一定阶段又会为一个更高级的社会所否定,这就是否定之否定。

马克思在《资本论》中关于否定之否定的辩证规律的运用,也是极其光辉的典范。它主要体现在《资本论》第一卷第二十四章第七节《资本主义积累的历史趋势》中。这一节作为《资本论》第一卷的总结,指出资本主义私有制的产生是对个体劳动者私有制的否定,而社会主义公有制的建立或者重建个人所有制则是对资本主义私有制的否定,这就出现了否定的否定。马克思说:"从资本主义生产方式产生的资本主义占有方式,从而资本主义的私有制,是对个人的、以自己劳动为基础的私有制的第一个否定。但资本主义生产由于自然过程的必然性,造成了对自身的否定。这是否定的否定。"②近年来,有学者关注并研究了马克思《资本论》揭示的资本内在否定性,伴随着资本的生产,资本主义生产方式的矛盾也在发展,自我否定的力量也在发展,直到突破自己的限度。资本的生产总是通过危机为自己开辟前进的道路,但与此同时,也创造出解决这一对抗性的物质条件和精神条件。这就是马克思的"资本内在否定性"思想。将辩证法运用于资本主义生产方式,从中揭示出资本主义的自我否定、自我扬弃,这是马克思在《资本论》中的独创性贡献③。

社会主义代替资本主义,这不是由人们的意志决定的,而是一种社会发展的客观必然性。马克思说:"辩证法,在其合理形态上,引起资产阶级及其夸夸其谈的代言人的恼怒和恐怖,因为辩证法在对现存事物的肯定的理解中同时包含对现在事

---

① 《资本论》第1卷,第342—343页。
② 同上书,第832页。
③ 沈斐:《资本内在否定性:新方法和新典型》,天津人民出版社2016年版,第9页。

物的否定的理解,即对现存事物的必然灭亡的理解。"①

抽象法是《资本论》方法的一个重要特点

研究经济关系必须运用抽象的方法。马克思说:"分析经济形式,既不能用显微镜,也不能用化学试剂。二者必须用抽象力来代替。"②运用抽象法是《资本论》方法的一个重要特点。

马克思的科学抽象法,包括从具体到抽象、再由抽象到具体两个过程,这两个过程也体现了将理论逻辑与历史过程、实践资料相结合的过程。具体到抽象,就是以现实事物中大量具体材料为出发点,将丰满的感性材料经过去粗取精、去伪存真、由此及彼、由表及里的加工制作过程,最后形成具有本质的内在联系的经济范畴。马克思在写作《资本论》以前,首先花费了十几年时间大量搜集材料,包括资本主义发展的实际材料和经济学的大量历史文献材料,以此为经济概念的提炼和经济规律的把握提供丰富素材。抽象到具体,就是在具体上升到抽象的基础上,再按照从抽象上升到具体的方法进行叙述。《资本论》全书就是沿着从抽象到具体的方法叙述的。《资本论》第一卷《资本的生产过程》,是抽象掉流通过程的直接生产过程,在《资本论》四卷中最抽象;第二卷《资本的流通过程》,是作为生产过程与流通过程相统一的流通过程,它比第一卷更为具体;第三卷《资本主义生产总过程》,是作为生产过程、流通过程、分配过程三者统一的总过程,它比第二卷更加具体,更接近资本主义的经济社会实践;第四卷《剩余价值理论》则更具体地分析了经济思想的发展史。

具体到抽象和抽象到具体,这是理论思考的两个不同阶段,其研究方法和叙述方法本质上是一致的,都是辩证法,只是形式不同而已。马克思说过:"当然,在形式上,叙述方法必须与研究方法不同。研究必须充分地占有材料,分析它的各种发展形式,探寻这些形式的内在联系。只有这项工作完成以后,现实的运动才能适当地叙述出来。"③马克思《资本论》的叙述方法是由抽象到具体,我们绝不能认为《资本论》研究资本主义经济运动规律是从抽象而不是从实际出发。恰恰相反,马克思展开《资本论》研究是以充分占有社会实践资料以及理论文献资料作为前提条件的。列宁曾经指出:"'资本论'不是别的,正是'把堆积如山的实际材料总结为几点概括的、彼此紧相联系的思想。"④

---

① 《资本论》第 1 卷,第 24 页。
② 同上书,第 8 页。
③ 同上书,第 23 页。
④ 《列宁全集》第 1 卷,第 121 页。

逻辑和历史相结合是《资本论》方法的又一个特点

所谓逻辑方法,就是按照思维规律进行分析、推理、判断来叙述问题的方法;所谓历史方法,就是按照历史发展的先后顺序来说明问题的方法。这两种方法本质上是一致的,如果能在逻辑和历史方法的相互印证中展开研究,则理论的说服力和解释力将得到极大增强。恩格斯曾经说过:"历史从哪里开始,思想进程也应当从哪里开始,而思想进程的进一步发展不过是历史过程在抽象的、理论上前后一贯的形式上的反映。"①

马克思在《资本论》中运用逻辑和历史相结合的方法,大体上有以下几种情况:

一是逻辑方法和历史方法相一致。逻辑的发展顺序,也就是历史发展的过程。例如,《资本论》第一卷三大组成部分就体现了逻辑方法和历史方法的一致性:第一部分即第一篇讲商品和货币,从逻辑方法来说是出发点,从历史方法来说是资本主义的产生;第二部分即第二篇至第六篇讲资本和剩余价值,从逻辑方法来说是中心,从历史方法来说是资本主义的发展;第三部分即第七篇讲资本积累,从逻辑方法来说是总结,从历史方法来说是资本主义的消亡和变革。所以,《资本论》第一卷的逻辑顺序——出发点、中心、总结,与资本主义历史发展的顺序——产生、发展、消亡,总体上是一致的。

二是论史结合,以论为主,论中带史。例如,《资本论》第三卷第四至第六篇,都是集中分析资本主义的商业资本、生息资本、地租等理论,然后追述资本主义以前的商业资本、生息资本和地租的历史,以历史来证实、支撑、补充理论,这种论史结合的方法使得马克思的商业资本理论等具有极强的实践依据,对资本主义经济现实也具有显著的解释力。

三是史论结合,以史为主,史中夹论。例如,《资本论》第四卷讲剩余价值学说史,主要是评述资产阶级经济学说史的发展过程。但是,马克思在揭示资产阶级经济学说发展变化的历史过程中,也正面论述了他关于价值、价格、生产劳动、社会再生产、经济危机、平均利润、生产价格以及地租等问题的理论见解。这样,第四卷从学说史的角度对《资本论》前三卷理论部分作了许多重要的补充。

(二)《资本论》各卷方法的主要特点

《资本论》各卷都贯彻了《资本论》的基本方法——唯物辩证法。但是,在具体运用上有各自的特点,马克思在《资本论》的不同组成部分实际上采用了唯物辩证

---

① 《马克思恩格斯全集》第13卷,第532页。

法的不同具体形式。

矛盾分析法是第一卷的主要特点

《资本论》第一卷充分地运用了矛盾分析法,分析事物的二重性及其对立统一,先一分为二,再合二而一,由分析到综合,充满了唯物辩证法。

例如,《资本论》第一卷第一篇《商品和货币》,先分析了商品内在的四对矛盾:使用价值与价值的矛盾、具体劳动与抽象劳动的矛盾、私人劳动与社会劳动的矛盾、物的人格化和人格的物化的矛盾,以及商品外在的四对矛盾:使用价值形式和价值形式的矛盾、商品和货币的矛盾、买和卖的矛盾、买者和卖者的矛盾。第二篇分析了资本总公式的矛盾。第三篇分析了劳动过程和价值增殖过程的矛盾。第四篇至第七篇则分析了资本主义基本矛盾,即生产社会化和资本主义私人占有之间的矛盾的发展及其尖锐化必然导致资本主义被社会主义所取代。马克思说:"生产资料的集中和劳动的社会化,达到了同它们的资本主义外壳不能相容的地步。这个外壳就要炸毁了。"[1]就这样,马克思在《资本论》第一卷通过对资本主义生产中各种矛盾的深刻分析,揭示了资本主义产生、发展和灭亡的规律。

动态分析法是第二卷的主要特点

资本的实质在于增殖,资本的生命在于运动,资本只有在运动中才能不断地生产和实现剩余价值。资本一旦停止运动就失去生命力。马克思说:"资本作为自行增殖的价值……是一个经过各个不同阶段的循环过程……它只能理解为运动,而不能理解为静止物。"[2]《资本论》第二卷集中论述和分析剩余价值的流通或实现问题,此部分就是把资本作为一个运动过程来分析的。《资本论》第二卷方法上的一个主要特点就是动态分析,即从变化运动的过程来研究资本主义生产方式[3]。《资本论》第二卷共分为三篇:第一篇侧重分析货币资本的运动,是研究资本运动的形态变化,即从货币资本到生产资本、到商品资本、再回到货币资本的一系列形态变化过程;第二篇侧重分析生产资本的运动,是研究资本运动的速度,考察资本周转一次需要多少时间,或者一年中资本可以周转几次,有哪些因素影响资本的周转速度,资本周转速度对剩余价值生产和实现的影响,等等;第三篇侧重分析商品资本的运动,是研究资本运动的条件,具体地是将国民经济分为生产资料部类和生活资料部类,在两大部门的实物补偿和价值实现中分析社会总资本的运动,无论是针对简单再生产,还是针对扩大再生产,马克思都不仅分析了再生产实现的前提条件,

---

[1] 《资本论》第1卷,第831页。
[2] 《资本论》第2卷,第122页。
[3] 同上。

而且分析了部类之间的平衡条件和平衡公式。由此可见,《资本论》第二卷第三篇不单纯是动态分析,而且在运动中不断地求得平衡,这部分实际上使用的是动态平衡分析法。

转形分析法是第三卷方法的主要特点

马克思在《资本论》第三卷运用辩证法的突出表现是转形分析法。从某种意义上说,第三卷就是讲的剩余价值转形理论,运用的方法就是从本质到现象的转形分析法。

《资本论》运用转形分析法研究剩余价值的转形,大体上可以归结为三种类型、六个阶段、九种形式。

三种类型就是:第一类剩余价值经过利润转化为平均利润(包括商业利润);第二类是平均利润转化或分解为企业主收入和利息;第三类是平均利润的余额,即超额利润转化为地租。

这三类转化经过了六个阶段:第一阶段是不变资本和可变资本转化为成本价格;第二阶段是剩余价值率转化为利润率,剩余价值转化为利润;第三阶段是利润转化为平均利润,商品价值转化为生产价格;第四阶段是商业资本参加利润平均化,获得商业利润;第五阶段是平均利润转化或分解为企业主收入和利息;第六阶段是平均利润的余额转化为级差地租和绝对地租。

经过这六个阶段取得了九种转化形式:(1)成本价格是不变资本和可变资本的转化形式;(2)利润率是剩余价值率的转化形式;(3)利润是剩余价值的转化形式;(4)平均利润是利润的转化形式;(5)生产价格是价值的转化形式;(6)商业利润是平均利润的转化形式;(7)企业主收入是"监督工资"的转化形式;(8)利息是"资本价格"的转化形式;(9)地租是超额利润的转化形式。

以上情况说明:学习和研究《资本论》第三卷不掌握转形分析的方法,是很难深刻理解第三卷研究的中心和对象的。

历史和逻辑相统一是第四卷方法的主要特点

《资本论》第四卷的研究内容和《资本论》前三卷不同,它不是专门分析经济规律本身,而是分析资产阶级政治经济学产生、发展和衰落的历史过程。因此,它主要采取的是历史叙述的方法,也就是基本上按照历史的顺序梳理、分析和批判资产阶级的政治经济学。第四卷的第一册是分析李嘉图以前经济学家的经济学说,主要是评价重农学派和亚当·斯密的经济思想;第二册分析李嘉图的经济学说;第三册分析李嘉图以后经济学家的经济理论,说明李嘉图学派的解体和资产阶级政治经济学的庸俗化。

但是，马克思在《资本论》第四卷中分析资产阶级政治经济学发展过程时，并不是单纯地按照历史方法从前到后来叙述的，而是采取了历史和逻辑相统一的方法，既考虑时间变动的顺序，又考虑理论史的逻辑发展。例如：第四卷第一册如果完全按照历史的顺序，应该先分析重农学派主要代表魁奈的《经济表》，然后再分析亚当·斯密的主要经济理论。但是，马克思在第一册却是在第三章先分析亚当·斯密的经济观点，然后到第六章才分析魁奈的《经济表》。马克思为什么这样处理呢？这是因为斯密在资产阶级政治经济学说史上虽然总的说来比重农学派前进了很多，但是，在社会再生产理论方面，斯密与魁奈的《经济表》相比，不是前进了，而是倒退了。由于魁奈的《经济表》关注到不同部门之间的经济平衡问题，它比斯密在《国富论》中所论述的再生产理论要更有科学价值，因此，按照理论史的发展逻辑，对魁奈《经济表》的论述应在斯密之后，马克思之所以这样安排是考虑了理论史的逻辑顺序。这种历史和逻辑相统一的方法是科学的正确的方法，它能够更准确、更本质地反映历史和逻辑发展的顺序。

（三）《资本论》的方法对社会主义政治经济学的启示

概括起来，马克思的《资本论》不仅以剩余价值理论为中心构建起一个系统的资本主义生产方式理论体系，而且以唯物辩证法为基本方法论展开剩余价值生产、实现和分配等分析的研究，方法论与研究内容的有机结合是《资本论》的重要特征，也是其基本理论具有强大解释力的重要保障。从方法论的角度看，"《资本论》关于资本主义生产方式运动规律的探索，是建立在运用抽象法、系统分析法等分析资本主义经济矛盾和结构，运用抽象上升到具体的方法、逻辑与历史相一致的方法、分析与综合相结合的方法等构建《资本论》理论体系的基础上的。而这些方法运用的根本则在于运用了唯物辩证法。以唯物辩证法为基点展开的理论内容的分析和理论体系所采用的方法，构成了《资本论》探索资本主义生产方式运动规律的方法论体系"[①]。除了唯物辩证法在《资本论》中的广泛应用之外，马克思的研究方法对现代西方经济学也产生了重要的影响，我国学者冯金华通过比较发现：现代经济学中关于微观和宏观、均衡和失衡、实证和规范三个重要分析方法，在《资本论》中就以各种各样的形式出现过，不仅出现过，而且还常常被充分地讨论过；甚至也不仅仅是被充分地讨论过，还在许多方面超过了当代西方一些经济学家的认

---

① 张雷声：《〈资本论〉探索资本主义生产方式运动规律的方法论体系》，《中国人民大学学报》2008年第2期。

识①。这种比较研究显示出：马克思在《资本论》中所使用的研究方法具有科学性，这些研究方法对后续经济学说的建构和发展具有重要启示价值。

社会主义政治经济学的基本方法，应该同《资本论》一样，也是唯物辩证法。我国在构建中国特色社会主义政治经济学过程中，也要注意运用矛盾分析法、动态分析法、历史和逻辑相统一等方法。虽然《资本论》中分析资本主义生产关系的许多具体办法，不能机械地全盘搬到社会主义政治经济学中来，但是，这些方法对于社会主义政治经济学如何揭示社会主义生产关系，却有许多有益的启示。它们应该成为社会主义政治经济学尤其是中国特色社会主义政治经济学的重要方法论来源。

社会主义政治经济学也应该运用矛盾分析法

社会主义政治经济学是揭示社会主义经济运动规律的科学，中国特色社会主义政治经济学也旨在探究中国这个发展中大国的经济发展规律。但是，只有在社会主义社会的矛盾运动中，才能揭示社会主义经济运动的规律，列宁在揭示社会主义社会矛盾的特点时指出："对抗和矛盾根本不是一个东西。在社会主义制度下，对抗消失了，矛盾还会存在。"②

在社会主义政治经济学中运用矛盾分析法，首先要研究和分析社会主义生产关系各个方面、各个环节的矛盾，例如：生产、交换、分配、消费相互之间的对立统一，国家、地方、集体和个人之间的对立统一，新与旧、改革和保守之间的对立统一，市场经济和政府职能之间的对立统一，生产资料公有制和多种所有制之间的对立统一，国内经济发展和对外开放之间的对立统一，国有企业、民营企业和外资企业之间的对立统一，经济高速增长和可持续发展之间的对立统一，经济总量增长和社会财富分配之间的对立统一等，以推动社会主义生产关系的不断完善和社会生产力的持续发展。

在社会主义政治经济学中运用矛盾分析法，还要研究和分析社会主义生产关系与生产力的对立统一，在生产力和生产关系的矛盾运动中研究社会主义生产关系。例如：研究如果根据不同层次的生产力，建立与之相适应的不同层次的所有制关系，采取不同的经营方式，尤其是当前我国正处在社会主义初级阶段，这就要求生产资料所有制和经济运行机制与此相适应。生产资料所有制除公有制之外还包括外资经济、民营经济以及混合经济，经济运行机制就需要以建立社会主义市场经济体制为改革目标，充分发挥市场对资源优化配置的决定性作用，同时依靠政府

---

① 冯金华：《〈资本论〉与现代经济学研究方法》，《江西社会科学》2014年第1期。
② 列宁：《对布哈林"过渡时期的经济"一书的评论》，人民出版社1958年版，第13页。

职能转变来解决市场失灵问题。除此而外,我国作为一个人口和地理范围庞大的发展中国家,不同地区的生产力水平往往存在显著落差,这也需要不同地区在所有制结构和企业经营方式与本地发展实际相匹配。

在社会主义政治经济学中运用矛盾分析法,也要研究和分析社会主义上层建筑与经济基础的对立统一,在上层建筑与经济基础的矛盾运动中研究社会主义生产关系。例如:研究如何改革与社会主义现代化建设不相适应的行政管理体制和经济管理体制,以促进社会主义经济的发展。就中国而言,改革开放以来,我国对内的市场化经济体制改革和对外开放程度的逐步提高,本质上也伴随着经济管理体制的变化,这一变革集中体现为中央政府向居民、企业和地方政府的经济放权,同时政府在公共产品供给等方面的职能得到了进一步加强。举例来说,改革开放初期,我国农村以家庭联产承包责任制取代了此前的人民公社制,这意味着农村居民可以在其承包的土地上决定生产什么、怎样生产和为谁生产。现阶段,伴随着农村劳动力的持续流转和农村市场化改革的深入推进,我国在坚持家庭联产承包责任制的基础上实行了农村土地所有权、承包权、经营权的"三权分置",这意味着政府进一步放松了对农村土地承包户是否直接经营的约束。针对政府职能转变和经济管理体制变革,中国共产党十八届三中全会通过的《中共中央关于全面深化改革若干重大问题的决定》明确提出:"科学的宏观调控,有效的政府治理,是发挥社会主义市场经济体制优势的内在要求。必须切实转变政府职能,深化行政体制改革,创新行政管理方式,增强政府公信力和执行力,建设法治政府和服务型政府。"

从矛盾分析法的角度出发,现阶段我国提出的创新、协调、开放、绿色、共享五大发展理念就具有重要理论和实践价值。就创新发展而言,改革开放以来,我国在经济持续高速增长的背景下,伴随着土地、劳动、资本等物质要素的密集投入,技术创新、产品创新、组织创新等对经济增长的贡献度偏低,我国经济增长的粗放特征仍较为显著,全要素生产率的持续提高仍面临较多的阻力。经济增长的粗放特征与要素供给条件、经济发展质量的追求等之间的矛盾不断加剧,由此,创新发展就是要将我国从主要依靠物资资源消耗推动的经济增长,转向主要依靠创新和全要素生产率提高所推动的经济增长。就协调发展而言,改革开放以来,我国在经济总量持续增长的过程中也伴生着城乡之间、产业之间、地区之间等的一系列结构性问题。"增长绩效显著和结构问题突出"业已成为改革开放以来我国经济运行的重要特征,这一特征引致中国经济面临着不平衡、不协调、不可持续的挑战,由此,协调发展就是将单纯强调经济增长的发展观转向凸显统筹协调和可持续的发展观,通过深化经济体制改革来化解经济结构性问题。就开放发展而言,当今的世界是一个全球化的世界,随着生产的国际化分工,任何国家都不可能脱离全球化体系而独立生存。同样,发展中所产生的种种矛盾,也需要通过拓展开放范围、提高开放层次来解决。2008年金融危机之后,在全球民粹主义抬头、"反全球化"势头兴起的今天,中国提出了"一带一路"倡议,正是开放发展理念的最好体现。就绿色发展而言,中国在经历了几十年高速发展之后,资源约束和环境约束越来越成为限制我国进一步发展的阻碍,传统的粗放式、高消耗的发展模式已经难以持续,建立资源节约型、环境友好型发展模式,实现"美丽中国"的目标,也是为了更为有效地达成经济社会的可持续发展。就共享发展而言,改革开放以来,我国在经济总量持续高速增长的背景下,以基尼系数所标度的收入分配差距在波动中渐趋走高,皮凯蒂等人的新近研究发现:1978—2015年我国的财富分配差距是扩大的,其中最富1%人群占全部收入的比重从1978年的6%上升到2015年的14%,而底层50%人群占全部收入的比重从1978年的27%下降到2015年的15%[①]。收入分配差距渐趋拉大对我国经济发展、社会秩序稳定以及现代化目标的不利影响趋于增大。由此,共享发展就是要通过市场化改革、收入分配改革和社会保障体系改革,促使不同社会群体能够相对对等地分享经济增长的成果。

社会主义政治经济学也要从运动过程中研究社会主义生产关系

社会主义生产关系本身也不是始终不变的,它也是一个不断运动、发展、变化的过程。那种把社会主义看成是一成不变的东西的观点是错误的。在我国,人们对社会主义的认识也存在一个逐步深化的过程。改革开放之前,我国往往从苏联模式出发,将社会主义理解为"生产资料公有制+按劳分配+计划经济"。改革开放之后,我国决策层和学术界逐步认识到市场经济、计划经济等都是实现资源配置的工具,社会主义也可以采用市场经济,社会主义市场经济应成为我国经济体制改革的目标。社会主义在本质上体现为解放和发展生产力,避免两极分化并最终实现共同富裕,从功能和目标的视角出发,而不是单纯从工具视角出发理解社会主义,这意味着我国对社会主义本质的认识走向深入和系统。列宁曾经指出:"资产阶级总是非常虚伪地把社会主义看成是一种僵死的、凝固的、一成不变的东西,实际上,只有从社会主义实现时起,社会生活和私人生活的各个方面才会开始真正地迅速地向前推动,形成一个有大多数居民然后是全体居民参加的真正群众性的运动。"[②]

社会主义生产关系也有一个产生、发展和向共产主义过渡的过程。因此,社会主义政治经济学不能把社会主义社会当作不变的过程,只作静态的分析,而应该根据社会主义生产关系实际运动的过程,进行动态的分析。分析它是在什么条件下,

---

① Piketty, T., Yang, L. & Zucman, G., "Capital Accumulation, Private Property and Rising Inequality in China, 1978-2015", NBER Working Paper, 2017.
② 列宁:《国家与革命》,人民出版社1984年版,第89页。

是怎样产生的,它产生以后又是怎样巩固、发展和壮大的,以及怎样创造条件为向共产主义过渡做准备等。从这个角度出发,我国构建中国特色社会主义政治经济学,就需要借鉴《资本论》中的动态分析方法,考察新中国成立以来我国的社会主义经济建设经历了哪些阶段,不同阶段为何会存在经济制度等方面的差异,不同阶段经济制度的演变动因和绩效是什么,从实现创新、协调、绿色、开放、共享五大发展理念的角度看我国经济制度还应做出怎样的调整,经济制度调整和完善的动力机制来自哪里?等等。只有从动态视角出发,才能理解中国经济发展从哪里来、向何处去以及每个阶段各具有哪些基本特征,而动态分析方法自然应成为我国构建中国特色社会主义政治经济学的重要方法论基石。

社会主义政治经济学也应该运用抽象法

根据抽象法,社会主义政治经济学的研究和叙述也应该首先从具体到抽象,然后再由抽象到具体,中国特色社会主义政治经济学的构建也应该体现出理论逻辑和实践逻辑的相互统一。从具体到抽象,就是从社会主义经济运动的实际出发,进行调查研究,大量搜集材料,并且进行整理、比较、分析,从大量、普遍、重复出现的客观事实中找出必然性的东西,进而依据逻辑推演将这些经验或特征事实上升为理论。

社会主义政治经济学理论的概括,应该从实际出发,应该坚持实践是检验真理的唯一标准,而不能根据某些理论教条或语录随意杜撰经济规律。社会主义政治经济学揭示社会主义经济运动规律也不能根据个别事实,而要根据社会主义经济过程的全部事实。这些事实可以是促进经济发展的经验,也可以是导致经济波动的教训,还可能是经济在持续高速增长背景下隐含的多种风险和挑战。只有从全部事实即经济实践的多面性出发,才能提出具有科学性和普遍性的社会主义经济运动规律。列宁教导我们说:"必须毫无例外地掌握与所研究的问题有关的事实的全部总和,而不是抽取个别的事实,否则就必然会发生怀疑,怀疑那些事实是随便挑选出来的,怀疑可能是为了替卑鄙的勾当作辩护而以'主观'臆造的东西来代替全部历史现象的客观联系和相互依存关系。"[①]这就告诉我们不能把一个企业、一个地方甚至一国的具体情况、具体做法和具体经验当作一般规律,也不能将一个国家经济系统的某个方面的情况当作一般规律。而应该从所有社会主义革命和社会主义建设的实际出发,占有大量材料,总结比较世界各国社会主义革命和社会主义建设的经验,总结分析特定社会主义国家经济发展过程中的成功经验和失败教训,从具体到抽象,以此找出一般规律,并将其上升为经济理论。然后再按照抽象到具

---

① 《列宁全集》第23卷,人民出版社1958年版,第279—280页。

体、本质到现象的方法进行表述。以此使社会主义政治经济学在理论逻辑与实践逻辑的统一中体现出其科学性,使社会主义政治经济学既不只是现象的堆积,也不只是一些抽象概念或几个空洞的规律,而是既有骨骼,又有血有肉,并且能够解释和指导社会主义国家的经济发展实践。

社会主义政治经济学既要注重质的分析也要重视量的分析

社会主义政治经济学当然要重视质的分析,要从社会主义制度与资本主义制度本身的对比分析中,揭示社会主义制度的优越性。在这个意义上,比较制度分析是建立社会主义政治经济学以及构建中国特色社会主义政治经济学的一个重要途径。

但是,随着社会主义经济的发展,数量分析的作用日益重要。例如:社会主义基本经济规律的基本要求是发展生产、满足需要,以最小劳动消耗取得最大经济效益。这里当然有质的问题,说明社会主义生产的目的不再是为了利润,而是为了满足广大人民日益增长的物质文化生活需要,这是社会主义制度不同于资本主义制度的一个本质区别。但这里不只是质的问题,还有量的问题。发展生产有产品数量的问题,有产品结构的问题,与产品数量和结构相关联就有不同产业之间的关联问题,而满足居民需要也有满足程度的问题,居民对物质文化生活需要有购买能力的问题,生产和需要之间还有量的比例关系问题,生产和需求之间也存在着匹配和链接的问题。最小劳动消耗、最大经济效益也都有一个量的计算问题,这里的本质是投入和产出之间的比较问题。如果引入能源和生态,那么发展生产、满足需要还必须考虑能源的利用效率以及生态环境的保护程度。如果引入不同群体的收入和消费结构,那么发展生产、满足需要还必须考虑城乡之间、地区之间、行业之间的分配状态。

中国特色社会主义政治经济学必须将对经济事物质的分析与量的分析相结合,量的分析有助于人们把握经济活动的变动过程和真实状态,质的分析则有利于人们对经济活动的性质进行研判和分析。现阶段我国存在大量的经济现象需要进行质和量两个维度的考察,例如:从短期和需求管理的角度看,我国经济增长主要是依靠消费、投资和净出口三种力量推动的,由此就要分析这三种因素对经济增长的贡献率,以及不同因素贡献率的变化趋势与回应方案,以此回答我国是否存在着低消费率、高储蓄率、高投资率? 我国经济发展进程中的对外贸易依存度是如何变化的? 再比如,我国经济增长需要处理金融发展与实体经济之间的关系,为此就需要研究我国现阶段的货币化程度究竟有多大? 我国是否存在高货币化问题? 高货币化对中国经济的持续发展会产生哪些后果? 金融发展如何才能更好地服务于实体经济? 等等。从实际情况来看长期以来,受到此前苏联《政治经济学》教科书的影响,社会主义政治经济学针对经济活动往往质的分析较多,量的分析相对较少。改革开放以后,我国经济理论研究中针对经济活动的数理和数量分析不断增长,中国特色社会主义政治经济学的构建也具有一定程度的数量分析基础。后续有必要将经济事物的质和量两个维度相统一,并积极运用互联网+、大数据、云计算等现代科学技术手段,进一步深入揭示和研究社会主义生产关系呈现的多种经济规律。

概括地说,建立社会主义政治经济学、构建中国特色社会主义政治经济学需注重经济事物或活动质的分析,同时也应该运用数学方法进行量的分析。正如马克思所说:一种科学只有在成功地运用数学时,才算达到了真正完善的地步[①]。对于社会主义政治经济学的构建,数学方法是必不可少的,但是同时也要避免过度数理化和数量化,不能只关注符号和数据而忽略了符号和数据背后的经济现实与理论逻辑。

---

① 《回忆马克思恩格斯》,第7页。

六、《资本论》第一卷主要内容

> 第一卷包括第一册:《资本的生产过程》。这无疑是向资产者(包括土地所有者在内)脑袋发射的最厉害的炮弹。
>
> ——马克思致约翰·菲力浦·贝克尔(1867年4月17日)①

> 1867年终于在汉堡出版了"资本论。政治经济学批判"第一卷。这部著作是整个一生科学研究的成果。它是工人阶级政治经济学的科学表述。这里所涉及的不是鼓动性的词句,而是严密的科学结论。任何人,不管他对社会主义采取什么态度,都不能不承认,社会主义在这里第一次得到科学的论述。
>
> ——恩格斯:《卡尔·马克思》②

《资本论》第一卷在整个四卷《资本论》中具有特别重要的意义,它是马克思主义理论尤其是马克思主义政治经济学理论的基本阵地。第一卷所分析的是资本的生产过程,它在整个资本主义经济运动过程中具有决定性的意义,是资本的流通过程和资本主义生产总过程的基础。第一卷的中心是剩余价值生产的理论,它揭示了剩余价值的起源和本质,构成了《资本论》整个理论体系的核心和基础,没有剩余价值的生产,就没有剩余价值的实现和分配。第一卷揭示了资本主义生产关系的本质和资本主义产生、发展以及消亡的基本规律,是认识整个资本主义制度和生产方式的基础。所以,《资本论》第一卷虽然只是整个四卷本《资本论》的一个组成部分,但是它的地位极为重要,意义非常重大。

《资本论》第一卷名为《资本的生产过程》,中心是讲剩余价值生产的问题,主要内容由劳动价值理论、剩余价值生产的理论和资本积累理论三部分组成。

---

① 《马克思恩格斯全集》第31卷,第542—543页。
② 《马克思恩格斯全集》第16卷,第411页。

(一)劳动价值理论

《资本论》第一卷第一篇的标题是《商品和货币》,实际上是分析价值这个核心概念。第一篇共分三章,这三章是以劳动价值论为中心而建立起来的。第一章《商品》,以价值为中心,共由四节组成,很明显,采用这种结构安排是因为商品最主要的特点就是有价值,有凝结其中的无差别的一般人类劳动,分析商品实际上就是分析价值的形成。第二章《交换过程》、第三章《货币》,这两章实际上是作为价值形式来论述的。所以,《资本论》第一卷第一篇主要就是在讲劳动价值论。那么,马克思的劳动价值论包括哪些主要内容呢?

抽象人类劳动形成价值实体

劳动价值论的第一个主要内容就是价值实体。什么叫价值实体呢?简单说来,价值实体就是抽象人类劳动,即在商品生产中抽象掉劳动的具体目标、具体手段等而剩余的人类体力和脑力的耗费。马克思是怎样揭示价值实体的呢?在《资本论》第一卷第一章的第一、第二节,马克思是通过商品两因素和劳动二重性来揭示价值实体的。

任何商品都是由使用价值和价值两个因素构成的。使用价值就是一个靠自己的属性来满足人们某种需要的物,它反映的是商品的自然属性。例如,大米可以充饥,衣服可以保暖,钢笔可以写字,充饥、保暖、写字分别构成了大米、衣服、钢笔的使用价值。马克思关于价值的分析不是从概念出发,而是从现象到本质,也就是从交换价值到价值而展开的。所谓交换价值,就是一种使用价值同另一种使用价值相交换的量的关系或比例。例如,10斤大米可以换5尺布,这里10斤比5尺就构成了大米和布之间的交换价值。各种使用价值能按一定比例交换,是因为:第一,其中必有一个共同的东西;第二,交换价值是这个共同东西的表现形式;第三,这个共同的东西不能是使用价值。各种使用价值千差万别,根本无法进行比较。那么,这个共同的东西是什么呢?它们都是人类劳动的产品。任何商品都耗费了人类的劳动,都体现了人类体力和脑力的耗费,商品中无差别的人类劳动的凝结,就是商品的价值。

为什么商品具有两因素呢?这是因为生产商品的劳动具有二重性,即劳动一方面是具体劳动,另一方面是抽象劳动。

所谓具体劳动,是在一定的具体形式下,即在一定的目的、操作方式、对象、手段和结果下进行的劳动。例如,农民种粮食,需要使用锄头、镰刀、拖拉机等农具,经过耕种、播种、收割等一系列具体劳动,才能从土地中把粮食生产出来。农民生产粮食的劳动,与工人制造钢笔、环卫人员打扫卫生、科技人员从事科学实验的劳动存在着形式上的差别。简单地说,具体劳动创造商品的使用价值。

所谓抽象劳动,就是一般人类劳动的耗费。如果把劳动的具体形式撇开,生产活动就只是人类劳动力的耗费,都是人的脑、肌肉、神经、手等的生产耗费。农民生产粮食、工人制造钢笔、环卫人员打扫卫生、科技人员从事科学实验等都需要人类劳动力的耗费。这种同一的人类劳动的支出作为一般劳动,就是抽象劳动。概括地说,抽象劳动形成商品的价值实体。

所以,价值实体就是抽象的人类劳动。作为抽象的、无差别的一般人类劳动的凝结,就是商品的价值。价值是看不见、摸不着的,但又是客观存在的东西,"是同一的幽灵般的对象性"①。形成价值实体的抽象人类劳动,不是个别的私人劳动,而是共同的社会劳动,是"作为它们共有的这个社会实体的结晶"②。与使用价值相区别,商品的价值必须是抽象人类劳动的凝结。"使用价值或财物具有价值,只是因为有抽象人类劳动体现或物化在里面。"③

社会必要劳动时间决定商品的价值量

劳动价值论的第二个主要内容是价值量。商品的价值既然是由劳动创造的,那么,一个商品有多少价值就要看生产它的时候花费了多少劳动。在不考虑劳动强度等因素的前提下,劳动的量是由劳动时间的耗费来计算的,所以,商品价值量的大小,是由生产该商品所花费的劳动时间的多少决定的。那么,是不是一个人越懒惰,一个企业越落后,生产单位商品所花费的时间越多,其生产的商品的价值量就越多呢? 不是这样的。

商品价值量的大小,不是由某个生产者所花费的个别劳动时间决定的,而是由社会必要劳动时间决定的。那么,什么是社会必要劳动时间呢? 马克思说:"社会必要劳动时间是在现有的社会正常的生产条件下,在社会平均的劳动熟练程度和劳动强度下制造某种使用价值所需要的劳动时间。"④

怎样理解社会正常的生产条件呢? 社会正常的生产条件一般是指:(1) 劳动资料是正常的、一般的;(2) 原材料具有正常的品质;(3) 原材料和劳动资料的消耗也是正常合理的,不存在劳动资料和原材料的浪费情况。

怎样理解社会平均劳动呢? 社会平均劳动是指:(1) 平均的简单劳动,复杂劳动要还原为简单劳动,这样劳动的质的差别就可以被抽象掉;(2) 平均的劳动

---

① 《资本论》,第1卷,第51页。
② 同上。
③ 同上。
④ 同上书,第52页。

熟练程度,每个生产者的技术水平大体相等;(3)平均的劳动强度,也就是劳动的内含量是大体一致的。

怎样理解"某种使用价值"呢?某种使用价值是指同一种类、同一品种、同一规格的产品。换言之,某种使用价值就是指某种商品,不同生产者在生产和销售这种商品时存在着市场竞争关系。

由于生产商品的社会必要劳动时间决定该商品的价值量,所以,单位商品的价值量与体现在商品中的社会必要劳动量成正比。但是,它与劳动生产力成反比。所谓劳动生产力,始终是指有用的具体劳动的生产力,事实上,就是指某种有目的的具体劳动在一定的时间内生产使用价值的效率。因此,劳动生产力的变化只会引起使用价值量的变化,却不会引起价值总量的变化。在价值总量不变而使用价值量变化的情形下,劳动生产力自然会引起单位商品价值量的变化。劳动生产力与商品使用价值量和价值量的关系主要有以下三种情况:第一,劳动生产力与商品使用价值量成正比,劳动生产力提高,使用价值量增加,反之,劳动生产力下降,使用价值量减少;第二,劳动生产力与价值总量无关,无论劳动生产力怎样变化,商品价值总量不变;第三,劳动生产力与单位商品的价值量成反比,劳动生产力提高,单位商品价值下降,反之,劳动生产力下降,单位商品价值量提高。

价值形式就是商品价值的表现形式

劳动价值论的第三个主要内容是价值形式。马克思《资本论》第一卷第一章第三节的标题就叫《价值形式或交换价值》。问题是:价值形式和交换价值这二者为什么能并列呢?这是因为价值形式是在交换中表现出来的价值。所以,价值形式和交换价值可以作为同义语并列起来。

马克思在这一节通过价值形式的发展,即由简单的价值形式、到扩大的价值形式、再到一般价值形式,最后发展到货币形式,从而揭示了货币的起源和本质。货币实际上是充当一般等价物的特殊商品,货币就其本质而言是商品,也具有使用价值和价值。但货币又是特殊商品,其特殊性在于作为一般等价物,货币是社会公认的一般等价形式,它可以与其他一切商品相交换,用自己的自然形式表现其他一切商品的价值。马克思在《资本论》第一卷第二章通过交换过程的发展进一步揭示了货币的起源和本质,指出了货币作为商品的本质属性及其作为一般等价物的特殊性质。第三章又通过分析货币的五种职能,即价值尺度、流通手段、储藏手段、支付手段、世界货币,进一步揭示了货币的本质和多种功能。

用货币表现商品的价值,就是价格。在货币产生之后,价格是价值的完成形式。所以,实际上价格是价值的具体表现形式。那么,商品价格和价值之间的关系是怎样的呢?

第一,价值规律要求商品的价格与商品的价值相一致。价值规律是商品经济的基本规律,该规律的内容是:商品价值是由社会必要劳动时间决定的,商品之间实行等价交换原则。由于价值是价格的基础,价格是价值的表现形式,因此,一方面,从长期趋势看,价格和价值的长期变动态势应该是趋于一致的;另一方面,从全社会来说,价格总和与价值总和应该是一致的。

第二,价格和价值存在着量的背离,在实际上,每个个别场合价格和价值并不是一致的,而是经常背离的。这是因为价格作为商品价值量的指数,是商品同货币的交换比例的指数。但是,商品同货币的交换比例的指数不一定是商品价值量的指数,这里存在着供求关系对指数对应关系的影响。价格和价值量的偏离是存在于价格形式之中的。价格会随着供求关系的变化围绕价值上下波动。"但这并不是这种形式的缺点,相反地,却使这种形式成为这样一种生产方式的适当形式,在这种生产方式下,规则只能作为没有规则性的盲目起作用的平均数规律来为自己开辟道路。"①

第三,价格和价值之间还存在质的背离,价格可以完全不是价值的表现。有的东西本身并不是商品,例如良心、名誉等,但是也可以被它们的所有者出卖以换取金钱,并通过它们的价格取得商品形式。因此,没有价值的东西或者本质上不是商品的事物,在形式上可以具有价格。

价值本质上是被物的外壳掩盖着的人与人的关系

劳动价值论的第四个主要内容是价值本质。马克思在《资本论》第一卷第一章第四节通过分析商品拜物教的性质及其秘密,揭示出价值本质是被物的外壳所掩盖的人与人之间的生产关系。

价值表面看来似乎是物与物的关系、商品与商品的关系,而实质却是人与人的关系。列宁说过:"凡是资产阶级经济学家看到物与物之间的关系的地方(商品交换商品),马克思都揭示了人与人之间的关系。"②

但是,商品的价值不是直接体现人与人之间的关系,而是在物的外壳掩盖下的人与人的关系,或者说人与人的社会关系是通过商品交换这种物的关系而呈现出来的。18世纪意大利资产阶级经济学家加利阿尼曾经说过这样一句话:"价值是人与人之间的一种关系。"马克思在评述这句话的时候指出:"他还应当补充一句:这是被物的外壳掩盖着的关系。"③

马克思还进一步指出:"劳动产品作为价值,只是生产它们时所耗费的人类劳

---

① 《资本论》第1卷,第444页。
② 《列宁选集》第2卷,第120页。
③ 《资本论》第1卷,第91页。

动的物的表现,这一发现在人类发展史上划了一个时代,但它决没有消除劳动的社会性质的物的外观。"①

在经济学说史上,劳动价值论并不是马克思首先发现的。例如,亚当·斯密在《国民财富的性质和原因的研究》中也论述过劳动价值论。但是,马克思在继承资产阶级古典学派劳动价值论的科学成分,并批判它的庸俗成分的基础上,第一次建立了科学的完整的劳动价值论,这一科学的劳动价值论是通过商品两因素、劳动二重性、商品价值量决定、价值规律等重要理论共同支撑起来的。《资本论》第一卷第一篇建立起来的科学的劳动价值理论,是马克思主义政治经济学的基础。我们知道,剩余价值理论是马克思整个经济理论的基石,而劳动价值论又是剩余价值理论的基础。因为"要知道什么是剩余价值,他必须知道什么是价值"②。马克思也说过"商品价值由商品中包含的劳动时间决定这个一般规律和政治经济学的基础"③。因此,资产阶级及其经济学者非常害怕马克思的劳动价值论,有一个资产阶级御用学者曾经评论道:驳倒价值理论是反对马克思的人的唯一任务,因为如果同意这个定理,那就必然要承认马克思以铁的逻辑所做出的差不多全部结论。

正是导源于劳动价值论在马克思政治经济学的基础地位,我们认真学习《资本论》第一卷第一篇并理解了劳动价值理论,也就为深入理解整个《资本论》理论体系,掌握好马克思主义政治经济学打下了一个坚实的基础。

(二)剩余价值生产的理论

《资本论》第一卷第二篇至第六篇是《资本论》第一卷的中心,是分析剩余价值生产本身的问题。这五篇的关系大体上是:第二篇《货币转化为资本》,是以劳动力成为商品、货币才能转化为资本为中心,分析剩余价值生产的基础,重点是论述劳动力成为商品对货币转化为资本的关键作用;第三篇《绝对剩余价值的生产》和第四篇《相对剩余价值的生产》,是分析剩余价值的源泉、生产过程和方法;第五篇是把第三、第四两篇的内容进行综合的比较;第六篇《工资》,是揭示资本主义工资的实质,以及资本家如何利用工资形式作为进一步占有劳动者剩余价值的手段,这一篇是剩余价值生产理论的继续和补充。所以,把《资本论》第一卷第二篇至第六篇概括起来,马克思主要论述的是关于剩余价值生产的理论。剩余价值生产理论大致包括如下内容。

---

① 《资本论》第3卷,第349页。
② 《资本论》第2卷,第22页。
③ 《资本论》第3卷,第349页。

劳动力成为商品是剩余价值生产的基础

《资本论》第一卷第二篇只有第四章一章，马克思在这章一开始就指出：货币是商品流通的最后产物，又是资本的最初表现形式。既然资本最初采取货币的形式，那么，当作商品流通的货币和当作资本流通的货币有什么区别呢？换言之，商品流通和资本流通存在哪些重要区别？第一，流通形式不一样，商品流通是先卖后买，资本流通是先买后卖；第二，流通的目的不一样，商品流通的目的是获取使用价值，资本流通的目的是实现价值增殖；第三，流通的内容不一样，商品流通是两个不同使用价值的商品相互交换，是不同物质的交换，资本流通的起点和终点都是货币，是起点和终点商品形态完全一致的流通；第四，商品流通遵循等价交换原则，但在资本流通中，从流通中取出的货币要大于原来的预付货币，也就是要带来剩余价值，资本就是带来剩余价值的价值或者是能够带来更多货币的货币。那么，这个剩余价值是从哪里产生的呢？这就必须进一步考察资本总公式的矛盾。

资本总公式的矛盾是什么呢？马克思说："货币羽化为资本的流通形式，是和前面阐明的所有关于商品、价值、货币和流通本身的性质的规律相矛盾的。"① 又说："资本不能从流通中产生，又不能不从流通中产生。它必须既在流通中又不在流通中产生。"② 资本流通中的剩余价值与商品流通中的等价交换之间存在着矛盾，那么，这个矛盾怎么解决呢？在等价交换的前提下，要能产生剩余价值，货币所有者就必须在市场上找到这样一种商品，"它的使用价值本身具有成为价值源泉的特殊属性"③。货币所有者找到了这种特殊商品，这种特殊商品就是劳动力。

什么是劳动力呢？劳动力与劳动过程以及劳动者存在着区别，劳动力重在强调劳动者拥有的劳动的体力、智力等能力。马克思说："我们把劳动力或劳动能力，理解为人的身体即活的人体中存在的，每当人生产某种使用价值时就运用的体力和智力的总和。"④

劳动力在任何社会都存在，但不是任何社会劳动力都是商品。劳动力要成为商品必须具备两个基本条件：第一，劳动者具有人身自由，可以自由出卖自身的劳动力；第二，劳动者被剥夺了生产资料，他自身不能完成劳动力和生产资料两者的对接，因此两手空空，一无所有，除了自身的劳动力以外，不能出卖和劳动力不同的其他商品。这两个基本条件，只有在资本主义生产关系下，才能大量出现。所以，

---

① 《资本论》第 1 卷，第 177 页。
② 同上书，第 188 页。
③ 同上书，第 190 页。
④ 同上。

劳动力在历史上并不从来就是商品,劳动力成为商品是资本主义生产方式的一个重要特征。

劳动力既然成为商品,它也像其他一切商品一样,具有使用价值和价值。劳动力的价值与其他商品一样,也是由生产和再生产这种商品所必要的劳动时间决定的。资本家要工人干活,工人要维持他的劳动能力,就得吃饭、穿衣、住房子,就要有供生存、供发展以及代际之间传承的生活资料。所以,劳动力的价值包括维持工人自身和家属生存所必需的生活资料的价值,以及一定的教育或训练的费用。

至于劳动力的使用价值,则与其他一切商品的使用价值不同。劳动力是一个特殊商品,它的使用价值具有特殊的性质。其他一切商品的使用,如粮食用来充饥,衣服用来保暖等,就不能再创造任何价值。而劳动力这个特殊商品的使用,即工人在资本主义生产过程进行劳动,却能创造新的价值,并且能够创造出比劳动力本身的价值更大的价值。资本家购买劳动力这个商品时,正是看中了这个价值差额。剩余价值的产生,从而货币转化为资本的秘密以及资本总公式矛盾的解释,就在劳动力商品的这个特殊性质。那么,剩余价值到底是怎样产生的呢?

劳动力的买卖是在流通领域进行的,即资本家首先是从劳动力市场获取劳动力商品的,而劳动力的使用却是在生产领域中进行的,即在生产领域劳动力与资本家的生产资料相结合,以生产某种包含着剩余价值的新商品。由此可见,劳动力的使用过程,就是剩余价值的生产过程。一旦进入生产过程,"不仅可以看到资本是怎样进行生产的,还可以看到资本本身是怎样被生产出来的。赚钱的秘密最后一定会暴露出来"[1]。

剩余价值的生产过程

资本主义生产过程具有二重性,它是劳动过程和价值增殖过程的统一。劳动过程是一般,即这一过程在多个社会形态下均存在;价值增殖过程是特殊,即这一过程仅存在于资本主义生产方式,马克思在《资本论》中分析一般是为了说明特殊。马克思说:"劳动过程只是价值增殖过程的手段,价值增殖过程本身从本质上来看,是剩余价值的生产,即无偿劳动的物化过程。生产过程的整个性质就是由它特别规定的。"[2]

劳动过程就是具体劳动创造使用价值的过程,是人和自然之间的物质变换的过程,也就是劳动力发挥作用的过程。劳动过程是人类生活的一切社会形式所共有的,从原始社会、到奴隶社会、再到封建社会,以及到资本主义社会和社会主义社

---

[1] 《资本论》第1卷,第199页。
[2] 马克思:《直接生产过程的结果》,第54页。

会,劳动过程均存在,劳动过程是人类物质文化财富积累和社会不断发展的重要基石。资本主义劳动过程,就它是资本家消费劳动力的过程来说,有两个重要特点:第一,工人的劳动属于资本家,工人在资本家的监督下劳动;第二,最终的劳动产品归资本家所有,不是归生产工人所有。

资本家生产的目的,不仅要生产使用价值,而且要生产价值;不仅要生产价值,而且要生产剩余价值。价值增殖过程,实际上就是剩余价值的生产过程,而价值增殖过程不外是超过一定点而延长了的价值形成过程。所以,要揭示价值增殖过程,首先要分析价值形成过程。

价值形成过程就是生产资料旧价值的转移和活劳动新创造价值的过程,或者说,是生产资料和劳动力相结合以形成新商品的过程,这个过程存在着生产资料旧价值的转移和活劳动新创造的价值。如果资本所支付的劳动力价值恰好等于活劳动所创造的新价值,那就是单纯的价值形成过程。如果价值形成过程超过这一点,那就成为价值增殖过程。

价值增殖的秘密在于劳动力的价值,和劳动力的使用即劳动在劳动过程中创造的价值是两个不同的量。前者小于后者,后者不仅包括劳动力的价值(通常用工资来表示),而且包括由劳动者创造但被资本家占有的剩余价值。劳动力的卖者和任何别的商品卖者一样,在劳动力市场上实现劳动力的交换价值,而让渡了劳动力的使用价值。但是,具有决定意义的,是劳动力这个商品独特的使用价值。如前所述,劳动力商品的使用即劳动是价值的源泉,并且是大于它自身价值的源泉。比如,资本家支付了劳动力的日价值4元,因此,劳动力一天的使用,即一天的劳动所得就归资本家所有。如果劳动1小时可以创造1元价值,那么,工人一天只要劳动4小时就可以补偿劳动力的价值,而资本家不会让工人只劳动4小时,如果要工人每天劳动8小时,那么工人劳动8小时就可以创造8元价值。工人劳动一天创造的8元价值,大于劳动力自身的价值4元,其中的差额是4元。这个超过劳动力价值的部分就是价值的增殖部分,也就是劳动者创造但被资本家占有的剩余价值。资本主义生产过程的主导方面是价值增殖过程,也就是剩余价值生产过程。马克思说:"剩余价值的生产是资本主义生产的决定的目的。"[1]"生产剩余价值或赚钱,是这个生产方式的绝对规律。"[2]

马克思通过资本主义生产过程二重性的分析,揭示了剩余价值产生的秘密,揭示了资本主义生产方式中资本家占有工人创造的剩余价值的真相。这是马克思政治经济学划时代的巨大功绩。那么,资本家是怎样榨取剩余价值的呢?

---

[1] 《资本论》第1卷,第257页。
[2] 同上书,第679页。

绝对剩余价值和相对剩余价值

绝对剩余价值的生产和相对剩余价值的生产是资本家榨取剩余价值的两种基本方法。马克思在《资本论》第一卷第三篇先分析绝对剩余价值的生产。什么叫绝对剩余价值呢？马克思说："我把通过延长工作日生产的剩余价值，叫作绝对剩余价值。"①这意味着：绝对剩余价值生产是与劳动者工作日的延长相关联的。绝对剩余价值生产，是在劳动生产力劳动强度不变的前提下，由工作日绝对延长而增大的剩余劳动时间形成的，它以工作日长度的变化为基础。所以，工作日长度的变化，是绝对剩余价值生产的中心问题。在资本主义生产的初期，延长工作日是资本家榨取剩余价值、提高对工人剩余价值占有程度的主要手段。马克思说："资本由于无限度地盲目追逐剩余劳动，像狼一般地贪求剩余劳动，不仅突破了工作日的道德极限，而且突破了工作日的纯粹身体的极限。它侵占人体成长、发育和维持健康所需要的时间。它掠夺工人呼吸新鲜空气和接触阳光所需要的时间。它克扣吃饭时间，尽量把吃饭时间并入生产过程，因此对待工人就像对待单纯的生产资料那样，给他饭吃，就如同给锅炉加煤、给机器上油一样。"②

用延长工作日的办法来榨取剩余价值，要受到工人生理的和社会道德的限制，因此是有一定限度的。在历史上，劳动者为争取工作日的缩短也与资本家进行了激烈的斗争，这也导致绝对剩余价值生产面临着社会对抗的限制。因此，随着资本主义的发展，资本家为了榨取更多的剩余价值就主要采取相对剩余价值生产的方法，来增强对工人的剩余价值的占有程度。马克思在《资本论》第一卷第四篇集中分析了相对剩余价值的生产。

什么叫相对剩余价值呢？马克思说："我把通过缩短必要劳动时间、相应地改变工作日的两个组成部分的量的比例而生产的剩余价值，叫作相对剩余价值。"③这就是说，相对剩余价值是由在给定的工作日中，通过缩短必要劳动时间、进而相应地延长剩余劳动时间而产生的。怎样才能缩短必要劳动时间呢？主要有两个办法：提高劳动生产力和提高劳动强度。所以，第一卷第四篇较多地讲到生产力提高的问题，由于生产力提高与生产的组织方式和生产工具变动紧密相关，因此，马克思从《资本论》第一卷的第十一章到第十三章还详细分析了资本主义社会生产力发展的三个阶段：简单协作、工场手工业和机器大工业。在这部分，马克思的论述重心不是生产力本身，而是讲资本家怎样通过提高劳动生产力来改变工作日中必要劳动时间和剩余劳动时间的结构，以此获取更多的剩余价值。马克思曾经深

---

① 《资本论》第1卷，第350页。
② 同上书，第294—295页。
③ 同上书，第350页。

刻地指出:"在资本主义生产条件下,通过发展劳动生产力来节约劳动,目的绝不是为了缩短工作日。它的目的只是为了缩短生产一定量商品所必要的劳动时间。……以此来延长工人能够无偿地为资本家劳动的工作日的另一部分。"①

绝对剩余价值生产和相对剩余价值生产二者的关系怎样呢?马克思在《资本论》第一卷第五篇把二者综合起来考察,从这种考察中可以看出绝对剩余价值生产和相对剩余价值生产既有联系又有区别。

第一,绝对剩余价值生产是相对剩余价值生产的基础和出发点。这是因为:绝对剩余价值的生产,只同工作日长度有关。但相对剩余价值的生产,要以工作日已经延长到必要劳动时间以上为前提,并以此为出发点,变革劳动的技术过程和劳动组织,从而缩短必要劳动时间才能产生。

第二,绝对剩余价值生产以劳动对资本的形式隶属为前提,也就是说,只要劳动在资本主义生产关系上隶属于资本就行了。而相对剩余价值生产要以劳动对资本的实际隶属为前提,也就是说,对于相对剩余价值来说,劳动仅仅在资本主义生产关系下隶属于资本已经不够了,除劳动隶属于资本之外,工人离不开机器,工人成为部分劳动者,工人被当作活的附属物依附于死机器。

第三,生产相对剩余价值的方法同时也是生产绝对剩余价值的方法。这是因为机器的改进,以及因此必要劳动时间的缩短、剩余劳动时间的扩大,是变相地延长工作日最有力的手段。

第四,绝对剩余价值生产是相对的,因为它以劳动生产力发展到能够把必要劳动时间限制为工作日的一个部分为前提;相对剩余价值生产是绝对的,因为它以工作日能够绝对延长到超过必要劳动时间为前提。

在理解了绝对剩余价值生产和相对剩余价值生产的两种方法之后,一个需要回答的问题是:从量的角度看,资本家占有劳动者创造价值的程度怎样表示呢?

剩余价值率是剥削程度的准确表现

马克思说:"剩余价值率是劳动力受资本剥削的程度或工人受资本家剥削的程度的准确表现。"②所以,剩余价值率也就是剥削率。剩余价值率越高,也就是剥削程度越高,在预付资本给定的条件下,资本家获取的剩余价值量就越多。因此,资本家总是千方百计地提高剩余价值率,提高对工人的剥削程度,以榨取更多的剩余价值。那么,剩余价值率怎样表示呢?

剩余价值率用价值形式表示,是剩余价值对可变资本(或劳动力价值)的比

---

① 《资本论》第1卷,第356—357页。
② 同上书,第244页。

率。用公式表示：

$$剩余价值率 = \frac{剩余价值}{可变资本}$$

剩余价值率用劳动的形式表示是剩余劳动对必要劳动的比率。用公式表示：

$$剩余价值率 = \frac{剩余劳动}{必要劳动}$$

马克思说："把价值看作只是劳动时间的凝结，只是物化的劳动，这对于认识价值本身有决定性的意义，同样，把剩余价值看作只是剩余劳动时间的凝结，只是物化的剩余劳动，这对于认识剩余价值也具有决定性的意义。"[①]由此出发，剩余价值率可以表示为剩余劳动对必要劳动的比率，同时也可以表示为剩余劳动时间对必要劳动时间的比率。

剩余价值率用产品的形式表示是剩余产品对必要产品的比率。这里剩余产品和必要产品是劳动者在剩余劳动时间和必要劳动时间中创造的商品形式。用公式表示：

$$剩余价值率 = \frac{剩余产品}{必要产品}$$

工资理论是剩余价值生产理论的继续和补充

从表面上看，劳动者的工资似乎是一个分配问题，为什么马克思要把它放在以剩余价值生产为中心的《资本论》第一卷来分析呢？这是因为工资理论是剩余价值生产理论的继续和补充。

首先，我们知道，剩余价值来源于工人劳动创造的价值大于劳动力本身的价值。资本家购买的是工人的劳动力，而不是工人的劳动，劳动力是商品而劳动不是商品。资本家付给工人的工资在本质上是劳动力的价值或价格，而不是劳动的价值或价格。但是，在资本主义社会却有一个假象，即工资表现为劳动的价值或价格，好像是工人出力，资本家出钱，似乎工人得到了其劳动过程的全部报酬。这样，工资从形式上掩盖了资本家对剩余价值占有的资本主义生产本质。因此，完整的剩余价值生产理论不仅要说明剩余价值是怎样产生的，而且要揭示工资形式怎样掩盖了剩余价值的剥削实质。正是因为如此，马克思在《资本论》第一卷第六篇专门分析了工资，揭示出资本主义社会工资的本质不是劳动的价值或价格，而是劳动

---

① 《资本论》第1卷，第243—244页。

力的价值或价格。马克思指出:"总之,'劳动的价值和价格'或'工资'这个表现形式不同于它所表现的本质关系,即劳动力的价值和价格,……前者是直接地自发地作为流行的思维形式再生产出来的,而后者只有通过科学才能揭示出来。"①

其次,我们知道,马克思在分析资本家占有工人创造的剩余价值时,是假定资本家按照工人的劳动力价值支付工资的。但是,实际上资本家往往把工资压低到劳动力的价值以下,把工资形式作为进一步榨取剩余价值的手段。因此,马克思在这一篇的第十八章,分析了计时工资是资本家加强剥削程度的手段。例如:资本家利用计时工资使工人遭受过度劳动或就业不足的痛苦,利用所谓"额外劳动报酬",刺激工人延长劳动时间,降低劳动力价格,增加劳动的强度等。马克思在这一篇的第十九章又指出计件工资是最适合资本主义生产方式的工资形式,也就是资本家提高剩余价值占有程度的最好形式。例如:资本家利用计件工资这种工资形式,借口工人生产的产品不合质量克扣工人的工资,解雇工人,进行中间剥削等。马克思说:"计件工资是克扣工资和进行资本主义欺诈的最丰富的源泉。"②

马克思的工资理论既揭露了工资形式怎样掩盖着资本家对剩余价值的剥削,又论证了工资形式是资本家进一步榨取剩余价值的手段,所以,马克思在第六篇所讲的工资理论,是第二篇至第五篇所阐明的剩余价值生产理论的继续和补充。工资理论本身也就成为马克思剩余价值生产理论的重要组成部分。马克思自己曾经说过,工资理论是《资本论》中三个崭新因素之一。

就整个理论体系而言,马克思的剩余价值生产理论在马克思主义政治经济学说中占有极其重要的地位。恩格斯指出:剩余价值问题的解决是"马克思著作的划时代的功绩","科学的社会主义就是从此开始,以此为中心发展起来的"③。列宁也指出:"剩余价值学说是马克思经济理论的基石。"④

(三) 资本积累理论

《资本论》第一卷的第三个重要理论,就是资本积累理论,这是马克思在《资本论》第一卷第七篇集中分析的。这一篇从第二十一章开始到第二十五章结束,总共由五章组成。第二十一章首先分析简单再生产,第二十二章分析剩余价值转化为资本,第二十三章分析资本主义积累的一般规律,第二十四章主要讲资本积累的历史趋势,最后,第二十五章通过对现代殖民理论的批判,进一步说明资本不是物,而

---

① 《资本论》第1卷,第593页。
② 同上书,第605页。
③ 《马克思恩格斯选集》第3卷,第243页。
④ 《列宁选集》第2卷,第44页。

是一定历史阶段的生产关系。根据马克思在《资本论》第一卷第七篇的论述,马克思的资本积累理论主要包括如下内容。

资本积累与资本主义再生产

什么叫资本积累？资本积累就是剩余价值的资本化。马克思说:"把剩余价值当作资本使用,或者说,把剩余价值再转化为资本,叫作资本积累。"①

如果资本家把榨取的剩余价值全部用于个人消费,每一轮的新生产在原有规模上重复进行,那就是资本主义简单再生产。如果资本家把榨取的剩余价值不全部用于个人消费,而把其中的一部分转化为资本,用来追加购买生产资料和劳动力,从而使每一轮的新生产在扩大规模的基础上进行,那就是资本主义的扩大再生产。

资本主义再生产的特征不是简单再生产,而是扩大再生产,这主要是因为资本家面临着外部的竞争压力,以及尽可能多地获取剩余价值的内在动力,这就导致扩大再生产成为资本主义再生产的基本形式和主要特征。但是,由于简单再生产是扩大再生产的基础和出发点,因此,马克思在《资本论》第一卷的第二十一章首先分析简单再生产。对简单再生产的分析使我们看到资本主义再生产的一些主要特征。

第一,从再生产过程看,工人不仅不断创造了维持劳动力再生产的价值,而且还创造了养活资本家的剩余价值。所以,在资本主义社会,不是资本家养活了工人,恰恰相反,是工人自己养活了自己,也养活了资本家。

第二,从再生产过程看,工人不仅创造了可变资本,而且创造了全部资本。资本都是剩余价值转化而来的,剩余价值资本化是资本主义社会中资本形成的基本方式。因此,按照马克思主义经典作家的设想,当工人阶级在资本主义社会取得政权后,剥夺资产阶级的一切生产资料,以此实行生产资料公有制或重建个人所有制,就是完全合理的,这本质上收回了工人阶级祖祖辈辈辛勤劳动所创造的财富。

第三,从再生产过程看,资本主义再生产不仅是商品和价值的再生产,还是资本主义生产关系的再生产。它不断地生产着两大对立的社会阶级:一方面是资本家,另一方面是雇佣工人。无产阶级要摆脱这种经济关系,求得自身的解放,就必须进行社会主义革命,推动资本主义生产关系的变革。

积累与扩大再生产

简单再生产不需要有资本积累,而扩大再生产通常要以资本积累为前提。

---

① 《资本论》第1卷,第635页。

剩余价值要转化为资本,进行资本积累,这不是由资本家的主观意志决定的,而是由资本主义客观经济规律决定的。首先是由剩余价值规律决定的。资本家作为人格化的资本,他的动机不是获取商品的使用价值和享受商品,而是要获取价值和交换价值的增殖。是对剩余价值的贪欲,是绝对的致富欲,驱使着资本家去积累资本并展开扩大再生产。其次是由资本主义经济中的竞争规律决定的。在资本主义生产方式中,竞争对不同的资本家具有激励和约束功能,竞争使资本主义生产方式的内在规律(剩余价值规律)作为外在的强制规律支配着每一个资本家。竞争迫使资本家不断扩大自己的资本来维持自己的市场优势,而扩大资本规模就不能不依靠资本积累。

马克思在第二十二章和第二十三章分析资本积累和扩大再生产的关系时指出:"剩余价值不断再转化资本,表现为进入生产过程的资本量的不断增长。这种增长又成为不断扩大生产规模的基础,成为随之出现的提高劳动生产力和加速剩余价值生产的方法的基础。"①不仅如此,马克思有时甚至把资本积累同扩大再生产等同起来。马克思曾经说过:"积累就是资本的规模不断扩大的再生产。"②可见,积累与扩大再生产的关系非常密切,积累是扩大再生产的基础和实现条件。在有资本积累的地方,也就有扩大再生产。

但是,扩大再生产并不一定都要增加积累,或不变资本和可变资本都按比例增加投资,资本积累并不是扩大再生产的唯一源泉。马克思非常明确地指出:"没有积累,还是能够在一定界限之内扩大它的生产规模。"③马克思在《资本论》中有很多地方,特别是第一卷第二十二章第四节和第二卷第十八章第二节中,详尽地分析了不增加积累仍然可以扩大再生产的各种因素。例如:通过提高劳动生产率、提高生产设备的利用率、节约使用劳动对象、正确运用折旧基金、扩大对自然资源的利用、提高产品质量、加速资本周转、综合利用废料等,在一定程度和一定意义上都可以实现扩大再生产。

资本积累与相对过剩人口

资本积累给工人阶级会造成什么影响呢?《资本论》第一卷第七篇第二十三章就研究了资本积累对工人阶级的命运产生的影响。

资本积累的直接结果就是造成相对过剩人口,使工人大量失业,并成为"多余的人"。这是因为在资本积累过程中,随着劳动生产率的不断提高,资本有机构成不断提高。所谓资本构成,从物质形态来看,就是生产资料和劳动力的对比关系,

---

① 《资本论》第1卷,第685页。
② 同上书,第637页。
③ 《资本论》第2卷,第565页。

这称为资本的技术构成;从价值形态来看,就是资本分为不变资本和可变资本两部分的比率,这称为资本的价值构成。由技术构成决定并且反映技术构成变化的资本价值构成,叫作资本的有机构成。凡是简单地说资本构成的地方,一般应当理解为资本的有机构成。

劳动生产率的提高,首先直接反映在资本技术构成的提高上。资本技术构成的这一变化,即生产资料的量比推动它的劳动力的量相对增长得更快,反映在资本的价值构成上,就是资本价值的不变资本部分在相对增加而可变资本部分在相对减少。可变资本的相对减少,意味着资本家对劳动力需求的相对减少,从而产生相对过剩人口。所谓相对过剩人口,就是指劳动者的供给超过了资本对它的需要而形成的过剩人口。马克思说:"资本主义积累不断地并且同它的能力和规模成比例地生产出相对的、即超过资本增殖的平均需要的,因而是过剩的或追加的工人人口。"① 相对过剩人口是资本主义生产方式特有的人口规律。工人本身在生产出资本积累的同时,也以日益扩大的规模生产出使他们自身成为相对过剩人口的手段。这就是资本主义生产方式特有的人口规律。每一个特殊的、历史的生产方式都有其特殊的、历史地起作用的人口规律,抽象的人口规律只存在于历史上还没有受过人干涉的动植物界,而相对过剩人口是由资本主义生产方式内生的独特人口规律。

就具体表现来说,资本主义社会的相对过剩人口有多种表现形态,其经常表现为如下三种形式:

(1) 流动的过剩人口:在现代工业的中心,工人时而被排斥,时而在更大的规模上再被吸引。在这种情形下,过剩人口就呈现出流动的形式。

(2) 潜在的过剩人口:资本一旦侵入农业,资本积累从而资本构成的提高,对农业工人的需求就会绝对减少,资本有机构成提高排斥了对农业工人的需求。而且这种排斥,不像工业那样,会由更大的、其他部门或产业的吸引得到弥补,结果就是农村不断有潜在的过剩人口出现。

(3) 停滞的过剩人口:这部分人口,虽然形式上还是现役劳动军的一部分,但是就业和工资获取极不规则,经常处于半失业状态。它的特点是劳动时间最长,而工资获取水平最低,且就业岗位也很不稳定。

最后,相对过剩人口的最底层,是属于处在赤贫状态、需要社会救济的人们。这部分社会群体的生产也包括在相对过剩人口的生产之中,其形成原因与相对过剩人口的产生原因是类似的。这个社会阶层由三类人组成:第一类是有劳动能力的人;第二类是孤儿和需要救济的贫民的子女;第三类是衰弱的、流落街头的、没有劳动能力的人。这些人和前述三种过剩人口一样,都是资本主义生产和发展的一

---

① 《资本论》第1卷,第691页。

个存在条件,也是资本主义经济规律作用的一个客观产物。

资本主义积累的一般规律

关于资本主义积累的一般规律,马克思在《资本论》第一卷第二十三章第四节概括地指出:"社会的财富即执行职能的资本越大,它的增长的规模和能力越大,从而无产阶级的绝对数量和他们的劳动生产力越大,产业后备军也就越大。可供支配的劳动力同资本的膨胀力一样,是由同一些原因发展起来的。因此,产业后备军的相对量和财富的力量一同增长。但是同现役劳动军相比,这种后备军越大,常备的过剩人口也就越多,他们的贫困同他们所受的劳动折磨成反比。最后,工人阶级中贫苦阶层和产业后备军越大,官方认为需要救济的贫民也就越多。这就是资本主义积累的绝对的、一般的规律。像其他一切规律一样,这个规律在实现中也会由于各种各样的情况而有所变化。"[①]

这段话告诉我们:

第一,资本主义积累的一般规律包括资本积累规律、资本主义人口规律和无产阶级贫困规律。

第二,资本主义积累一般规律是绝对的规律,这就是说只要资本主义制度存在,在这种制度中就必然存在这个规律。

第三,资本主义积累一般规律是客观存在的,但是一般规律在实现中会由于各种各样的情况而有所变化。

随着资本积累的不断进行,整个无产阶级状况在趋于恶化。无产阶级所创造的社会财富越大,资本积累也就越多,无产阶级的人数和它们的劳动生产力也越大,其结果反而使无产阶级的处境越来越不利。从长周期运动的角度看,主要资本主义国家的收入分配差距呈现出逐步扩大的趋势,近年来,法国经济学家托马斯·皮凯蒂在《21世纪资本论》中呼吁将分配问题重新置于经济研究的中心位置,其实证研究也显示:由于资本回报率总是倾向于高于经济增长率,因此贫富差距是资本主义社会的固有现象,伴随着时间的推移,主要资本主义国家正在倒退回"承袭制资本主义"年代。按照马克思揭示的资本积累一般规律,在资本主义关系下,一切提高社会劳动力的方法都是靠牺牲工人的利益来实现的。一切生产剩余价值的方法同时就是积累的方法,而积累又反过来成为发展这些方法的手段。可见,不管工人的报酬高低如何,工人的状况必然随着资本的积累而日益恶化,这就决定了在资本积累的同时必然产生贫困的积累。"在一极是财富的积累,同时在另一极,即在把自己的产品作为资本来生产的阶级方面,是贫困、劳动折磨、受奴役、无知、粗

[①] 《资本论》第1卷,第707页。

野和道德堕落的积累。"①这就是说,资本或财富愈加积累,无产阶级就愈加贫困。资本的积累(或财富的积累)与贫困的积累相伴相生,这就成为资本积累一般规律作用的必然产物。

资本主义积累的历史趋势

在《资本论》第一卷和第二十四章第七节马克思最后揭示了资本主义积累的历史趋势,这就是资本主义一定要消亡、社会主义必然胜利的历史趋势。由于资本积累一般规律所导致的资本和贫困的双重积累,必然派生出生产相对于需求的过剩,这种过剩是不能通过资本主义的内部调整来解决的,因此生产相对过剩型的经济危机必然成为资本主义经济的伴生产物。生产相对过剩型的经济危机周期性地发生,意味着资本主义制度要被更符合生产力发展趋势的新制度形态所取代。

这一节不仅是《资本论》第一卷第二十三章的总结,不仅是第七篇的总结,而且是整个《资本论》第一卷的总结。它概括了资本主义基本矛盾的形成、发展和解决的过程,概括了资本主义生产方式的产生、发展和灭亡的历史趋势,指出了社会主义制度终究要代替资本主义制度这一客观规律,指出了在这一社会制度变革过程中无产阶级的历史使命。

在资本主义制度产生之前,就存在过以劳动者私人占有生产资料为基本特征的小商品生产。所谓资本的原始积累,在这里就是剥夺这些直接生产者,即消灭以自己劳动为基础的生产资料私有制。这种私有制是以土地及其他生产资料的分散为前提的,因此其在本质上是排斥生产社会化的。当小商品生产发展到一定的程度,就造成了消灭它自身的物质手段,即小商品生产因为不能适应社会化大生产的需要,因此就面临着被新的生产方式取代的命运。这种消灭,就是以资本主义的私人所有制代替小生产者的私人所有制。在这段演变历史中,资本主义生产方式因适应了社会化大生产的需要而体现出历史进步性,但资本主义基本矛盾即生产社会化和资本主义私人占有形式的矛盾也就积累起来。

资本主义基本矛盾的形成和发展为社会主义革命准备了主客观条件。随着资本主义的产生和发展,生产的进一步社会化,就和资本的私人占有制不相容了,资本的内在否定性也逐步显露出来。资本主义的基本矛盾激化了,要解决这个矛盾只有通过社会主义革命消灭资本主义制度。同时,随着资本主义发展,无产阶级的队伍在扩大,阶级觉悟在不断提高,阶级性也在不断加强,这样,资本积累又为资本主义制度准备了掘墓人。于是,马克思庄严地宣告:"资本的垄断成了与这种垄断一起并在这种垄断之下繁盛起来的生产方式的桎梏。生产资料的集中和劳动的社

---

① 《资本论》第1卷,第708页。

会化,达到了同它们的资本主义外壳不能相容的地步。这个外壳就要炸毁了。资本主义私有制的丧钟就要敲响了。剥夺者就要被剥夺了。"①

按照马克思论证的资本积累一般规律,废除资本主义制度是广大人民群众剥夺少数掠夺者,马克思认为在社会主义社会应该建立生产资料的公有制,对消费品实行个人所有制。

总而言之,马克思的资本积累学说,揭示了资本主义一定要消亡、社会主义一定要胜利的历史趋势,并指出这种社会变革是不以人们意志为转移的客观规律,这是针对社会演变基本规律非常出色、非常光辉的论述。恩格斯曾经指出:"理论部分很出色,剥夺的历史过程的叙述也很出色。……关于剥夺者被剥夺的概括是非常光辉的,它会收到应有的效果。"②

(四)《资本论》第一卷与社会主义经济

《资本论》第一卷不仅在整个《资本论》中地位重要,而且对社会主义经济建设也有许多重要启示,对于中国推进国民经济的持续健康协调发展也具有重要的借鉴作用。

揭示了社会主义经济的主要特征

马克思在《资本论》第一卷第一篇分析商品拜物教时,曾设想了一个"自由人联合体",即社会主义社会。马克思在这里对社会主义经济的主要特征作了相当全面的概括。这就是:

第一,社会主义经济是公有经济,实行生产资料公有制,进行集体劳动。"他们用公共的生产资料进行劳动,并且自觉地把许多个人劳动当作一个社会劳动力来使用。"③

第二,社会主义社会的产品仍然要分为生产资料和消费资料。"这个联合体的总产品是社会的产品。这些产品的一部分重新用作生产资料。这一部分依旧是社会的。而另一部分则作为生活资料由联合体成员消费。"④

第三,社会主义劳动时间应该有计划按比例地分配。"劳动时间的社会的有计划的分配,调节着各种劳动职能同各种需要的适当的比例。"⑤

---

① 《资本论》第1卷,第831—832页。
② 《马克思恩格斯全集》第31卷,第340页。
③ 《资本论》第1卷,第95页。
④ 同上。
⑤ 同上书,第96页。

第四,社会主义社会实行按劳分配,用劳动时间作为计量个人消费品分配的尺度。"劳动时间又是计量生产者个人在共同劳动中所占份额的尺度,因而也是计量生产者个人在共同产品的个人消费部分中所占份额的尺度。"①

马克思在《资本论》第一卷揭示的社会主义经济的主要特征,对社会主义经济建设具有直接的重大的指导意义。中国共产党人在社会主义革命、建设和改革过程中,特别是在党的十八大以后,根据马克思在《资本论》中揭示的社会主义经济的基本特征,结合中国实际提出一系列重要理论:社会主义的本质是解放和发展生产力,消灭剥削,消除两极分化并最终实现共同富裕;社会主义实行公有制为主体、多种所有制经济共同发展的基本经济制度;深化社会主义经济体制改革的核心是处理政府与市场的关系;社会主义实行按劳分配与按生产要素分配相结合的分配制度等。这些理论极大地丰富和发展了马克思在《资本论》中揭示的社会主义经济的基本特征。

马克思在《资本论》第一卷中从生产力和生产关系的相互作用这个基本原理出发,来揭示社会主义经济的基本特征,生产资料公有制、计划经济和按劳分配是建立在生产力水平高度发展的基础上。从生产力和生产关系的相互作用来看,中国的社会主义制度是建立在生产力水平低下且地区间不均匀的基础之上,这就决定了生产资料所有制、经济运行机制以及分配制度与马克思设想的社会主义经济制度之间有差别,同时也就决定了我国的经济体制改革要以形成社会主义市场经济体制为目标。问题在于:中国市场经济的生产方式与资本主义的生产方式存在哪些区别呢?

首先,从生产资料所有制的角度看,改革开放以来我国形成了以公有制为主体、多种所有制经济共同发展的基本经济制度,从所有制结构来看,国有经济和集体所有制经济在我国经济发展中扮演着重要角色,这与资本主义生产方式中的生产资料私有制占统治地位具有差别。

其次,从生产资料与劳动者的关系看,"我国的社会主义市场经济不是建立在生产资料和劳动力强制分离的资本主义生产方式基础上,而是建立在社会主义经济基础上的"②。举例来看,资本主义的土地要素配置是以土地所有制、农业资本家和农业工人的相互分离为前提,农业工人不占有土地而只能受到农业资本家的雇佣,然而我国现阶段的农村土地制度是家庭联产承包责任制,即农村社区中的成员集体拥有土地所有权,同时,社区内的单个农户拥有土地承包权并可以让渡土地经营权。

---

① 《资本论》第1卷,第96页。
② 马拥军、王姝:《〈资本论〉第一卷对社会主义市场经济研究的当代意义》,《当代世界与社会主义》2017年第3期。

再次,我国的社会主义市场经济也存在着价格机制、市场机制对商品交换的作用,也存在着商品生产和商品价值实现之间的矛盾,也存在着特定时段或特定产业的经济波动。但是,社会主义市场经济意味着我国强调通过政府的公共产品供给、宏观调控方式改善等形成对这些经济波动的调节。

最后,资本主义市场经济的生产方式以剩余价值的追求为基本目标,其结果必然导致财富和贫困的两重积累,以及生产私人性和不同部门协调发展之间的内在冲突,而我国的社会主义市场经济在本质上是追求生产力的解放和发展以及共同富裕等目标。

显而易见,我们应该从生产力与生产关系的相互作用规律来理解我国的社会主义市场经济。从这个视角看问题,就会发现我国的社会主义市场经济生产方式不同于马克思《资本论》第一卷对社会主义经济主要特征的描述,也区别于资本主义市场经济的生产方式,它是内生于我国的社会主义初级阶段这个基本的国情特征。

社会主义生产过程二重性与社会主义基本经济规律

马克思在《资本论》第一卷第五章对资本主义生产过程二重性的分析,对于我们分析社会主义生产过程有重大的启发。马克思指出,生产过程作为商品生产过程,它是劳动过程和价值形成过程的统一。但是,不同社会有其不同的特点和表现形式。作为简单商品生产过程,它是劳动过程和单纯的价值形成过程的统一;作为资本主义商品生产过程,它是劳动过程和价值增殖过程的统一。

社会主义生产过程也应该具有二重性,这是因为:第一,一切事物都是可以一分为二的,社会主义生产过程当然也可以一分为二。第二,任何社会生产过程都是二重的,即一方面是物质资料的生产过程,另一方面是生产关系的生产过程。马克思说:"社会生产过程既是人类生活的物质生存条件的生产过程,又是一个在历史上经济上独特的生产关系中进行的过程。"[1]第三,任何商品生产过程都是二重的,社会主义社会存在的商品生产过程也应该是二重的。

社会主义生产过程,作为商品生产过程,也是劳动过程和价值形成过程的统一。但是,社会主义的价值形成过程,既不同于简单商品生产中单纯的价值形成过程,也不同于资本主义生产中的价值增殖过程,它是反映社会主义生产关系特有的价值形成过程。

社会主义生产过程,也应该是分析社会主义生产过程的基础。事物的性质是由事物矛盾的主导方面决定的。资本主义生产过程二重性的主导方面是价值增殖

---

[1] 《资本论》第3卷,第925页。

过程,即剩余价值生产过程,决定了剩余价值规律是资本主义基本经济规律。社会主义生产过程二重性的主导方面是劳动过程,即生产尽可能多的产品满足社会需要,决定了发展生产、满足需要是社会主义基本经济规律。近年来,我国在经济新常态的背景下,强调通过供给侧结构性改革来实现经济的持续健康协调发展,回应国际周期性因素和国内结构性因素相互叠加对我国经济的挑战,这也体现了发展生产、满足需要这种基本经济规律。进一步地,社会主义基本经济规律体现着社会主义生产、交换、分配和消费之间最本质的关系,决定社会主义经济发展的根本方向。

资本的两重功能与社会主义经济发展

马克思在《资本论》第一卷着重分析了资本主义的剩余价值生产问题。在第一卷第一篇分析商品和货币、第二篇分析货币转化为资本之后,第三篇和第四篇分别讨论了绝对剩余价值生产和相对剩余价值生产两种剩余价值生产方法。特别是,第三篇第八章从逻辑推演和历史资料出发,细致研究了与绝对剩余价值生产紧密关联的工作日问题。马克思在这部分写道:"作为资本家,他只是人格化的资本。他的灵魂就是资本的灵魂。而资本只有一种生活本能,这就是增殖自身,获取剩余价值,用自己的不变部分即生产资料吮吸尽可能多的剩余劳动。"[①]显而易见,马克思不是从单一角度,而是从两个维度来阐述资本功能的:从资源配置的角度看,资本吮吸劳动或者说资本运动就是资本和劳动等生产要素相结合的过程,这个过程会因资本增殖本性和扩大再生产而形成巨大的生产力,马克思本人高度肯定资本主义相对于此前社会对生产力发展的积极作用。然而,从财富分配的角度看,资本吮吸劳动或者说资本运动也意味着劳资双方贫困和财富的两重积累,这种积累加剧了资本主义生产社会化与生产资料私有制之间的内在矛盾,因而是引致生产相对过剩、市场出清困难和周期性经济危机的主要成因。

现阶段我国正处在生产力水平低下且不均衡的社会主义初级阶段,这意味着我国的经济发展既要解放和发展生产力,又要在生产力发展进程中消除两极分化并实现共同富裕。1978年之后,我国逐步确立了社会主义初级阶段的国情定位、以经济建设为中心的战略转向,在操作层面则开启了市场化取向的经济体制改革,对外开放程度也在渐进中不断提高。改革开放需要优化要素的配置状态,需要提高要素的配置效率,需要激发微观主体的经济活力。这就必然要从排斥资本概念转向接受资本概念,从否定资本市场转向引入资本市场,从强调单一资本来源转向鼓励多种资本形成,从坚持纯粹的生产资料公有制转向肯定多种所有制经济共同发展,从国家直接经营国有企业转向借助资本市场推动公有制实现形式多元化。

[①] 《资本论》第1卷,第260页。

改革开放以来,资本运动在我国的经济持续高速增长扮演着不容忽视的角色,但与此同时,资本运动因对增殖的单向追求而引致出诸多的结构性问题,例如:收入分配在波动中渐趋走高,生态和环境治理压力持续增加,资本"脱实向虚"问题较为突出。概括起来,在中国的改革开放以来的经济发展中,资本运动及其两重效应都是客观存在的,取缔或放任资本运动都不是理性的选项。从资本的两重功能出发,我国的社会主义经济发展必须以建立社会主义市场经济作为体制改革的目标。我国是从解放和发展生产力、最终实现共同富裕这个社会主义目标出发,立足于深化经济体制改革来解决资本运动效应的两重性问题。市场经济就是要借助供求机制、价格机制、激励机制等肯定并鼓励资本运动,肯定并鼓励资本在优化资源配置中的重要作用。社会主义市场经济则意味着资本运动不是自由放任的,政府对资本运动实施"宏观调控",采取生产资料多样性、财政转移支付等规避资本运动带来的结构性问题。

社会主义要重视协作和社会分工

马克思在《资本论》第一卷第四篇用了大量的篇幅来分析协作问题。在这部分,马克思强调指出,协作是任何社会都存在的,不仅资本主义社会有,原始公社有,奴隶社会有,封建社会也有。当然,社会主义社会也有协作问题,协作体现了不同部门、群体、企业之间的社会分工及其产生的经济好处。显而易见,研究社会主义协作的特点及其作用也是发展社会主义经济的一个重要课题。

社会主义协作与资本主义协作存在着本质的区别:第一,社会主义协作是建立在生产资料公有制基础上的,它体现劳动集体之间相互帮助、相互促进的关系。资本主义协作则是建立在生产资料私有制基础上的,它体现资本对劳动的统治及其价值占有关系。第二,社会主义协作是在国家的宏观调控下,通过社会分工提高经济效益,进而为满足广大群众的物质文化需要而服务的。资本主义协作则是在资本家的指挥监督下,为尽可能多地占有工人的剩余价值服务的。第三,社会主义协作不仅可以在一个企业内部进行,而且可以在地区或全国范围内因政府的调控而进行。资本主义社会在企业内部存在奴役性的协作,但是在全社会范围内不可能有真正的、可持续性的协作。第四,社会主义协作提高的生产力主要表现为社会劳动生产力,其成果因分配制度而最终归劳动者所有;资本主义协作提高的劳动生产力主要表现为资本的生产力,其成果因分配制度而被资本家占有。

社会主义协作可以促进社会主义生产关系的形成和发展。社会主义协作可以促进生产力的解放和发展,可以促进稀缺资源在不同部门之间的优化配置,可以确保国民经济协调可持续发展,可以集中力量保证某些重点建设项目的完成,可以促进社会分工和生产专业化的发展,可以提高劳动生产率,可以节约劳动时间并降低生产成本等。所以,社会主义社会应该将协作和社会分工放在重要位置。

社会主义使用机器的范围大大超过资本主义

马克思在《资本论》第一卷第十三章论述了使用机器的界限。这种界限主要表现为：一是一般使用机器的界限，即生产机器所费的劳动要少于使用机器所代替的劳动，只有这样使用机器在经济上才是合算的；二是资本主义使用机器的特殊界限，即马克思所说的："对资本说来，只有在机器的价值和它所代替的劳动力的价值之间存在差额的情况下，才会使用机器。"①

在社会主义社会，使用机器有没有界限？马克思没有直接讲，但是，马克思讲过这样一句话："在共产主义社会，机器的作用范围将和在资产阶级社会完全不同。"②社会主义使用机器的范围肯定将大大超过资本主义，这是毫无疑问的。当然，这不等于说社会主义使用机器没有一定的界限。

社会主义使用机器打破了资本主义使用机器的界限。这是因为：第一，在资本主义社会，机器是生产剩余价值的手段，只有使用机器能够带来更多的剩余价值，资本家才愿意使用机器，这是由资本主义生产目的决定的。社会主义生产的目的，不是为了尽可能多地获取剩余价值，而是在促进生产发展的基础上满足人民群众的物质文化需要。所以，不存在资本主义使用机器的这个界限。第二，按照马克思主义经典作家的设想，社会主义社会劳动力不是商品，没有劳动力价值的问题。因此，也不存在机器的价值和它所代替的劳动力价值存在差额的问题。现阶段我国正处在社会主义初级阶段，且处在从计划经济体制向社会主义市场经济体制的转轨时期，在这种情形下，商品经济和市场机制都是实现资源优化配置和经济效率提高的工具。由此出发，劳动力商品这个概念是存在的，劳动力商品与以公有制为主体的生产资料相结合，这是我国国民经济发展中企业要素组合的重要形式。由于我国实行的是公有制为主体、多种所有制经济共同发展的基本经济制度，因此，也不存在机器的价值和它所代替的劳动力价值存在差额的问题。

但是，社会主义使用机器还不能完全打破一般使用机器的界限。社会主义使用机器要有利于节省社会劳动，所以还是要考虑到一般使用机器的界限，又不完全受它限制。因为社会主义经济活动中使用机器还要减轻工人的劳动，并提高产品生产的经济效益，所以，某种新机器的使用，即使在它的生产上所费的劳动比它所代替的劳动减少得并不很多，但只要符合于减轻工人劳动强度以及提高经济效益的要求，也会被使用。某些部门对劳动者的身体有害，而能用机器代替的，即使生产这种机器所费劳动比它所代替的劳动还要高，也会被使用。

---

① 《资本论》第1卷，第431页。
② 同上。

在我国社会主义条件下使用机器还有其特殊界限。从我国正处在社会主义初级阶段和作为发展中大国的基本国情出发,我国在社会主义建设中使用机器还应该注意以下一些问题:第一,要正确处理使用机器提高劳动生产率和增加劳动就业的关系;第二,要正确处理运用机器减轻劳动和提高社会产品总量的关系;第三,要正确处理大、中、小型机器和土、洋机器结合的关系,注重发挥市场价格在企业机器类型选择中的作用。

社会主义积累与扩大再生产

马克思在《资本论》第一卷第七篇论述了资本积累与扩大再生产的关系。马克思首先指出了积累是扩大再生产的基础。马克思说:"剩余价值不断再转化为资本,表现为进入生产过程的资本量的不断增长。这种增长又成为不断扩大生产规模的基础,成为随之出现的提高劳动生产力和加速剩余价值生产的方法的基础。"[①]同时,马克思又指出,没有资本积累,还是能够依靠其他方法在一定界限之内扩大生产的规模。马克思说:"资本一旦合并了形成财富的两个原始要素——劳动力和土地,它便获得了一种扩张的能力,这种能力使资本能把它的积累的要素扩展到超出似乎是由它本身的大小所确定的范围,即超出由体现资本存在的、已经生产的生产资料的价值和数量所确定的范围。"[②]

马克思关于积累是扩大再生产的主要源泉,但不是唯一源泉的原理,不仅是一个理论问题,而且是我国社会主义经济建设必须解决的实际问题。一方面,要充分认识到积累是扩大再生产的主要源泉,重视积累率、投资率等对经济持续发展的重要作用,正确处理消费与积累、消费与投资之间的关系,以此尽可能多地增加社会主义积累,通过进行基本建设来扩大再生产规模;另一方面,又要看到积累不是扩大再生产的唯一源泉,这样就可以充分利用现有的人力、物力和财力,充分挖掘企业内部的潜力来增加生产。特别是,技术创新、组织创新能够促进要素组合效率,而要素组合效率对企业扩大再生产具有积极的促进作用。如果片面地认为积累是社会主义扩大再生产的唯一源泉,一旦提到扩大再生产,就要大搞基本建设,就要将发展成果过多转化为新增投资,国有企业就要伸手向国家要人、要钱、要物,这对社会主义经济的发展是不利的。

实行消费品个人所有制是社会主义的一个重要原则

马克思在《资本论》第一卷第二十四章中说过这样一句话:"这种否定不是重

---

① 《资本论》第 1 卷,第 685 页。
② 同上书,第 663 页。

新建立私有制,而是在资本主义时代的成就的基础上,也就是说,在协作和对土地及靠劳动本身生产的生产资料的共同占有的基础上,重新建立个人所有制。"①

马克思这句话告诉我们:由资本主义私有制变革而成的社会主义公有制,是将土地和其他生产资料归全体劳动人民共同占有,实行生产资料公有制,在这个基础上,对消费品则实行个人所有制。不能因生产资料的公有制否定或取缔消费品的个人所有制。在我国的社会主义初级阶段,从公有制为主体、多种所有制经济共同发展的基本经济制度出发,更不能取缔消费品的个人所有制。事实上,改革开放之后我国的市场化经济体制转轨正是从强调消费品的个人所有制以及推动消费品的市场化切入的。

在经济学说演变史上,杜林曾诬蔑马克思把个人所有制和公有制说成是一个东西。关于这一点,恩格斯在《反杜林论》中进行了批驳。恩格斯说:"对任何一个懂德语的人来说,这就是,公有制包括土地和其他生产资料,个人所有制包括产品即消费品。"②

总而言之,重新建立个人所有制和消费品个人所有制是社会主义经济的一个重要原则,社会主义社会应该对资本主义社会的生产资料所有制、分配制度等进行变革,但这并不意味着要否定或侵犯消费品的个人所有制。

---

① 《资本论》第 1 卷,第 832 页。
② 《马克思恩格斯选集》第 3 卷,第 170 页。

七、《资本论》第二卷主要内容

> 第二册会使庸俗的社会主义者大失所望。这一册的内容,几乎只是对资本家阶级内部发生的过程作了极其科学、非常精确的研究,没有任何东西可供编造空泛的字眼和响亮的词句。
>
> ——恩格斯致卡尔·考茨基(1883年9月18日)①

> 马克思在《资本论》第二卷中对社会总资本的再生产的分析,也是极其重要的和新颖的。马克思在这里考察的也不是个别现象,而是普遍现象;不是社会经济的零星部分,而是全部社会经济的总和。
>
> ——列宁:《卡尔·马克思》②

《资本论》第二卷在整个《资本论》理论体系中占有重要的地位,它是第一卷的继续和补充,又是第三卷资本主义生产总过程的引言。

马克思说:"在第一卷中,我们研究的是资本主义生产过程本身作为直接生产过程考察时呈现的各种现象,而撇开了这个过程以外的各种情况引起的一切次要影响。但是,这个直接的生产过程并没有结束资本的生活过程。在现实世界里,它还要由流通过程来补充,而流通过程,则是第二卷研究的对象。"③恩格斯说:"这个第二卷的卓越的研究,以及这种研究在至今几乎还没有人进入的领域内所取得的崭新成果,仅仅是第三卷的内容的引言。"④所以,《资本论》第二卷,在《资本论》整个理论体系中起着承上启下的作用,它是第一卷和第三卷之间的桥梁。

《资本论》第二卷的分析中心是剩余价值实现问题。它的主要内容由资本循

---

① 《马克思恩格斯全集》第36卷,第63页。
② 《列宁选集》第2卷,第594页。
③ 《资本论》第3卷,第29页。
④ 《资本论》第2卷,第25页。

环理论、资本周转理论与社会总资本的再生产和流通三部分组成。

（一）资本循环理论

《资本论》第二卷第一篇的篇名叫《资本形态变化及其循环》，简单地说就是在分析资本循环。

什么叫资本循环呢？资本循环就是资本从一种形态出发，经过一系列形态变化，又回到原来出发点的运动。

分析资本循环理论的《资本论》第二卷第一篇，由第一章到第六章共六章组成。这六章可以分为三个组成部分：第一部分是第一章至第四章，主要分析资本的形态变化。也就是论述资本的流通采取什么形式进行。资本的流通采取循环的形式，而资本循环又有三种形式：货币资本循环、生产资本循环和商品资本循环。所以，第二卷第一篇的第一章分析货币资本的循环，第二章分析生产资本的循环，第三章分析商品资本的循环，第四章分析循环过程的三个公式。第四章实际上是把前三章的分析综合起来，从总体上来论述产业资本的循环运动，以此说明产业资本的循环运动是货币资本循环、生产资本循环、商品资本循环三个循环的统一。第二部分是第五章，集中分析资本循环的流通时间，也就是资本循环一次所经历的时间。第三部分是第六章，集中分析资本循环所花费的流通费用。马克思的资本循环理论大致包括如下内容。

货币资本的循环

这是在第二卷第一章集中分析和论证的。要知道什么是货币资本的循环，首先要清楚什么叫货币资本。货币资本就是以货币形式存在的资本，货币资本的职能是在资本循环过程中，购买生产资料和劳动力，为生产商品和剩余价值准备条件，进而使货币资本转化为生产资本。

那么，什么是货币资本循环呢？货币资本循环就是以货币资本（G）为出发点，用货币购买生产要素：劳动力（A）和生产资料（Pm），然后进入生产过程（P）以将两种生产要素相结合，生产出带有剩余价值的商品（W′），最后出卖商品，取得比预付的货币（G）更多的货币（G′）。

这个过程用公式来表示就是：$G—W \cdots P \cdots W'—G'$，写得详细一点就是 $G—W{<}^{A}_{Pm} \cdots P \cdots W'(W+w)—G'(G+g)$，写得简单点就是：$G—G'$。

从货币资本循环的公式中我们可以看出，资本在循环过程中要经过购买、生产和销售三个阶段。

第一阶段是购买阶段：就是资本家在市场上购买劳动力和生产资料，把手中的货币转化为商品，完成货币资本到生产资本的形态转化，以此为整个商品和剩余价值的生产提供要素条件。

第二阶段是生产阶段：就是资本家用购买的生产要素从事生产消费。资本家作为资本主义商品生产者进行活动，使他的资本完成生产过程，生产出新的商品，这种商品的价值大于它的生产要素的价值。

生产阶段是资本循环中具有决定意义的阶段。在这个阶段中，通过劳动力的使用和生产资料的消耗，不仅可以生产出一种新的商品，而且可以生产出大于生产资本价值的价值，也就是会产生剩余价值，而剩余价值的产生恰恰在于生产阶段使用了劳动力这种特殊商品。

第三阶段是销售阶段：就是资本家把生产过程生产出来的商品拿到市场上去出卖，完成商品资本到货币资本的转化。商品资本转化为货币资本，对资本家来说，是非常重要的。用马克思的话来说，这是一个"惊险的跳跃"。如果这个惊险的跳跃无法完成，那就意味着此前的预付资本无法收回，价值和剩余价值的生产以及后续的再生产过程就会遇到挑战。

货币循环是产业资本循环最典型、最片面、也是最一般的形式。说它是最典型的，是因为货币资本循环把资本主义生产的动机和目的是获得剩余价值，表现得最为明显。说它是片面的，是因为货币资本循环不仅把货币作为过程的开始和终结，而且直截了当地表明货币资本可以带来更多的货币，似乎货币本身可以生出更多的货币，似乎是货币带来了更多货币而不是劳动力商品的使用价值带来了更多货币。说它是最一般的，是因为货币资本循环的反复运动已经包括生产资本的循环和商品资本的循环，从连续运动的角度看，货币资本循环与生产资本循环、商品资本循环都是相互嵌套。马克思说："只要资本主义生产方式是作为前提存在，也就是说，处在由资本主义生产决定的社会状态中，那么，产业资本循环的一般形式就是货币资本的循环。"①

生产资本的循环

生产资本的循环是在《资本论》第二卷第二章论述的。要知道什么是生产资本的循环，必须先懂得什么是生产资本。

生产资本是以生产资料和劳动力的形式存在的资本。在任何社会中，生产资料和劳动力始终是生产的因素，但只有在资本主义社会中，资本家购买这些因素，促使着两类生产要素相结合，用来生产商品并获取剩余价值，它们才成为生产资

---

① 《资本论》第2卷，第74页。

本。生产资本的职能就是在生产过程中,通过资本家把生产资料和劳动力结合起来,生产出带有剩余价值的商品,进而使生产资本转化为商品资本。那么,什么是生产资本的循环呢?生产资本循环就是以生产资本(P)为出发点,经过生产过程生产出带有剩余价值的商品(W′),然后经过流通过程,先把 W′卖出去,换成货币(G′),使商品资本转化为货币资本,然后再用货币购买劳动力和生产资料,使货币资本再回到生产资本的形态。这个循环过程用公式来表示就是:P…W′—G′—W…P,简单的表示就是:P…P。

生产资本的循环与货币资本的循环相比较,具有以下一些特点:第一,货币资本的循环,不表示资本的再生产,而生产资本的循环表示资本的再生产。也就是说,生产资本的循环存在着商品销售出去后,换回货币再用货币购买生产要素这个再生产环节,它实际上刻画了资本的连续运动。马克思说:"这个循环表示生产资本职能的周期更新,也就是表示再生产,或者说,表示剩余价值的生产,而且表示剩余价值的周期再生产。"[①]按照前一循环中剩余价值的使用方式,再生产可以分为两种类型:剩余价值如果全部用于资本家的个人消费,就是简单再生产;如果剩余价值全部或者有一部分转化为资本,就是扩大再生产。第二,货币资本的循环以生产过程为媒介,两头是流通过程,中间是生产过程,而生产资本的循环则以流通过程为媒介,两头都是生产过程,中间是流通过程。第三,生产资本的循环揭示了货币资本循环的片面性,它告诉我们剩余价值不是来自流通过程,而是来自生产过程,这为人们深入生产过程来理解剩余价值的生成提供了条件。但是,它又造成了一种新的假象,似乎资本主义生产的目标不是为了追求剩余价值,而是为了追求产品生产。

商品资本的循环

这是马克思在《资本论》第二卷第三章论述的。要知道什么是商品资本的循环,也必须先懂得什么是商品资本。

商品资本是以商品形式存在的资本。马克思说:"商品,作为已经增殖的资本价值的直接由生产过程本身产生的职能存在形式,就成了商品资本。"[②]商品资本的职能就是通过销售把含有剩余价值的商品转化为货币,以此使商品资本转化为货币资本。那么,什么是商品资本的循环呢?

商品资本的循环就是以商品资本为出发点,经过出卖过程,把商品资本转化为货币资本,使商品转化为货币,用货币购买两类生产要素:劳动力和生产资料,然后进入生产过程,生产出带有剩余价值的商品,从而使资本形态由生产资本再转化

---

① 《资本论》第 2 卷,第 75 页。
② 同上书,第 46 页。

为商品资本。用公式表示,就是 W′—G′—W…P…W′,简单的表示就是 W′—W′。与货币资本循环和生产资本循环相比,商品资本循环有如下特点:

商品资本循环的第一个特点,就是它的起点是商品,通过点是商品,终点也是商品。但是,这三个商品的物质形态都是不同的:作为出发点的商品是上一个生产过程生产出来的商品;作为通过点的商品,是作为生产要素的劳动力和生产资料;作为终点的商品是新生产出来的商品。

商品资本循环的第二个特点,就是作为起点的商品资本,与货币资本的起点和生产资本起点的资本价值不一样。它不是预付资本的价值,而是已经增殖了的价值,它的价值是预付资本价值加上剩余价值。

商品资本循环的第三个特点,就是前面是卖和买两个流通过程,最后是生产过程,而货币资本循环两头是流通过程,中间是生产过程,以生产过程为媒介。生产资本循环两头是生产过程,中间是流通过程,以流通过程为媒介。

商品资本循环的第四个特点,就是它不仅包括资本价值的流通,而且包括剩余价值的流通;它不仅包括生产消费,而且包括个人消费。所以,商品资本循环,一方面是单个资本循环的一种特殊形式,另一方面又体现为社会总资本的运动。

最后,商品资本循环也是一个再生产过程,它的起点是前一个生产过程的结果,它的终点是第二个生产过程的开始,它实际上联系了两个生产过程,因此体现出商品、价值和剩余价值的再生产。

产业资本总循环

这是马克思在《资本论》第二卷第四章论述的。产业资本总循环是资本循环存在的三种形式、资本循环所经历的三个阶段以及三种资本循环的相互统一关系。

首先,产业资本总循环是资本存在的三种形式的统一。资本家的资本不能只采取一种形式,而必须按照一定的比例分成相应的三个部分,同时并存在货币资本、生产资本和商品资本三种形式上。由于资本循环表现为生产过程和流通过程的统一,如果把全部资本都投在货币资本或商品资本形式上,那么生产过程就会中断;如果把全部资本都投在生产资本上,那么流通过程就会中断;如果全部资本分为货币资本、生产资本和商品资本的比例不适当,那么资本循环也不能顺利进行。

其次,产业资本总循环是资本循环的三个阶段的统一。这就是说,资本家的资本还必须相继地通过循环的三个阶段:购买阶段、生产阶段和售卖阶段。在购买阶段,货币资本要不断转化为生产资本,再转化为商品资本,最后回到货币资本形式上;在生产阶段,生产资本要不断转化为商品资本,再转化为货币资本,最后又回到生产资本形式上;在售卖阶段,商品资本要不断地转化为货币资本,再转化为生产资本,最后又回到商品资本形式上。如果在上述三个阶段中有任何一个阶段中断,那么整个资本循环就不能再进行下去。

最后,产业资本总循环还是三种资本循环的统一。从上述对三种资本循环的考察可以发现:货币资本循环、生产资本循环和商品资本循环是紧密关联的。从再生产的角度看,往往是某一种资本循环形式嵌套着其他两种资本循环形式,在实践中将三种资本循环形式割裂开来是困难的。正如马克思所指出的:"产业资本的连续进行的现实循环,不仅是流通过程和生产过程的统一,而且是它的所有三个循环的统一。"[①]只有在三个循环的统一中,才能实现总过程的连续性,而不致发生上述循环运动或再生产的中断。

马克思关于产业资本是三个循环统一的原理,说明资本循环的关键在于资本运动的连续性,要保持资本运动的连续性,产业资本的三种形式就必须在空间上并存,资本循环的三个阶段在时间上必须继起。空间上并存和时间上继起,是产业资本循环运动的两个基本条件。如果这两个条件无法保障,或者资本循环中任何一个环节出现问题,那么再生产就会中断,资本运动的连续性就会遭到破坏,资本家的剩余价值就不可能实现。

流通时间

流通时间是《资本论》第二卷第五章的主要研究内容。在这里,流通时间是指广义的流通时间,实际上是指资本通过一次循环所经历的全部时间,它等于生产时间加流通时间。

生产时间就是指资本在生产领域停留的时间。按照生产资料和劳动力的结合状况,生产时间又包括劳动时间和非劳动时间。

劳动时间是指生产一种商品所经过的劳动过程的全部时间。它是劳动力和生产资料相结合发挥作用的时间,只有在这个时间内才能创造价值和剩余价值。所以,劳动时间是资本循环时间中具有决定意义的时间。

非劳动时间是指劳动过程中断的时间,它包括:(1)停工时间,是指生产过程中断,已经进入生产过程的生产资本不发挥作用的时间;(2)生产资料储备时间,是指生产资料作为生产过程的条件已经具备但尚未进入生产过程的时间;(3)自然作用时间,是指商品生产过程中劳动过程中断,自然力独立发挥作用的时间,例如金属铸件的物理硬结时间、酿酒的化学发酵时间、农业的动植物生长时间等。非劳动时间意味着劳动过程的中断,它既不创造价值也不创造剩余价值。

流通时间就是资本在流通领域停留的时间,这里是指狭义的流通时间。它由购买时间和出卖时间两部分组成。

---

① 《资本论》第2卷,第119页。

购买时间就是货币转化为商品所需要的时间,也就是使资本家用货币购买生产资料和劳动力所花费的时间;出卖时间就是商品转化为货币所需要的时间,也就是资本家将生产出来的商品销售出去所花费的时间。一般说来,在资本主义经济中购买要素比较容易,而出卖商品比较困难。因此,出卖时间往往占据整个流通时间较大的部分。由于出卖商品关系到剩余价值的实现问题,也关系到扩大再生产的实现问题,所以卖比买更为重要。

流通费用

这是马克思在《资本论》第二卷第六章论述的。资本循环在流通领域所消耗的费用,就叫作流通费用。马克思认为流通费用主要分为三类:

第一类叫纯粹流通费用。这是一种单纯为资本价值形式的转变,即由货币变为商品由商品变为货币而支出的费用,它不创造价值,是由剩余价值来补偿的费用。纯粹流通费用包括由商品买卖、簿记和货币所引起的费用。马克思说:"一切只是由商品的形式转化而产生的流通费用,都不会把价值追加到商品上。这仅仅是实现价值或价值由一种形式转变为另一种形式所需的费用。投在这种费用上的资本(包括它所支配的劳动)属于资本主义生产上的非生产费用。这种费用必须从剩余产品中得到补偿,对整个资本家阶级来说,是剩余价值或剩余产品的一种扣除。"[①]

第二类叫保管费用,或叫储备费用。这是为了储备产品所支出的费用。这种费用能使商品的使用价值得到保存,因此,它在一定程度上加入了商品价值,因此使商品变贵,成为单个资本家发财致富的源泉。但是,这种使商品变贵而不追加商品使用价值的费用,对社会来说,是生产上的非生产费用。马克思说:"储备费用仍然是社会财富的扣除,虽然它是社会财富的存在条件之一。"[②]

第三类叫运输费用。商品在空间的流通,即实际的位置移动,就是商品的运输。这种由商品的使用价值的空间运动所引起的费用,就叫运输费用。它是因生产过程在流通领域内继续进行而支付的费用,所以属于生产性质的流通费用,可以把这种费用加到运输的商品价值中去。

(二) 资本周转理论

《资本论》第二卷第二篇的篇名叫《资本周转》。资本周转的中心问题是周转速度。资本周转速度的快慢,对剩余价值的生产和实现具有很大关系。在付出同

---

① 《资本论》第2卷,第167页。
② 同上书,第168页。

样多的预付资本的情况下,资本周转的速度越快,带来的剩余价值也就越多,反之则反是。所以,资本家总是千方百计加快资本周转的速度,以提高资本的利用效率,获得更多的剩余价值。

《资本论》第二卷第二篇集中论述资本周转的理论。那么,什么叫资本周转呢?马克思说:"资本的循环,不是当作孤立的行为,而是当作周期性的过程时,叫作资本的周转。"[①]这就是说,资本不断的反复的循环,就叫资本周转。资本循环重在考察资本连续运动的形态变化,而资本周转则重在考察资本连续运动的速度及其影响因素。

马克思的资本周转理论,由《资本论》第二卷第二篇——即第七章到第十七章共十一章组成,这十一章大体上可分为三个组成部分:第一部分是第七章《周转时间和周转次数》,这是整个资本周转理论的导论部分;第二部分从第八章到第十四章,分析影响资本周转速度的各种因素。影响资本周转速度的主要有两个因素:生产资本的构成和周转时间。因此,第八章到第十一章先分析生产资本的构成,即固定资本和流动资本的问题,第十二章到第十四章再分析周转时间对周转速度的影响;第三部分从第十五章到第十七章,主要分析资本周转速度的快慢对预付资本、剩余价值生产和实现的影响,或者说是在论述资本周转速度对资本主义生产的作用。马克思的资本周转理论主要包括以下内容。

周转时间和周转次数

资本周转的中心问题是周转速度。所谓周转速度,是资本周转一次需要花费多长时间,或者说在一定时间内资本可以周转多少次数。前者是周转时间,而后者是周转次数。所以,资本周转速度可以用周转时间或周转次数两种方法来表示。

资本的周转时间就是从预付一定形式的资本开始,到这个资本带着剩余价值以同样形式回到资本家手中的时间,也就是生产时间加上流通时间。

周转时间的长短标志着周转速度的快慢。周转时间越短,就表明周转速度越快;周转时间越长,就表明周转速度越慢。所以,周转时间和周转速度成反比。

周转次数,是指在一定时间内(通常是指一年内)资本周转的次数。周转次数等于一年的时间(12个月或365天)除以一定资本周转一次的时间(多少月或多少天)。周转次数用公式表示是:

$$周转次数(n) = \frac{一年时间}{资本周转一次的时间}$$

一定量资本在一年中周转次数越多,就表明周转速度越快;周转次数越少,就

[①] 《资本论》第2卷,第174页。

说明周转速度越慢。这意味着周转次数与周转速度成正比。从周转次数的公式也可以看出,周转时间和周转次数是有关系的,所以,周转时间和周转次数,只是同一周转速度的两种不同表示方法,而不是表示两个不同的周转速度。那么,哪些因素影响资本周转的速度呢?

生产资本构成对周转速度的影响

这是马克思在《资本论》第二卷第八章和第九章讲的。影响资本周转速度的因素,首先是生产资本的组成,也就是固定资本和流动资本这两个不同组成部分及其比重的大小会影响资本周转速度。

生产资本按照它的价值转移方式的不同,可以分为固定资本和流动资本。固定资本和流动资本是仅仅在生产资本中存在的概念,生产资本之所以要区分为固定资本和流动资本,是因为不同的生产资本具有不同价值转移方式,而不同的价值转移方式又对周转时间产生不同的影响。什么是固定资本呢?在生产资本中,物质形态全部参加生产过程,而价值逐步转移到新产品中的那部分资本,就叫固定资本,也就是投在厂房、机器、设备等劳动资料上的那部分生产资本。

什么是流动资本呢?在生产资本中,全部一次投入生产过程,而价值不是分期转移而是一次转移的那部分资本,就叫流动资本。它包括投在原料、材料、辅助材料上的那部分资本,以及资本家用来购买劳动力的那部分资本。

在生产资本中,固定资本和流动资本所占比重的大小,对资本周转速度的快慢具有很大影响。固定资本周转一次所需要的时间比较长,例如,一个机器需要使用十年,这部分固定资本就是十年一个周转周期,每年该机器的价值按照十分之一的比例转向新生产的商品。相反地,流动资本周转一次的时间比较短,一般一年可以周转几次。因此,在生产资本中,固定资本所占比重越大,则整个预付资本周转的速度就越慢;相反地,流动资本所占比重越大,则整个预付资本的周转速度就越快。举例来说,有甲、乙两个资本,预付资本总额都是 100 000 元,资本甲固定资本占 80%,流动资本占 20%,而资本乙固定资本占 20%,流动资本占 80%。那么,这两个资本的周转速度就相差很大。如下表所示。

资本甲

生产资本组成	预付资本量	年周转次数	年周转价值
固定资本	80 000	1/10	8 000
流动资本	20 000	5	100 000
合　　计	100 000	$1\frac{2}{25}$	108 000

$$预付资本总周转 = \frac{年周转价值}{预付资本量} = \frac{108\,000}{100\,000} = 1\frac{2}{25} 次$$，这就是说，固定资本占比重大的资本甲一年只能周转 $1\frac{2}{25}$ 次。

资本乙

生产资本组成	预付资本量	年周转次数	年周转价值
固定资本	20 000	1/10	2000
流动资本	80 000	5	400 000
合　　计	100 000	$4\frac{1}{50}$	402 000

这就是说，流动资本占比重大的资本乙一年可周转超过4次，这要比资本甲的周转速度快得多。

一般说来，在经济实践中，轻工业部门生产资本中流动资本所占比重较大，它的资本周转速度就比较快；重工业部门生产资本中固定资本所占比重较大，它的资本周转速度就比较慢。所以，资本主义国家实现工业化，往往都是从资本周转速度快的纺织、面粉等轻工业开始的，这是因为这些部门能够提高资本利用效率，并通过连续的剩余价值资本化实现扩大再生产。

周转时间对周转速度的影响

周转时间对周转速度的影响是马克思在《资本论》第二卷第十二章至第十四章讲的。我们知道，周转时间是由生产时间（包括劳动时间、自然作用时间和生产资料储备时间）和流通时间（包括买卖时间）构成的，周转时间的不同类型都会对周转速度产生影响。

劳动时间的长短对资本周转速度有很大影响。一般说来，劳动期间愈长，资本周转速度就愈慢，劳动期间愈短，资本周转速度愈快。所以，在资本主义生产的初期，资本家很少经营劳动期间很长、规模很大的事业，如筑路、开凿运河等，这里一个很重要的原因是这些部门的资本周转速度是相对较慢的，其对个别资本家的剩余价值获取而言具有相对较小的吸引力。这些事业只有在资本积累已十分可观、信用制度十分发达的情况下才能进行。马克思说："在资本主义生产不太发达的阶段，那些需要很长劳动期间，因而需要在较长时间内大量投资的企业，特别是只能大规模经营的企业，例如筑路、开凿运河等等，或者完全不按资本主义的方式经营，而由公共团体或国家出资兴办。"①从劳动时间对周转速度的影响出发，马克思又

---

① 《资本论》第2卷，第260页。

强调指出:"举办劳动期间相当长而规模又很大的事业,只有在资本积聚已经十分显著,另一方面信用制度的发展又为资本家提供方便的手段,使他可以不用自己的资本而用别人的资本来预付、来冒险的时候,才完全成为资本主义生产的事情。"①所以,资本家总是通过提高劳动生产率、改良技术、发展信用事业等办法,千方百计缩短劳动时间,减少预付流动资本,加强资本的周转速度,从而占有和实现更多的剩余价值。

劳动时间始终是生产时间,但是生产时间不都是劳动时间,这是因为:生产时间除劳动时间以外,还有自然作用时间和生产资料储备时间,生产时间是一个比劳动时间内涵更为多样、外延更为宽泛的概念。在生产时间中,自然作用时间是指在产品制造过程中,劳动对象往往要受自然过程的支配,经历物理的、化学的、生理的变化时间。从不同的产业特性来看,自然作用时间在农业和林业中特别显著,相对于其他产业,农业和林业因为植物的生长特性往往需要更长的自然作用时间,这两个产业也就具有典型的经济活动与自然活动相互交织的特征,因此其生产时间往往显著地高于劳动时间。农业中这种生产时间和劳动时间的差别成为农业和农林副业相结合的自然基础。在林业中,漫长的生产时间,从而漫长的资本周转时间,使林业往往不适合资本主义私人经营。在生产时间中,生产资料储备时间通常取决于购买生产资料的难易程度、距离市场的远近和交通运输工具的发展程度,不同的国家、地区、部门或企业,其生产资料的储备时间往往存在较大差别。概括起来,生产时间和劳动时间是不一致的。为了缩短资本周转时间,加快资本周转速度,不但要尽可能缩短劳动时间,而且要尽可能缩短生产时间和劳动时间的差距。

流通时间的长短是影响资本周转速度的又一个重要因素,流通时间由出售时间和购买时间两部分组成。考虑到资本主义经济通常存在着生产相对过剩的挑战,而商品出售对资本家的剩余价值获取和扩大再生产具有更为重要的影响,因此,相对说来,出售时间是流通时间中最有决定意义的部分。马克思说:"流通时间,从而整个周转期间,是按照这个时间的相对的长短而延长或缩短的。"②影响流通时间长短的,主要有三个因素:

一是商品的销售市场和生产地点的距离。在不考虑其他因素的条件下,生产和销售的距离越近,则出售的时间就越短,资本的周转速度就越快;相反地,生产和销售的距离越远,出售时间就越长,资本的周转速度就越慢。基于产销距离对资本周转时间的影响,就必须考虑生产在地理空间上的合理布局。

二是交通运输的条件。在不考虑其他因素的条件下,交通运输工具越是先进,

---

① 《资本论》第2卷,第261页。
② 同上书,第276页。

运输速度就越快,出售时间就越短;相反地,交通运输工具越是落后,则运输速度就越慢,出售时间就越长。因此,提高基础设施建设力度、改进交通运输工具、发展交通运输业是缩短流通时间、加速资本周转的一个重要方法。

三是市场的供求状况。流通时间还直接取决于市场的供求状况,例如:销售市场是繁荣还是萧条,需求量是增加还是减少,这些会影响出售时间的长短;供应渠道是畅通还是阻塞,商品的供应是否适销对路,是否物美价廉,这些会影响购买时间的长短。资本家为了缩短流通时间加速资本周转,总是不断研究、分析并把握市场供求状况。

加快资本周转速度可以生产和实现更多的剩余价值

马克思在《资本论》第二卷第二篇第十五至第十七章分析了资本周转速度的快慢对于剩余价值的生产和实现的影响。

在资本主义社会,资本家为榨取剩余价值需要预先垫付一笔货币资本,用来采购生产资料和劳动力,这笔预先垫付的资本,就叫预付资本。从资本连续运动的角度看,加速资本周转的速度,可以节约预付资本量,扩大再生产规模,榨取更多的剩余价值。马克思说:"由于资本抛弃它的商品形式和采取它的货币形式的速度不同,或者说,由于卖的速度不同,同一个资本价值就会以极不相同的程度作为产品形成要素和价值形成要素起作用,再生产的规模也会以极不相同的程度扩大或者缩小。"①

从固定资本来说,周转速度的加快,一方面可以避免或减少无形损耗的损失,另一方面可以加速固定资本更新,提高固定资本的利用率。例如:原来固定资本周转一次是20年,加快周转速度后,是10年周转一次,这样,资本家预付的资本就可以更快地回收。对于回收的预付资本及其资本增殖而言,可以用它来进行固定资本更新,也可以用来扩大生产规模,从而都可以使资本家获得更多的剩余价值。

从流动资本来说,周转速度的加快,可以大大节省预付的流动资本。在不考虑其他因素的条件下,资本周转速度越快,则维持同样生产规模所需要的流动资本数量就越小,这样就越能节约预付资本。如果把节约的流动资本投入生产过程,就会相应地扩大生产规模,从而获取更多的剩余价值。

在预付资本量中,有一部分是用来购买劳动力的预付可变资本。一般来说,资本周转的速度越快,则其中预付可变资本的周转速度也就越快。这样一年中同量预付可变资本,就可以雇佣更多的工人,榨取更多的剩余价值,这种剩余价值的获取程度通常表现为更高的年剩余价值率。

---

① 《资本论》第2卷,第48页。

所谓年剩余价值率(一般用 M′ 表示),就是指一年内生产的剩余价值与预付可变资本的比率。资本周转速度的快慢,直接影响预付可变资本数量的大小,决定年剩余价值率的高低。例如:有甲、乙两个资本,它们每周雇佣同等的劳动力,都要预付可变资本 100 元,剩余价值率也相等,都是 100%。但是这两个资本的周转速度不一样,资本甲每年(假设是 50 周)周转 1 次,每周预付可变资本 100 元,1 年就要预付可变资本 5 000 元,获取剩余价值 5 000 元。资本乙每年可以周转 10 次,也就是每 5 周就可以周转 1 次,因此,它实际使用的可变资本与甲一样也是 5 000 元,获取剩余价值也是 5 000 元,但是由于它每 5 周就可以周转 1 次,全年只要预付可变资本 500 元就行了。

这样,资本甲的年剩余价值率 = $\frac{5\,000}{5\,000}$ = 100%;资本乙的年剩余价值率: $\frac{5\,000}{500}$ = 1 000%。这就是说,资本乙的周转速度是资本甲的 10 倍,因而,年剩余价值率也是资本甲的 10 倍,资本乙由于周转速度快,因此可以用较少的预付可变资本获得更多的剩余价值。

资本周转速度不仅对剩余价值的生产有重大影响,而且对剩余价值的流通也具有重要影响。所谓剩余价值的流通,就是指剩余价值的实现问题,也就是体现着剩余价值的商品资本怎样转化为货币资本的问题。既然剩余价值实现表现为商品资本向货币资本的转化,因此,资本周转速度越快,则剩余价值的实现也就越快,资本周转速度越慢,则剩余价值的实现也就越慢。即使不考虑剩余价值的流通,资本家从剩余价值实现的角度出发,也倾向于不断提高资本的周转速度。

由此可见,资本周转速度的快慢,同资本家的经济利益有着非常密切的利害关系。资本周转速度关系着剩余价值的生产和剩余价值的实现,所以,资本家总是倾向于采用各种方法加速资本周转,以生产和实现更多的剩余价值。

(三)社会再生产理论

《资本论》第二卷第三篇的标题叫《社会总资本的再生产和流通》,简单地说,就是社会再生产的理论。

马克思的社会再生产理论涉及《资本论》第二卷第三篇从第十八章到第二十一章,总共由四章组成。在这四章中,第十八章是《导言》,主要是告诉我们这一篇研究的对象是社会总资本的再生产和流通,其对再生产和流通问题的考察从个别资本运动转向社会总资本运动。马克思关于社会总资本的再生产理论是在批判资产阶级古典政治经济学基础上建立起来的,因此,第十九章是《前人对这个问题的阐述》，主要是梳理和评论资产阶级古典政治经济学的再生产理论，这体现出马克思的社会再生产理论具有经济学说史的演化和创新性质。马克思在第十九章批判地研究了资产阶级古典政治经济学的再生产理论以后，接着在第二十章和第二十一章正面阐述自己关于社会再生产的理论，这一社会再生产理论也就成为后续人们考察国民经济中不同部类平衡问题的重要理论来源。由于社会再生产可以分为简单再生产和扩大再生产两种类型，而且简单再生产是扩大再生产的基础和出发点，所以，马克思在第二十章先分析简单再生产，然后在第二十一章分析扩大再生产。

社会总资本的再生产和流通

马克思《资本论》第三篇的标题是《社会总资本的再生产和流通》，这就告诉我们，这一篇研究的是社会总资本的运动。

什么叫社会总资本呢？社会总资本或叫社会资本，是指资本主义社会中互相联系的所有单个资本的总和。这个概念不仅强调了社会总资本是单个资本的总和，而且强调社会总资本中单个资本之间存在着相互联系，单个资本并不是简单相加，而是有机关联成为社会总资本的。单个资本存在着运动过程，社会总资本也存在着运动过程。"社会资本的运动，由社会资本的各个独立部分的运动的总和，即各个单个资本的周转的总和构成。"①

研究社会总资本的再生产和流通，就是研究各单个资本运动总和的不断更新、不断重复的生产过程。作为社会总资本的再生产和流通，与个别资本的再生产和流通，其研究对象和范围是有很大区别的。

第一，社会总资本的再生产和流通，不仅包括生产消费，而且包括个人消费。

第二，由于社会总资本的运动包括个人消费，所以，社会总资本的运动不仅包括资本流通，而且包括媒介个人消费的一般商品流通。

第三，社会总资本的再生产和流通，不仅包括资本的流通，而且包括剩余价值的流通。剩余价值的流通，一般说来可以分为两部分：一部分作为追加资本加入资本流通；另一部分作为收入进行个人消费，加入一般商品流通。

第四，社会总资本的再生产和流通，不仅包括价值补偿，而且包括物质补偿。研究个别资本再生产，主要是揭示单个资本如何增殖，因此，可以暂时撇开实物补偿，只考察价值补偿就可以了，即对个别资本而言，可以假定其所需的生产资料和劳动力总是可在要素市场中获取，其所生产的商品总是可在商品市场上销售。然而，研究社会总资本的再生产和流通只考察价值补偿就不够了。社会总资本的再

---

① 《资本论》第2卷，第390页。

生产和流通要能够顺利进行,不仅要研究社会在一年中消耗掉的资本价值,是怎样从社会总产品中得到补偿的,这属于价值补偿;而且要研究社会在生产中消耗掉的生产资料以及资本家和工人消耗掉的各种消费资料,是怎样从社会总产品中得到补偿的,这属于实物补偿。

社会再生产的核心是实现问题

社会总资本再生产的核心是实现问题,也就是社会总产品的各个组成部分在价值上如何补偿,在实物上如何替换的问题。只有同时满足价值补偿和实物补偿两个条件,国民经济的不同部类才能在平衡中不断发展,整个社会总资本的再生产才能继续进行下去。

为了分析社会再生产的实现问题,就需要引入社会总产品这个概念。社会总产品,就是社会在一定时期内,通常是指一年中所生产的全部物质资料的总和。它是由一个国家工业、农业、建筑业等物质生产部门的劳动者共同创造的。社会总产品既是生产过程的结果,又是再生产过程的条件,是整个社会存在和发展的物质基础。在马克思写作《资本论》的19世纪中期,以英国为代表的资本主义国家正在进行工业革命,而物质资料生产也随即构成了国民经济的主体部分。从整体上看,那个时期服务业在国民经济中的占比和重要性相对而言还较小,因此,马克思集中从物质资料生产来讨论社会再生产问题,这是符合社会实践和理论认识规律的。事实上,马克思针对社会再生产的实现所进行的理论论证,就其强调不同部类之间的平衡条件这个科学内核而言,在现阶段的国民经济发展实践中依然是有应用价值的。

在马克思的社会再生产理论中,社会总产品可以从实物形态和价值形态两个角度进行理解。社会总产品从实物形态来看是由生产资料和消费资料两部分组成的。生产资料就是必须进入或至少能够进入生产消费的产品。它是人们从事物质资料生产所必需的一切物质条件,也就是人们在生产过程中所使用的劳动资料和劳动对象的总和,包括土地、森林、矿藏、机器、厂房、原材料等。消费资料就是直接进入个人消费的产品,它是用来满足人们物质和文化生活需要的那部分社会产品,包括人们吃的、住的、穿的、用的、行的等各种消费品。马克思按照社会总产品的实物形态,把社会生产分成两大部类:第Ⅰ部类为生产资料生产(简称部类Ⅰ);第Ⅱ部类为消费资料生产(简称部类Ⅱ)。

社会总产品从价值形态来看是由不变资本、可变资本和剩余价值三部分组成的。其中,不变资本部分(以 c 表示)就是已消耗的生产资料的价值,它体现为旧价值的转移;可变资本部分(以 v 表示)就是劳动力价值的货币表现,相当于资本家给劳动者支付的工资;剩余价值(以 m 表示)就是产业工人剩余劳动创造的价值。所以,社会总产品从价值构成来说,由 c+v+m 三部分组成。

马克思把社会总产品按实物形态分为生产资料和消费资料两大部类,按价值形态分为 c、v、m 三个部分,这种划分是分析社会再生产实现条件的逻辑前提。只有弄清了社会总产品的组成和结构,才能深刻分析社会总产品的实现问题。

社会总资本再生产的条件,就是社会总产品各个组成部分如何实现的条件,也就是社会再生产中不同部类同时实现价值补偿和实物补偿的条件。马克思说,社会总资本的运动"不仅是价值补偿,而且是物质补偿,因而既要受社会产品的价值组成部分相互之间的比例的制约,又要受它们的使用价值,它们的物质形式的制约"①。

只有社会总产品的各个组成部分既在价值上得到补偿,又在实物上得到补偿,社会总资本的再生产才能继续进行。因此,社会总资本再生产的核心问题,就是社会总产品的实现问题,也就是社会总产品的价值补偿和物质补偿的问题。

那么,怎样才能使社会总产品顺利地进行价值补偿和实物补偿呢?既然再生产区分为简单再生产和扩大再生产两种类型,因此,要具体分析社会再生产的实现问题,必须分别从简单再生产和扩大再生产两方面来考虑。

简单再生产的实现条件

《资本论》第二卷第二十章研究简单再生产,是以如下图式为出发点的:

$$\text{I} \quad 4\,000c+1\,000v+1\,000m=6\,000$$

$$\text{II} \quad 2\,000v+500v+500m=3\,000$$

在以上图式中,第 I 部类产品的价值是 6 000,其实物形态都是生产资料;第 II 部类产品的价值是 3 000,其实物形态都是消费资料。全部社会产品的总价值为 9 000。为了保证简单再生产的顺利进行,两大部类的内部以及两大部类之间必须经过商品交换,才能得到价值补偿和实物补偿。那么,要经过哪些交换呢?马克思的分析告诉我们,简单再生产有三个基本的商品交换关系。也就是说,简单再生产的实现至少要有三个主要条件。

第一,两大部类之间必须保持平衡。在以上图式中,就是第 I 部类的 1 000v+1 000m,必须用于消费资料,但其实物形态是生产资料,因此,它们必须同第 II 部类与它们价值相等的不变资本部分 2 000c 进行交换,第 II 部类的不变资本部分实物形态是消费资料。用公式表示,就是:I(v+m)=IIc,这个公式的含义是第 I 部类的可变资本加剩余价值,应等于第 II 部类的不变资本。只有在这个条件下,社会总

---

① 《资本论》第 2 卷,第 437—438 页。

产品的各个组成部分才能顺利实现价值补偿和实物补偿。从而,社会总资本的简单再生产才能正常进行。

这一公式集中体现了社会生产过程中两大部类之间的内在联系。它表明:要使简单再生产能够正常进行,第Ⅰ部类生产资料的生产和第Ⅱ部类对生产资料的需要之间,以及第Ⅱ部类消费资料的生产和第Ⅰ部类对消费资料的需要之间,都必须保持适当的比例关系。

这一公式是简单再生产实现的基本条件也是平衡条件。因此,Ⅰ(v+m)=Ⅱc是简单再生产条件下的部类之间交换关系的基本公式,也叫简单再生产两大部类交换关系的第一公式。

如果在第一公式Ⅰ(v+m)=Ⅱc的两端都加Ⅱ(v+m),那么,就可以引申出第二公式,即Ⅱ(c+v+m)=Ⅰ(v+m)+Ⅱ(v+m)。这个公式的含义是,第Ⅱ部类每年生产的消费资料总价值,应该等于两大部类可变资本和剩余价值的总和,或者说整个社会所有部类每年生产的消费资料总价值应该等于当年新创造的价值。

第二公式反映了第Ⅱ部类消费资料产品的实现与两大部类工人和资本家个人消费之间的关系。在简单再生产条件下,第Ⅱ部类生产的消费资料,在价值上应该和全社会工人取得的工资加资本家的剩余价值总和相等,在实物上应该与全社会工人和资本家所需要的消费资料相匹配。

如果在第一公式Ⅰ(v+m)=Ⅱc的两端都加上Ⅰc,就可以引申出第三公式,即Ⅰ(c+v+m)=Ⅰc+Ⅱc。这个公式的含义是,第Ⅰ部类生产的生产资料价值总和,应该等于整个社会两大部类不变资本价值的总和。

第三公式反映了第Ⅰ部类生产资料的生产同两大部类对生产资料需要之间的关系。在简单再生产条件下,第Ⅰ部类对生产资料的供给应该同整个社会两大部类对生产资料的需要相等。

所以,简单再生产两大部类之间的交换虽然有三个公式,这三个公式也代表了不同的含义,但是,在简单再生产的实现问题上,其基本条件和基本公式是第一公式Ⅰ(v+m)=Ⅱc,这个公式对简单再生产中不同部类的价值补偿和实物补偿而言,既是前提条件又是平衡条件。

第二,简单再生产要顺利实现,第Ⅱ部类内部也要保持一定的比例关系,也要实现平衡。也就是说,上述图式中第Ⅱ类工人的工资500v和资本家的剩余价值500m,必须用于消费资料的购买和消费。它们将在第Ⅱ部类内部的相互交换中实现,因为第Ⅱ部类的实物形态本身就是消费资料。这样,就有Ⅱ(500v+500m)=Ⅱ1 000,以消费资料形式从总产品中实现价值补偿和实物补偿。如果把第Ⅱ部类分为生活必需品(Ⅱa)与奢侈品(Ⅱb)两个部分,那么,第Ⅱ部类(Ⅱa)和(Ⅱb)生产的生活必需品和奢侈品,就必须与第Ⅰ部类生活必需品和奢侈品的需要相适应,

第Ⅱ部类中两个部分Ⅱa和Ⅱb相互提供的生活必需品和奢侈品,也要与两个部分各自的需要保持平衡。

第三,简单再生产的顺利实现,还要求第Ⅰ部类内部也要保持一定的比例关系,也要实现平衡。在以上图式中,就是Ⅰ 4 000c这个部分应实现部类内部的价值补偿和实物补偿。从实物形态来看这个部分均由生产资料构成,因此只能用于第Ⅰ部类内部,以便补偿该部类消费掉的不变资本。换言之,这个部分要通过第Ⅰ部类内部不同企业的相互交换来解决。

第Ⅰ部类也可以再进行细分,如果把第Ⅰ部类内部分成生产生产资料的生产资料和生产消费资料的生产资料两个部分,那么,第Ⅰ部类生产消费资料的生产资料,要与第Ⅱ部类对生产资料的需要相适应,第Ⅰ部类生产生产资料的生产资料要与第Ⅰ部类本身对生产资料的需要相适应。第Ⅰ部类生产生产资料的生产资料主要用两个用途:一部分要作为本部门的生产资料直接进入本生产部门,如煤炭用于煤炭生产;一部分要供给第Ⅰ部类其他部门供生产消费之用,如煤炭供给钢铁部门炼钢。

为了把握社会总资本运动的实质,以上分析简单再生产的实现条件是把固定资本的补偿问题暂时撇开的。马克思在《资本论》第二十章第十一节把固定资本的补偿问题考虑进去后,简单再生产的顺利实现还要增加其他条件。因为这个问题比较复杂,这里就不做详细论述了。

扩大再生产的实现条件

马克思在《资本论》第二卷的最后一章,也就是第二十一章,集中分析了扩大再生产的条件。

首先,整个社会要扩大再生产必须有追加的生产资料,以作为两个部类追加不变资本来使用。从实物形态的角度看,这种追加的生产资料是由第Ⅰ部类的剩余产品提供的。马克思说:"既然把积累作为前提,Ⅰ(v+m)就大于Ⅱc,而不像简单再生产那样,和Ⅱc相等;因为1. 第Ⅰ部类已经把它的一部分剩余产品并入自己的生产资本,……2. 第Ⅰ部类要用它的剩余产品,为第Ⅱ部类进行积累时所必需的不变资本提供材料。"[①]由于存在着追加不变资本的问题,所以,扩大再生产的第一个前提条件或者说第一个基本公式应该是:

$$Ⅰ(v+m) > Ⅱc \quad\cdots\cdots\cdots\cdots\cdots\cdots\cdots\cdots\cdots\cdots (1)$$

这个公式(1)表明:为了能够提供追加的生产资料,第Ⅰ部类中代表可变资本和剩余价值的这两部分产品,在价值总量上必须大于第Ⅱ部类的不变资本。只有

---

① 《资本论》第2卷,第582页。

这样,这两部分产品在补偿了第Ⅱ部类已消耗的生产资料之后,才能剩余一部分生产资料,以此来满足两大部类扩大再生产对追加生产资料的需要。

其次,要扩大再生产还必须有追加的消费资料,以作为两个部类追加可变资本来使用。就像第Ⅰ部类必须用它的剩余产品为第Ⅰ部类和第Ⅱ部类追加生产资料一样,第Ⅱ部类也要在这个意义上为第Ⅰ部类和第Ⅱ部类提供追加的消费资料。马克思说:"在资本主义生产中,Ⅰ(v+m)不能与Ⅱc相等;或者说,二者不能在交换时互相抵销。如果 $I\frac{m}{x}$ 是Ⅰm中作为第Ⅰ部类资本家的收入花掉的部分,那么,$I\left(v+\frac{m}{x}\right)$ 就可以等于、大于或小于Ⅱc;但是,$I\left(v+\frac{m}{x}\right)$ 必须总是小于Ⅱ(c+m),其差额就是第Ⅱ部类的资本家在Ⅱm中无论如何必须由自己消费的部分。"①由于存在着追加可变资本的问题,这就是说,扩大再生产的第二个前提条件或第二个基本公式应该是:

$$\text{Ⅱ}\left(c+m-\frac{m}{x}\right) > \text{Ⅰ}\left(v+\frac{m}{x}\right) \cdots\cdots\cdots\cdots\cdots\cdots (2)$$

这个公式(2)中的,$\frac{m}{x}$ 代表剩余价值用于资本家阶级个人消费的部分;$\left(m-\frac{m}{x}\right)$ 实际上代表剩余价值中用于积累的部分,这部分集中体现了剩余价值的资本化特征。

这个公式表明扩大再生产还必须有追加的消费资料。因此,第Ⅱ部类中代表不变资本和供积累用的剩余价值之和,就必须大于第Ⅰ部类的不变资本加供资本家个人消费用的剩余价值之和。因为只有这样,第Ⅱ部类所提供的消费资料,才能在补偿了第一部类工人和资本家的消费之后,还能余下一部分消费资料来满足两大部类扩大再生产对追加消费资料的需要。

以上两个前提条件如果得到了满足,扩大再生产就有可能进行,但是,不一定能顺利进行。在扩大再生产中,可能性并不等于必然性,以上两个条件对扩大再生产而言只是必要条件,而不是充分必要条件。要使扩大再生产能够顺利实现,也就是要使追加的生产资料和消费资料得到充分实现,社会再生产的实现还要有平衡条件和平衡公式,也就是社会再生产两大部类还必须保持适当的比例关系。

因此,马克思在《资本论》第二卷中又指出:扩大再生产要能顺利进行,第Ⅰ部类可能追加的生产资料必须和两大部类需要包括追加的生产资料相等。马克思

---

① 《资本论》第2卷,第590页。

说:"在以资本的增加为基础的生产中,Ⅰ(v+m)必须=Ⅱc加上再并入资本的那部分剩余产品,加上第Ⅱ部类扩大生产所必需的不变资本的追加部分。"①马克思的这句话明确地指出,为了扩大再生产的顺利进行,不仅要求Ⅰ(v+m)>Ⅱc,而且要求有:

$$\text{Ⅰ}(v+m) = \text{Ⅱ}c + \text{Ⅰ}\Delta c + \text{Ⅱ}\Delta c \quad \cdots\cdots\cdots\cdots\cdots\cdots (3)$$

(Δc 表示追加的不变资本,它的物质形态是追加的生产资料)

公式(1)Ⅰ(v+m)>Ⅱc,只回答要扩大再生产必须有追加的生产资料,而没有回答要追加多少生产资料。公式(3)Ⅰ(v+m)=Ⅱc+ⅠΔc+Δc,不仅包含Ⅰ(v+m)>Ⅱc,而且回答了Ⅰ(v+m)比Ⅱc大出的部分要正好等于第Ⅰ部类和第Ⅱ部类需要追加的不变资本。也就是说,两大部类需要追加的生产资料和第Ⅰ部类可能提供的生产资料恰好相等,这样在扩大再生产情形下,两大部类才能同时实现价值补偿和实物补偿。马克思在《资本论》第二卷第三篇分析扩大再生产的条件主要就讲了这三个条件和公式。事实上,按照公式(3)还可以推出:扩大再生产要能顺利进行,第Ⅱ部类可能提供的消费资料必须和两大部类需要包括追加的消费资料相等。用公式表示,就是:

$$\text{Ⅱ}\left(c+m-\frac{m}{x}\right) = \text{Ⅰ}\left(v+\frac{m}{x}\right) + \text{Ⅰ}\Delta v + \text{Ⅱ}\Delta v \quad \cdots\cdots\cdots\cdots (4)$$

(Δv 表示追加的可变资本,它的实物形态是追加的消费资料)

公式(2)$\left(c+m-\frac{m}{x}\right) > \text{Ⅰ}\left(v+\frac{m}{x}\right)$,只回答了扩大再生产必须有追加的消费资料,而没有回答两大部类究竟需要追加多少消费资料。公式(4)则不仅包含Ⅱ$\left(c+m\frac{m}{x}\right) > \text{Ⅰ}\left(v+\frac{m}{x}\right)$,而且回答了Ⅱ$\left(v+m-\frac{m}{x}\right)$比Ⅰ$\left(v+\frac{m}{x}\right)$大的部分正好应该等于第Ⅰ部类和第Ⅱ部类追加的可变资本。也就是说,两大部类需要追加的消费资料要和第Ⅱ部类可能提供的追加消费资料相等。

扩大再生产的前提条件和平衡条件告诉我们:扩大再生产的顺利进行,要求第Ⅰ部类和第Ⅱ部类之间、社会生产和社会需要之间必须保持平衡。但是,这种平衡关系在资本主义社会的长期发展过程中是不可能的。这是由于资本主义社会存在着生产社会化和生产资料私人占有之间的矛盾,因此,不同部类之间长期来看难以按照社会的客观需要来分配社会劳动。概言之,第Ⅰ部类和第Ⅱ部类之间、社会生产和社会需要之间总是存在着矛盾,社会再生产的平衡条件经常遭到破坏,而这种破坏累积到一定程度的时候只有通过经济危机强制地得到暂时解决。

---

① 《资本论》第2卷,第585页。

(四)《资本论》第二卷与社会主义经济

《资本论》第二卷在整个马克思政治经济学理论中具有重要的理论地位。"只有将《资本论》前两卷的生产和流通结合起来,才能准确理解资本的运动规律;第二卷所使用的从微观到宏观的分析方法和动态平衡分析方法具有重要价值;第二卷不仅包含资本循环、周转和社会总资本再生产理论等重要理论,也蕴含了资本积累的时间和空间动态,并为第三卷中信用制度的作用埋下了伏笔。"[1]从理论的角度看,马克思在《资本论》第二卷论述了社会总资本再生产理论,该理论强调资本主义扩大再生产需要满足两个条件:生产资料生产优先增长;消费资料生产滞后增长,而资本积累的"刀刃性质"与资本周转时间结构不一致构成了马克思的经济周期思想,这一思想不仅为分析资本主义的矛盾运动提供了一个坚实的理论基点,还有可能影响到哈罗德—多马模型等西方经济学中的宏观经济分析[2]。《资本论》第二卷以论证资本主义剩余价值的实现为主线,但其中的许多基本原理,绝不只限于反映资本主义生产的特点,它同时包含有对于一切社会形态,特别是对社会主义社会有效的原理和方法论。从研究方法上看,《资本论》"第二卷使用的从微观到宏观的分析方法和动态平衡的研究方法,应当被中国特色社会社会主义政治经济学所吸收,而非盲目采用西方经济学的个体加总方法和动态经济分析方法"[3]。更重要的是,认真学习、正确运用马克思在《资本论》第二卷的有关原理,对于社会主义经济活动的连续运动,对于社会主义经济的协调持续发展,特别是对于中国建立和完善社会主义市场经济体制,提高政府对国民经济的宏观调控能力具有重大的现实意义。

社会主义更加需要经济核算

在《资本论》第二卷中,马克思有许多对社会主义经济的直接提示,这对社会主义经济建设有直接的指导意义。

马克思在第二卷第六章指出,社会主义更加需要簿记,也就是更加需要经济核算。马克思说:"簿记对资本主义生产,比对手工业和农民的分散生产更加必要,对公有生产,比对资本主义生产更加必要。"[4]所谓簿记,就是对生产经营过程中的劳

---

[1] 王立胜:《〈资本论〉第二卷:研究现状、理论地位和时代价值》,《当代世界与社会主义》2017年第3期。
[2] 王瑶:《重新理解马克思〈资本论〉中的经济周期思想》,《学习与探索》2015年第12期。
[3] 王立胜:《〈资本论〉第二卷:研究现状、理论地位和时代价值》,《当代世界与社会主义》2017年第3期。
[4] 《资本论》第2卷,第152页。

动耗费和劳动成果进行记录、计算、分析和对比的活动,也就是对企业的经济活动进行核算和分析。经济核算是社会生产发展的客观要求,生产越是社会化,经济核算就越是必要。社会主义经济是建立在社会化大生产基础上的经济形态,社会化大生产需要相应的经济运行机制进行协调。尤其是,对于中国这样的正处在社会主义阶段的发展中大国而言,社会主义市场经济已经成为我国经济体制改革的目标取向。社会主义市场经济体制就是试图在发挥市场资源配置优化功能以及更好发挥政府职能的基础上,实现整个社会的资源配置效率提高以及对不同国民经济部分的协调。概括地说,社会主义经济是一个包括多个主体、多个部门且高度社会化的统一体,不同部门、不同企业相互间的经济联系十分密切。因此,根据马克思的直接提示,社会主义应该十分重视簿记,十分重视搞好经济核算,十分重视经济核算对提高经济效率、发展生产和满足需求的重要作用。

在阐述资本周转速度的时候,马克思说:"如果我们设想一个社会不是资本主义社会,而是共产主义社会,……问题就简单地归结为:社会必须预先计算好,能把多少劳动、生产资料和生活资料用在这样一些产业部门而不致受任何损害,这些部门,如铁路建设,在一年或一年以上的较长时间内不提供任何生产资料和生活资料,不提供任何有用效果,但会从全年总生产中取走劳动、生产资料和生活资料。"①这就是说,在社会主义社会,对那些当年以至几年不会提供任何产品,却要不断地大量地耗费社会劳动,占用生产资料和生活资料的大型建设项目,必须预先经过仔细的考虑和计算,量力而行。既要重视这些建设项目对长期经济发展的推动作用,因为这些建设项目可以作为公共产品影响生产资料和生活资料的生产效率,又要使它不致损害当年或近期即能提供产品或有用效果的建设项目,不致损害当前生产状态和人民生活水平。换言之,在基础设施和大型建设项目中,必须处理好其长期发展能力和影响周转速度两个方面的效果,必须处理好当期生产、消费与整个国民经济长期发展潜力之间的协调。

马克思在《资本论》第二卷第三篇中还论述了社会主义经济中第Ⅰ部类内部的交换。马克思说:"如果生产是社会公有的,而不是资本主义的,那么很明显,为了进行再生产,第Ⅰ部类的这些产品同样会不断地再作为生产资料在这个部类的各个生产部门之间进行分配,一部分直接留在这些产品的生产部门,另一部分则转入其他生产场所,因此,在这个部类的不同生产场所之间发生一种不断往返的运动。"②这就告诉我们,要使社会主义再生产顺利进行,不仅社会生产两大部类——生产资料生产和消费资料生产之间要发生交换关系,在生产资料生产内部也要发

---

① 《资本论》第2卷,第350页。
② 同上书,第473—474页。

生交换关系。第Ⅰ部类内部的交换就是一种生产资料与另一种生产资料之间的交换。通过这种交换,使第Ⅰ部类内部各个部门、各个企业消耗的生产资料相互得到补偿,而生产资料的相互补偿以及生产资料的更新换代对于社会主义再生产的持续进行具有重要的推动作用。

马克思还指出,社会主义社会必须有一定的物质储备。他说:"再生产的资本主义形式一旦废除,问题就归结如下:寿命已经完结因而要用实物补偿的那部分固定资本(……)的数量大小,是逐年不同的,……这种情况,只有用不断的相对的生产过剩来补救;一方面要生产出超过直接需要的一定量固定资本;另一方面,特别是原料等等的储备也要超过每年的直接需要(这一点特别适用于生活资料)。这种生产过剩等于社会对它本身的再生产所必需的各种物质资料的控制。"[①]这里所说的生产过剩就是指必要的物质储备。在社会主义经济中,为了保证社会再生产和个人消费的顺利进行,保证整个社会以及各个企业资金的正常周转,保证国防安全和预防自然灾害,都应有必要的物质储备。物资储备对于平抑经济发展的波动、应对国际和国内的经济风险具有至关重要的意义。新中国成立之后,尤其是改革开放以来,我国在推动国民经济发展中始终高度关注物质储备的重要作用,这从中央政府对粮食、石油等重要物资的储备中可以得到证实,也可以从中国在对外开放背景下外汇储备规模保持在较高水平得到印证。但是,储备必须有合理的界限,超过一定的界限,就是物质的呆滞。特别是,储备与居民的当期消费通常存在着替代关系,过高的储备往往对居民提高当期的消费水平产生负面作用。随着社会化生产和交通运输的发展,随着社会主义市场经济体制的不断完善,随着经济全球化和信息化进程的持续发展,像中国这样的社会主义发展中大国其物质储备程度可以适当减少。

马克思的再生产理论在社会主义社会仍然有效

撇开流通的资本主义形式,《资本论》第二卷关于再生产和流通的许多重要原理也适用于社会主义社会。

资本流通是资本主义特有的现象,但撇开流通的资本形式,流通并不是资本主义经济特有的现象。流通是商品生产的范畴,它是在社会分工的基础上产生和发展起来的,社会主义社会仍是商品经济社会,我国在社会主义初级阶段更是在实践中实行商品经济和市场经济。既然是商品经济,也就离不开流通,离不开市场对商品交换和资源配置的作用。商品、市场、商品经济、市场经济均是实现生产力解放和发展的工具,社会主义经济仍然需要通过市场实现产品的流通和交换,需要通过

---

① 《资本论》第2卷,第526—527页。

市场实现对不同微观经济主体的激励和约束。只有按照商品生产运动的规律来组织社会主义再生产和流通,才能保证社会主义再生产的顺利进行。没有流通,对于社会主义经济是不可思议的。《资本论》第二卷中关于流通的阶段、形式、手段、时间和费用等的论述,对于我们掌握社会主义流通的规律都有指导和方法论的意义。

如果撇开资本主义的生产资料私有制和分配制度,社会主义经济也存在资本循环,特别是对中国这样正处在社会主义初级阶段的发展中大国来说,解放和发展生产力、消除两极分化并最终实现共同富裕是国民经济发展的重要指向,而资本循环则是扩大再生产和经济增长的一个重要条件。社会主义企业资本循环的性质和特点,同资本主义企业的资本循环的性质和特点根本不同。例如:在社会主义国有企业中,其资本来源于全体国民,资本运动所取得的收益也应通过转向社会保障基金等被国民分享,这与资本主义企业资本循环服务于资本家的剩余价值获取存在着重大差别。然而,就其运动的物质内容和形式来说,两类循环有许多共同之处。社会主义企业仍然要把资本分为货币、生产和商品等不同形态,在商品经济和市场经济条件下,社会主义企业的资本运动一般也都要经过购买生产资料、组织生产过程和出卖商品三个阶段,而且要控制供、产、销的平衡。只有这三部分在空间上并存、在时间上继起,才能保证社会主义企业资本循环的顺利进行,使社会主义企业这个经济机体不断地新陈代谢,实现扩大再生产并保持旺盛的经营活力。

马克思在《资本论》第二卷第二篇中,深入研究了资本周转的问题,既从资本主义生产关系的特殊性,又从社会化大生产的一般性,论述了加速资本周转的方法和意义。学习马克思的资本周转理论,掌握如何缩短周转时间、加快周转速度的途径和方法,这对于加速社会主义企业的资本周转,提高经济效益,少花钱、多办事,更好地实现生产发展、满足消费等目标,促进社会主义现代化建设,具有重大现实意义。因此,我们要重视资本周转理论的学习,吸取其中有益的方法,来加速社会主义企业的资本周转,以求在经济实践中获取更大的经济效益。

《资本论》第二卷第三篇阐述了关于社会再生产的一系列基本原理,如关于社会生产第Ⅰ部类生产资料生产与第Ⅱ部类消费资料生产相互关系的原理;关于生产资料生产增长较快和生产资料生产最终要依赖于消费资料生产增长的原理;关于简单再生产和扩大再生产相互关系的原理;关于社会再生产必须有实物补偿和价值补偿的原理;关于积累是扩大再生产的基础和主要源泉,但不是唯一源泉的原理,等等。这些基本理论对于社会主义的经济建设仍然具有重要的其实意义,对于中国而言,新中国成立初期,我国为了在资本高度稀缺的背景下实现了重工业优先发展战略,采取了多种扭曲要素市场价格的经济政策,其结果导致了不同部门、不同产业之间出现结构性失衡,特别是农业、轻工业的发展滞后成为制约国民经济发展的瓶颈因素。改革开放以后,我国在经济体制改革和对外开放的推动下,农业、轻工业、重工业等不同产业的结构失衡开始被矫正,然而,在经济持续高速增长的背景下,我国经济仍存在着不平衡、不协调、不可持续的结构性问题。这些结构性问题表现在不同产业之间、不同地区之间、经济增长与生态环境保护之间。科学发展观和五大发展理念的提出,就是立足于在经济发展进程中减弱和解决这些结构性问题,而我国解决经济结构问题、实现不同部门之间的相对平衡发展可以从马克思的社会总资本再生产理论中得到有益借鉴。正如斯大林指出的:"马克思的再生产理论的这一切基本原理,不仅对于资本主义社会形态是有效的,而且任何一个社会主义社会在计划国民经济时,不运用这些原理也是不行的。"①

斯大林在《苏联社会主义经济问题》中曾指出:在《资本论》中马克思再生产理论的许多原理对社会主义经济也是有效的,要解决社会主义再生产的问题,必须掌握马克思的社会再生产理论。但是,斯大林对马克思再生产的概括也有不够全面和准确的地方,这给社会主义经济建设造成了一些不利影响。例如:斯大林提到的"关于扩大再生产下生产资料生产的增长占优先地位的原理",这个概括就是既不准确,也不够全面的。根据马克思的原意,在扩大再生产条件下社会再生产应该是两大原理,即生产资料生产较快增长和生产资料生产的增长最终必须依赖于消费资料生产的增长。又如"关于积累是扩大再生产的唯一源泉的原理",正确的应该是:积累是扩大再生产的基础和主要源泉,而不是唯一源泉,没有积累还可以在一定界限之内实现扩大再生产。片面地强调"生产资料生产优先增长"容易造成部门间的比例失调,片面地强调"积累的唯一源泉作用"容易忽视通过挖潜、革新、改造等发挥现有企业的作用。

---

① 斯大林:《苏联社会主义经济问题》,第64页。

八、《资本论》第三卷主要内容

> 我还在继续口授《资本论》第三卷。这是一部光彩夺目的著作,在学术上甚至超过第一卷。
>
> ——恩格斯致约翰·菲力浦·贝克尔(1885年6月15日)①

> 第三卷则又如雷鸣电闪,因为它第一次从总的联系中考察了全部资本主义生产,完全驳倒了全部官方的资产阶级经济学。
>
> ——恩格斯致弗里德里希·阿道夫·左尔格(1885年6月3日)②

《资本论》第三卷和第二卷一样,是由恩格斯根据马克思遗留下来的手稿整理出版的。《资本论》第三卷在《资本论》总体系中具有非常重要的地位。它是对资本主义生产方式理论分析的最后完成,是马克思剩余价值理论不可缺少的一个重要组成部分。马克思剩余价值学说包括剩余价值的生产、实现和分配三个组成部分,《资本论》第一卷分析剩余价值的生产,第二卷分析剩余价值的实现,第三卷则分析剩余价值的分配。缺少对剩余价值分配的论述,则马克思的剩余价值的理论就是不完整的。《资本论》第三卷内容丰富、结构严整、资料翔实。恩格斯曾经对第三卷作过很高的评价,说它"甚至使第一卷相形见绌","是我所读过的著作中最惊人的著作……最困难的问题这样容易地得到阐明和解决……并且整个体系具有一种新的简明的形式"③。

学习《资本论》第一卷对掌握马克思主义政治经济学的基本原理非常重要,学习第三卷对完整地、准确地掌握和领悟马克思主义的政治经济学,进一步深入学习

---

① 《马克思恩格斯〈资本论〉书信集》,第462页。
② 同上书,第461页。
③ 《马克思恩格斯全集》第36卷,第299页。

和研究一些当前的经济实践问题也是不可缺少的。第三卷的主要内容由利润理论、商业理论、利息理论和地租理论等组成。

（一）利润理论

《资本论》第三卷第一篇至第四篇，中心是分析利润问题，其中第一篇讲利润的形成，第二篇讲利润的平均化，第三篇讲利润的趋势。这三篇结合起来，实际上是集中分析产业资本家内部如何分配剩余价值的问题。第四篇是讲商业资本，即商业资本参与到产业资本的运动过程中，也是要获取平均利润的。

利润的形成

《资本论》第三卷第一篇的内容，是研究利润的形成以及决定和影响利润率的各种因素的。实际上，这一篇主要分析了三个最一般的转化形式：(1) 商品价值中的 $c+v$ 转化为成本价格；(2) 剩余价值转化为利润；(3) 剩余价值率转化为利润率。第一篇共分七章：第一章分析商品价值中所费资本（$c+v$）如何转化为成本价格，以及剩余价值（m）如何转化为利润（P）；第二章分析剩余价值率（m'）如何转化为利润率（P'）；第三章到第六章着重分析决定和影响利润率变化的各种因素；最后的第七章是第一篇的补充说明，它着重指出剩余价值转化为利润以及剩余价值率转化为利润率后，这种价值转形过程掩盖了资本主义的剥削性质。

什么叫成本价格？成本价格就是生产商品所费的不变资本和可变资本之和。"商品价值的这个部分，即补偿所消耗的生产资料价格和所使用的劳动力价格的部分，只是补偿商品使资本家自身耗费的东西，所以对资本家来说，这就是商品的成本价格。"[①]对于资本家而言，不变资本和可变资本都是其展开生产所需要投入的"成本"，因此它们可以笼统地称为成本价格。如果把成本价格称作 K，那么商品价值 $W=c+v+m$ 就转化为 $W=K+m$。

商品使资本家耗费的东西和商品的生产本身所耗费的东西，是两个不同的量。$c+v$ 是生产商品时资本家所花费的东西，商品的资本主义生产费用是由资本的支出来计量的，$c+v$ 是资本家生产商品所花费的本钱，所以称为成本。但商品生产本身所耗费的东西，除了资本家耗费的成本之外，还包括劳动者在剩余劳动时间形成的价值。显而易见，成本价格的范畴，与商品的价值形成无关，也与资本的增殖过程无关。

什么叫利润？利润是剩余价值的转化形式。"剩余价值，作为全部预付资本这

---

① 《资本论》第 3 卷，第 30 页。

样一种观念上的产物,取得了利润这个转化形式。"①

如果我们把利润记作P,那么,W=c+v+m=K+m这个公式,就转变为W=K+P,所以,P=W-K。

利润和剩余价值本来是一个东西,所不同的是剩余价值是对可变资本而言,利润是剩余价值对全部预付资本而言。换言之,剩余价值是由可变资本产生的,而在资本家看来,利润是由全部预付资本产生的。剩余价值是利润的本质,利润是剩余价值的表现形式。

剩余价值采取利润的形式,是资本主义生产方式的产物。这是因为:第一,c+v采取了成本价格的形式,因此,从形式上看价值增殖好像不是由v产生,而是由全部预付资本产生的。第二,由于工资表现为劳动的价值,好像工人的全部劳动都得到了报酬,因此,从形式上看剩余价值也好像是由全部预付资本即成本价格产生的。

什么叫利润率?利润率是剩余价值与总资本的比率,即$P' = \frac{m}{c+v}$。马克思说:"用总资本来计算的剩余价值的比率,叫做利润率。"②

利润率是剩余价值率的转化形式。然而,利润率和剩余价值率这二者不仅有质的区别,而且有量的区别。质的区别在于:剩余价值率是表示资本家剥削工人的程度,利润率是表示资本家获利的程度。量的区别在于:由于利润率是价值增殖与全部预付资本的比率,而剩余价值率是价值增殖与可变资本的比率,因此,剩余价值率总是大于利润率。

那么,有哪些因素决定和影响利润率呢?影响利润率水平的因素包括:(1)剩余价值率的高低。在其他条件给定的情况下,剩余价值率与利润率成正比。剩余价值率高,利润率也就高;剩余价值率低,利润率也就低。因此,资本家为了提高利润率,首先就要提高剩余价值率。(2)资本有机构成的高低。在其他条件给定的情况下,资本有机构成与利润率成反比。资本有机构成低,在总资本中可变资本的比重大,创造的剩余价值多,利润率就高;资本有机构成高,在总资本中可变资本所占比重小,创造的剩余价值少,利润率就低。以上两个因素是影响利润率的决定性因素。马克思说:"利润率取决于两个主要因素:剩余价值率和资本的价值构成。"③(3)资本周转时间。在其他条件给定的情况下,资本周转时间与利润率成反比。资本周转时间短,同量资本所带来的剩余价值量就大,利润率也就高;资本

---

① 《资本论》第3卷,第44页。
② 同上书,第51页。
③ 同上书,第82页。

周转时间长,同量资本所带来的剩余价值量就小,利润率就低。马克思说:"在资本百分比构成相等,剩余价值率相等,工作日相等的时候,两个资本的利润率和它们的周转时间成反比。"① (4) 不变资本使用上的节约。在其他条件给定的情况下,不变资本使用上的节约程度与利润率成正比。不变资本由于节约而减少,预付总资本量也减少,用同量的剩余价值与减少了的预付总资本相比,利润率就会提高。"资本主义生产方式按照它的矛盾的、对立的性质,还把浪费工人的生命和健康,压低工人的生存条件本身,看作不变资本使用上的节约,从而看作提高利润率的手段。"② (5) 原料价格的变动,在其他条件给定的情况下,原材料的价格与利润率成反比。"如果原料的价格降低了,降低的数额=d,那么,$\frac{m}{C}$或$\frac{m}{c+v}$就变为$\frac{m}{C-d}$或$\frac{m}{(c-d)+v}$;因而利润率就提高。相反,如果原料价格提高了,那么,$\frac{m}{C}$或$\frac{m}{c+v}$就变为$\frac{m}{C+d}$或$\frac{m}{(c+d)+v}$,因而利润率就下降。因此,在其他条件不变的情况下,利润率的高低和原料价格成反比。"③

概括起来,在利润的形成过程中,商品价值中的c+v转化为成本,剩余价值转化为利润,剩余价值率转化为利润率。这使剩余价值好像不是工人的劳动创造的,而是由全部预付资本产生的,这样就掩盖了资本主义占有劳动者剩余价值这样的本质。

平均利润与生产价格

资本有机构成等因素会影响利润率,由于不同部门的资本有机构成不同,因此不同的企业、部门或地区就会有各不相同的利润率。然而,市场竞争会导致资本在不同企业、部门和地区之间进行流动,从而使不同的利润率平均化为一般利润率,不同的利润平均化为一般利润。"这些不同的利润率,通过竞争而平均化为一般利润率,而一般利润率就是所有这些不同利润率的平均数。"④按照一般利润率归于一定量资本的利润,就是平均利润。平均利润只是资本主义经济的一种内在趋势。"总的说来,在整个资本主义生产中,一般规律作为一种占统治地位的趋势,始终只是以一种极其错综复杂和近似的方式,作为从不断波动中得出的、但永远不能确定的平均情况来发生作用。"⑤

---

① 《资本论》第3卷,第86页。
② 同上书,第102页。
③ 同上书,第122—123页。
④ 同上书,第177页。
⑤ 同上书,第181页。

从理论上说,平均利润率取决于两个因素:(1)不同生产部门的资本有机构成不同,从而各个部门有不同的利润率;(2)社会总资本在这些不同部门之间的分配,即投在每个特殊部门的资本在社会总资本中占多大的部分。

利润转化为平均利润,商品的价值就转化为生产价格。那么,什么叫生产价格呢?生产价格是商品价值的转化形式,它等于商品的成本价格加平均利润。马克思说:"求出不同生产部门的不同利润率的平均数,把这个平均数加到不同生产部门的成本价格上,由此形成的价格,就是生产价格。"[①]

生产部门	资本总额	c	v	剩余价值	消耗的c	成本价格	商品价值		平均利润	生产价格	生产价格与价值之差
1	2=3+4	3	4	5	6	7=4+6	8=7+5	9=5÷2	10	11=11×2	12=7+11	13=12-8
1	100	80	20	20	50	70	90	20%	22%	22	92	+2
2	100	70	30	30	51	81	111	30%	22%	22	103	-8
3	100	60	40	40	51	91	131	40%	22%	22	113	-18
4	100	85	15	15	10	55	70	15%	22%	22	77	+7
5	100	96	5	5	10	15	20	5%	22%	22	37	+17
合计	500	390	110	110	202	312	422		22%	110	422	0

上面这张表说明了商品价值向生产价格的转化,以及商品价值和生产价格的相互关系。从该表可以看出,生产价格的形成并没有违背价值规律。生产价格不过是价值的转化形式。这是因为:

第一,从个别部门来看,资本有机构成高的部门,资本家获得的平均利润大于本部门工人所创造的剩余价值,而资本有机构成低的部门,资本家获得的平均利润小于本部门创造的剩余价值。然而,从全社会来看,平均利润总额和剩余价值总额是相等的。

第二,从个别部门看,不同部门生产价格和价值存在偏差,一些部门商品的生产价格高于它的价值,一些部门商品的生产价格低于它的价值。然而,从全社会来看,生产价格的总和等于价值的总和。

第三,生产价格的变动以商品价值的变化为基础。商品生产价格的变动取决于:(1)平均利润率变化;(2)价值变化;(3)上述二者共同起变化。尽管生产

---

① 《资本论》第3卷,第176页。

价格受到多个因素的影响,但其变动归根到底是由于价值的变化。"生产价格的变化显然总是要由商品的实际的价值变动来说明,也就是说,要由生产商品所必需的劳动时间的总和的变动来说明。"①

尽管生产价格是商品价值的转化形式,但是,商品按价值交换和按生产价格交换不是一回事。无论在理论上还是在历史上,商品按价值交换都是先于按生产价格交换,生产价格交换只是因为市场竞争导致资本流通,以致出现平均利润率这种情形才出现的。马克思说:"商品按照它们的价值或接近于它们的价值进行的交换,比那种按照它们的生产价格进行的交换,所要求的发展阶段要低得多。而按照它们的生产价格进行的交换,则需要资本主义的发展达到一定的高度。"②由此可见,价值转化为生产价格、商品从按价值交换转化为按生产价格交换都是历史发展的结果。

剩余价值率转化为利润率、剩余价值转化为利润已经掩盖了资本主义的剥削实质。在这种情况下,剩余价值率和利润率虽然不一致,但是,利润量和剩余价值量还是相等的。在平均利润率和平均利润形成以后,各部门的剩余价值和平均利润量、价值和生产价格的量都发生了背离,这样价值和剩余价值的真正源泉就被掩盖起来了,因此,商品价值向生产价格的转形进一步掩盖了资本主义剥削的实质。

从平均利润和生产价格形成中,可以得出两个重要的结论。

第一,在资本主义社会,资本家和工人的矛盾不是个别资本家与个别工人的矛盾,而是整个资产阶级与整个无产阶级的矛盾,是整个资产阶级剥削整个工人阶级创造的剩余价值。马克思说:"根据以上所说可以得出结论,每一单个资本家,同每一个特殊生产部门的所有资本家总体一样,参与总资本对全体工人阶级的剥削,并参与决定这个剥削的程度,这不只是出于一般的阶级同情,而且也出于直接的经济利害关系。"③

第二,在资本主义社会,尽管资产阶级内部存在着矛盾,但是在从工人阶级身上榨取更多的剩余价值这一点上,他们有共同的利益。因此,在资本主义社会,工人阶级与资产阶级的矛盾是主要矛盾,而资产阶级内部的矛盾是次要矛盾。正如马克思所指出的:"资本家在他们的竞争中表现出彼此都是虚伪的兄弟,但面对着整个工人阶级却结成真正的共济会团体。"④

利润率趋向下降的规律

《资本论》第三卷第三篇主要论述利润的发展趋势。这一篇从第十三章开始

---

① 《资本论》第3卷,第186页。
② 同上书,第197—198页。
③ 同上书,第220页。
④ 同上书,第221页。

到第十五章结束,总共由三章组成。其中,第十三章讲利润率趋向下降规律本身的问题,第十四章讲阻碍利润率下降的各种因素,第十五章讲利润率趋向下降规律使资本主义各种内在矛盾进一步激化。

利润率下降的趋势是社会生产力发展在资本主义生产方式下的特有表现。这是因为:随着社会生产力的日益发展,资本有机构成呈现出不断提高的基本态势,可变资本同不变资本相比日益相对减少。结果在劳动剥削程度不变甚至提高时,剩余价值率就会表现为一个不断下降的一般利润率:"因此,一般利润率日益下降的趋势,只是劳动的社会生产力日益发展在资本主义生产方式下所特有的表现。"①

利润率是比例概念而利润量是规模概念,利润率下降并不排斥利润绝对量的增大。这是因为:利润率下降是由于可变资本相对减少,而不是绝对减少。所以,尽管利润率下降,但是资本所使用的劳动者人数,所推动的劳动量,所吸收的剩余劳动的绝对量,从而它所生产的剩余价值量,也就是它所生产的利润绝对量仍然可以增加。所以,马克思把利润率趋向下降的规律,又称为利润率下降和利润量同时增加的二重性规律。

在《资本论》第三卷,马克思为什么把一般利润率下降称为趋向下降的规律呢?这是因为:除了资本有机构成对利润率下降的推动作用之外,还有许多因素对利润率变化起着相互的作用,它们在某种程度上阻碍着利润率的下降。这些因素包括:

(1) 劳动剥削程度的提高,也就是剩余价值率的提高,可以缓和利润率的下降。

(2) 工资被压制到劳动力的价值以下,是阻碍利润率下降趋势的最显著的原因之一。

(3) 不变资本各要素变得便宜,可以减弱资本有机构成提高的速度,从而阻碍利润率的下降。

(4) 相对过剩人口的存在,一方面,可以使劳动力价值下降,从而阻碍利润率下降;另一方面,劳动力价值下降,可以使有些部门宁愿使用手工劳动而不使用机器,从而延缓资本有机构成的提高进程。

(5) 对外贸易,一方面会使不变资本的要素变得便宜,使可变资本转化成的必要生活资料变得便宜,从而具有提高利润率的作用;另一方面,它加速资本积累,也加速可变资本同不变资本相比的相对减少,从而加速利润率的下降。

(6) 股份资本提供给股东的不是平均利润,而是通常比平均利润小的股息。由于股份资本不参加利润的平均化过程,所以,股份资本的增加,可以阻碍平均利

---

① 《资本论》第3卷,第237页。

润率的下降。

马克思指出,阻碍利润率下降的各种因素,只能削弱利润率下降的作用,并不能取消利润率下降的基本趋势。"引起一般利润率下降的同一些原因,又会产生反作用,阻碍、延缓并且部分地抵消这种下降。这些原因不会取消这个规律,但是会减弱它的作用。"①

利润率趋向下降的规律,是在资本主义生产关系下生产力发展的一种表现形式。这个规律引起了资本主义社会一系列无法克服的矛盾。

第一,生产扩大与价值增殖之间的矛盾。资本家为了获得更多的利润,就要提高劳动生产率,扩大生产规模,而随着生产规模的扩大,资本有机构成的提高,又会引起利润率的下降。马克思指出:"手段——社会生产力的无条件的发展——不断地和现有资本的增殖这个有限的目的发生冲突。因此,如果说资本主义生产方式是发展物质生产力并且创造同这种生产力相适应的世界市场的历史手段,那么,它同时也是它的这个历史任务和同它相适应的社会生产关系之间的经常的矛盾。"②

第二,剩余价值生产和剩余价值实现的矛盾。资本主义的生产过程,实质上就是剩余价值的生产,但是,剩余价值生产出来后,由于劳动人民深受剥削,整个资本主义社会存在着资本和贫困的两重积累,这导致社会的消费力受到很大限制,由此商品和剩余价值生产出来之后不能完全实现。正如马克思所说的:"生产力越发展,它就越和消费关系的狭隘基础发生冲突。在这个充满矛盾的基础上,资本过剩和日益增加的人口过剩结合在一起是完全不矛盾的;因为在二者结合在一起的时候,所生产的剩余价值的量虽然会增加,但是生产剩余价值的条件和实现这个剩余价值的条件之间的矛盾,正好因此而日益增长。"③

第三,资本过剩和人口过剩的矛盾。在利润率下降的情况下,由于有些资本不可能用利润量的增加来补偿利润率下降的损失,因此,有些资本家就不愿意投资经营企业,这样就会出现资本过剩。但是,同时由于劳动生产率提高对就业岗位的增加会产生不利影响,特别是随着资本积累的加速,资本有机构成不断提高,相对人口过剩也不断增加,因此,在利润率趋向下降的规律作用下,资本主义经济一方面有大量的过剩资本,同时又有大量的过剩人口存在。

这些矛盾的激化就会出现资本主义周期性的经济危机。经济危机只能暂时克服这些矛盾,并使矛盾更加深刻和扩大。从经济危机的理论和实践中可以看出:在资本主义生产方式的限制下,社会生产力只能通过破坏既得的生产力来求自身的发展,这种资本的内在否定特征说明资本主义制度具有历史局限性、过渡性和暂

---

① 《资本论》第3卷,第266页。
② 同上书,第279页。
③ 同上书,第273页。

时性。

商业资本也是获取平均利润的

《资本论》第三卷第四篇通过对商业资本的研究,揭示了商业资本家怎样参与瓜分产业工人所创造的剩余价值。

商业资本家是以商业利润的形式来占有剩余价值的。商业资本按照等量资本获得等量利润的原则,参与利润平均化过程,并与产业资本家一样获得平均利润。这一篇由第十六章到第二十章总共五章组成。大体上包括三个部分:第一部分从第十六到第十八章,主要是分析商品经营资本,特别是集中研究了商业资本、商业利润和商业价格;第二部分是第十九章,重点分析了货币经营资本;第三部分是第二十章,重点分析商业资本发展的历史。

马克思在《资本论》第二卷研究产业资本的循环时曾经指出,产业资本在它的运动过程中,会顺次地采取货币资本、生产资本和商品资本这三种不同的形态,这三种形态也意味着资本需完成不同的职能。整个产业资本运动用公式表示就是:$G—W\cdots P\cdots W'—G'$。在第二卷的产业资本循环分析中,马克思假定产业资本循环的每一阶段,包括商品资本的实现阶段,即 $W'—G'$ 在内,都是由产业资本家自己来完成。但是,伴随着资本主义的发展,产业资本内部会出现分化和社会分工,一部分商品资本逐渐从产业资本的运动中分离出来,它们的职能固定地由一部分不从事生产活动而专营商品买卖的商业资本家来完成。这样,商品资本就转化成了商业资本。马克思写道:"只要处在流通过程中的资本的这种职能独立起来,成为一种特殊资本的特殊职能,并且固定下来,成为一种由分工给予特殊种类资本家的职能,商品资本就变为商品经营资本或商业资本。"[1]

关于商业资本的作用,马克思从三个角度进行了分析。

从商业资本的存在对产业资本来说,商业资本既可以为产业资本家节约流通资本,从而扩大生产规模,又可以使产业资本家节省销售时间,将更多的时间和精力用来管理生产。

从商业资本的存在对总资本来说,商业资本比产业资本亲自经营商业可以节约用在买卖上的资本;商业资本可以加速资本的周转速度,使商品资本可以更快地转化为货币资本;商业资本的一次周转,不仅可以代表一个生产部门内多数资本的周转,并且可以代表不同生产部门很多资本的周转。

商业资本本身不直接创造价值和剩余价值,但可以间接为产业资本家增加剩余价值。具体说来:(1)它可以通过流通时间的缩短,间接地帮助产业资本家增

---

[1] 《资本论》第3卷,第298页。

加剩余价值;(2)它可以帮助扩大市场,媒介产业资本家之间的分工,从而使产业资本扩大生产规模,提高劳动生产率,增加资本积累;(3)它可以缩短流通时间,减少流通资本,提高产业资本的利润率;(4)它可以通过流通资本的减少,增加生产资本,从而促使资本家雇佣更多的工人,加大资本对劳动剥削的范围。

商业资本的运动也需要获取商业利润,商业利润是从事买卖所占有的那部分剩余价值。商业利润的来源,是产业工人创造的剩余价值的一部分。

商业资本家也是按照等量资本获得等量利润的原则获得平均利润。商业利润是通过购买价格和出售价格的差额实现的,但是商人的出售价格会在购买价格以上。这不是因为他的出售价格是在总价值以上,而是因为他的购买价格是在总价值以下。

商业资本不生产剩余价值,但参加利润的平均化。商业资本参与利润率平均化导致了和产业资本相比,商业资本愈大,则产业利润率就愈小;考虑到商业资本的因素,则直接从事剥削的资本家的平均利润率比实际利润率更小。

从劳动的性质来看,商业劳动是必要劳动,但不增加价值。"这些活动所花费的劳动时间,是用在资本的再生产过程的必要活动上的,但它不会加进任何价值。"[①]

商业工人也是资本雇佣劳动者,这是因为:第一,商业劳动是商业资本预付可变资本购买的,商业资本家购买这种劳动是为了增殖;第二,他的劳动力价值即工资,是由生产和再生产劳动力费用决定的,而不是由他的劳动产品决定的。

商业工人的无酬劳动不创造剩余价值,但它会为商业资本家占有剩余价值。所以,商业工人的劳动对商业资本来说,仍然是利润的源泉。

商业劳动属于熟练劳动,有较高的工资,但随着资本主义的发展,工资有下降的趋势。这是因为:第一,商业内部的分工,劳动能力只需要有片面的发展;第二,科学和教育的发展,商业知识和语言知识的掌握等可以变得更迅速、更容易、更便宜。

(二) 利 息 理 论

《资本论》第三卷第五篇研究的对象是生息资本。第五篇的中心是分析借贷资本家如何获得利息的问题。实际上,马克思在这个部分涉及的问题很复杂,有生息资本、利息、利息率、信用制度、银行资本、股份资本、虚拟资本等,还有大量对资产阶级有关理论的批判。

这一篇从第二十一章到第三十六章,总共由十六章组成。大体上可分为五个

[①] 《资本论》第3卷,第323页。

部分：第一部分从第二十一到第二十四章，主要是从货币资本家与职能资本家的对立中分析借贷资本。第二部分从第二十五章到第二十八章，主要分析银行资本。第三部分从第二十九到第三十二章，主要分析货币资本与现实资本的联系和区别以及虚拟资本等问题。第四部分从第三十三章到第三十五章，主要分析信用制度与货币流通的关系。第五部分为第三十六章，主要论述生息资本的发展史。

《资本论》第三卷第五篇的概念很多，内容复杂，大体可分成四类：

生息资本及其各种表现形式

生息资本就是为获得利息而贷给别人使用的资本，它在历史上有两种具体形式：高利贷资本和借贷资本。

高利贷资本是以贷放货币或实物方式来获取高利的资本，它占有全部剩余产品，是历史上最早的资本形式之一。高利贷资本主要存在于前资本主义社会，但在资本主义社会仍然存在。马克思说，在资本主义社会，"高利贷本身不仅依然存在，而且在资本主义发达的国家，还摆脱了一切旧的立法对它的限制"①。

借贷资本是为获取利息而暂时贷给职能资本家使用的货币资本，以资本的所有权和使用权分离为特点。它所反映的是资本家对工人的剥削关系，以及借贷资本家和职能资本家之间瓜分剩余价值的关系。在资本主义社会，借贷资本主要通过银行资本进行运作。

银行资本就是进行银行业务带来平均利润的职能资本，意味着借贷资本出现了专门的、独立的组织和运行机构。银行资本的出现，可以认为是社会分工进一步深化的结果。"现代银行制度，一方面把一切闲置的货币准备金集中起来，并把它投入货币市场，从而剥夺了高利贷资本的垄断，另一方面，又建立信用货币，从而限制了贵金属本身的垄断。"②从资本来源角度看，银行所能支配的资本包括两部分：自有资本（小量）和借入资本（大量）。

在资本主义社会，由于信用事业的不断发展，结果使现实资本和货币资本出现了分离，在这种分离的基础上则产生了虚拟资本。

虚拟资本就是以有价证券形式存在并能给持有者带来一定收入的资本，如国库券、股票、汇票等。同厂房、机器等实际资本不同，虚拟资本在企业生产中不发挥作用，只是间接地反映实际资本的运动。虚拟资本本身不具有价值，但可以在证券交易所等机构中进行买卖。证券持有者可根据票面价值领取股息，从而占有剩余价值。随着资本主义的发展，利息率有下降趋势，证券价格则有上涨趋势。由于有价证

---

① 《资本论》第3卷，第678页。
② 同上书，第682页。

券的涨价,股份企业和公债数量的增加,虚拟资本的增长大大快于实际资本的增长。

利息与利息率

什么叫利息？一般来说,利息是指企业或居民因借款而支付给贷款者的报酬。在前资本主义社会,高利贷所获利息不仅包括生产者的剩余劳动,甚至占有部分必要劳动。在资本主义社会,利息是职能资本家因借用货币资本,而以报酬形式支付给借贷资本家或银行的一部分平均利润,其来源是产业工人在生产中创造的剩余价值的一部分。马克思说:"高利贷者的利息会占有全部剩余价值,而现代的利息,至少是正常的利息,只是这个剩余价值的一部分。"①

平均利润减去利息就是企业主收入,也就是产业利润和商业利润的总和。只要平均利润的一部分采取利息的形式,它的另一部分就转化为企业主收入。

利息率就是利息量和贷出的货币资本的比率,利息率的最高限不能超过平均利润率,最低不能等于零。在平均利润率一定的情况下,利息率则取决于借贷资本的供求关系,供不应求,利息率就提高;供过于求,利息率就降低。在资本主义社会,由于利润率趋向下降规律的作用,利息率从长期来看也有一个下降的趋势。"因为我们已经知道,利润率的高低和资本主义生产的发展成反比,所以由此可以得出结论,如果利息率的差别实际上表示利润率的差别,一个国家利息率的高低就同样会和产业发展的水平成反比。"②

股份公司与股票

股份公司是一种合资经营的企业,它通过在证券市场上出卖股票来筹集资金。股份公司实际上是大资本控制和利用中小资本的形式,是实现资本集中的工具。股份公司的发展,表明资本家可以在更大范围内实现资本积累,即动用社会力量实现扩大再生产。从某种意义上看,股份公司的发展意味着资本来源的多样性以及股权的分散化。"在股份公司内,职能已经同资本所有权相分离,因而劳动也已经完全同生产资料的所有权和剩余劳动的所有权相分离。资本主义生产极度发展的这个结果,是资本再转化为生产者的财产所必需的过渡点,不过这种财产不再是各个互相分离的生产者的私有财产,而是联合起来的生产者的财产,即直接的社会财产。另一方面,这是所有那些直到今天还和资本所有权结合在一起的再生产过程中的职能转化为联合起来的生产者的单纯职能,转化为社会职能的过渡点。"③

股票是获取股息的凭证,持有股票的人,就成为企业的股东,而股票则成为现

---

① 《资本论》第3卷,第673页。
② 同上书,第403页。
③ 同上书,第494页。

实资本的代表。马克思说:"铁路、采矿、轮船等公司的股票是代表现实资本,也就是代表在这些企业中投入的并执行职能的资本,或者说,代表股东预付的,以便在这些企业中作为资本来用的货币额。"[①]

股息是股票持有者凭股票获得的收入,与利息相同,股息也是剩余价值的一部分,其在数量上一般小于平均利润。

与企业获取银行资本不同,股票代表的是投资者的所有权资本。股东可以凭股票领取股息,也可以在证券交易所进行股票交易,但不能把股票退还给公司。如果股票持有者想把资本收回,他只能按一定价格把股票转让给别人,这种价格就叫作股票价格。股票价格和股票面值是两个不同的量。股票不是按照面面值出卖的,而是当作资本化的收入出卖,把股票当作资本化收入就产生了股票价格。用公式表示就是:股票价格=$\dfrac{股息}{利息率}$,这就是说,股票价格应该等于这样一笔货币资本,这笔货币资本存到银行所得到的利息,恰恰和根据股票所能领取的股息相等。只要股息和利息相同,那么对于股票持有者而言,其股票价格就"等于"存入银行并可获得利息的货币资本规模。一般说来,由于存在着对未来企业成长性的预期,股票价格往往大于股票面值,所以股票也是虚拟资本。

资本主义的信用及其作用

资本主义的信用就是借贷资本的运动形式。和其他资本形态一样,借贷资本也是经常处于运动的状态中,它不断地由资本的所有者贷放给资本的使用者,然后又由资本的使用者归还给资本的所有者。借贷资本的这种运动就是资本主义信用。

资本主义信用主要可以区分为商业信用和银行信用两种。

商业信用是指职能资本家之间,用赊账方式买卖商品时彼此提供的信用。商业信用是整个资本主义信用制度的基础,但是商业信用有一定的局限性,它受到职能资本家的资本数量、资本归流和商品流转方向等诸多因素的限制。资本主义的现实经济活动要求打破这个限制,因此,在商业信用的基础上产生了银行信用。

银行信用是银行或货币资本家,以贷款方式向职能资本家提供的信用。这种信用主要是由银行来办理,银行是专业化从事吸收存款、发放贷款业务的机构。银行信用不受个别资本数量和资本归流的限制,也不受商品流转方向的限制。因此,银行信用可以在更大程度上满足资本主义扩大再生产的需要,满足资本家在营业上进行投资投机的需要。银行信用业务主要有:

期票贴现,就是用现款买进没有到期的期票。

[①] 《资本论》第3卷,第529页。

抵押贷款,就是以商品、提货单、期票、有价证券和不动产等进行抵押,以此形成各种活期的或定期的贷款。

长期投资,是指银行以购买股票的方式向各种企业进行的投资。

信用在资本主义社会中具有双重作用。一方面,它促进了资本主义的发展,无论是商业信用还是银行信用,均可以促进商品和要素在不同企业、部门、地区和时期的再配置,这对于资本主义的扩大再生产和经营效率提高是具有积极作用的;另一方面,它又加剧了资本主义生产的内在矛盾,并使消灭资本主义的各种物质条件更加成熟。马克思说:"信用制度加速了生产力的物质上的发展和世界市场的形成;使这二者作为新生产形式的物质基础发展到一定的高度,是资本主义生产方式的历史使命。同时,信用加速了这种矛盾的暴力的爆发,即危机,因而加强了旧生产方式解体的各种要素。"①

商业信用和银行信用怎样促进资本主义的生产发展呢?首先,信用能够迅速把资本由一个部门转到另一个部门,从而促成资本的再分配和利润率的平均化。其次,信用可以节省各种流通费用,提高企业的利润率水平。再次,信用可以促进资本的集中,加速资本的积聚并推动企业的扩大再生产。

商业信用和银行信用又怎样促进资本主义基本矛盾的发展呢?首先,信用加剧资本主义所固有的生产与消费的矛盾,导致财富的积累和贫困的积累更趋严重。其次,信用使资本主义生产各部门之间的不平衡发展加剧。再次,信用可以造成对商品的虚假要求,掩盖客观已经存在的生产过剩,使资本主义生产脱离有支付能力的需求而盲目发展。其结果是,在短期内资本主义的经济危机发生的可能性下降了,但当生产相对过剩的程度超过信用能够支撑的程度时,资本主义的经济危机会在更大范围内、以更为严重的程度爆发出来。

随着资本主义的发展,信用制度也大力发展,除了传统的商业信用和银行信用之外,还出现了消费信用、国家信用等。在社会演变进程中,信用制度还是资本主义向社会主义过渡的有力杠杆。"在由资本主义的生产方式向联合起来劳动的生产方式过渡时,信用制度会作为有力的杠杆发生作用;但是,它仅仅是和生产方式本身的其他重大的有机变革相联系的一个要素。"②

(三)地 租 理 论

马克思《资本论》第三卷第六篇,主要研究资本主义地租,也就是超额利润转

---

① 《资本论》第3卷,第499页。
② 同上书,第686页。

化的地租。中心是回答在资本主义社会里,土地所有者如何参与分配剩余价值的问题。

这一篇从第三十七章到四十七章,总共由十一章组成。大体可分为四个部分:第一部分是第三十七章,主要说明资本主义地租产生的前提和一般的原理;第二部分从第三十八章到第四十四章,一共有七章,其主要内容是分析级差地租;第三部分是第四十五章和第四十六章,这两章主要内容是分析绝对地租;最后,第四部分是第四十七章,主要分析资本主义以前的地租和资本主义地租产生的历史。

资本主义土地所有制与资本主义地租

地租是土地所有权的经济形式,一切形式的地租都是以土地所有权的存在为前提的。不同的土地所有制或土地所有权,会产生不同形式的地租。

什么叫土地所有权呢?土地所有权是土地所有者对土地的垄断。"土地所有权的前提是,一些人垄断一定量的土地,把它作为排斥其他一切人的,只服从自己个人意志的领域。"[1]

土地所有权是一个历史的概念,在原始社会、奴隶社会和封建社会,均存在不同的土地所有权。那么,资本主义土地所有权是怎样形成的呢?

我们知道,资本主义生产方式的前提是:一方面,在破坏封建土地所有权的基础上,把直接生产者从土地的单纯附属物的地位解放出来;另一方面,又在消灭个体农民经济的基础上,把广大农民的生产资料尤其是土地剥夺掉。从这个意义上说,"土地所有权的垄断是资本主义生产方式的历史前提,并且始终是它的基础"[2]。所以,资本主义生产方式的建立,并没有废除土地所有权,而是改造了原有的土地所有权,建立起适合于资本主义生产方式的新型土地所有权。这种新的资本主义土地所有权,主要是从封建地主的土地所有权和个体农民的土地所有权转变而来的。

与此前的土地所有权相区别,资本主义土地所有权的基本特征是:土地所有权已经不再有人身的依附和超经济的强制,而成为纯粹的经济形式,即能够取得一定货币收入的形式。也就是说,它使土地所有权从统治和从属的关系下完全解放出来,且土地的经营同土地所有权和土地所有者完全分离。土地所有者拥有土地所有权,但未必直接进行土地经营,他可以依据对土地所有权的垄断获取经济收入。"土地对土地所有者来说只代表一定的货币税,这是他凭他的垄断权,从产业资本家即租地农场主那里征收来的。"[3]

---

[1] 《资本论》第3卷,第695页。
[2] 同上书,第696页。
[3] 同上书,第697页。

相对于以前的土地所有权来说,资本主义生产方式发展在土地要素配置关系上的重大结果是:一方面,新的土地所有权使农业摆脱分散落后的经营方式,而采用社会化的科学的方法来经营,从而使农业经营专业化和规模化,但是这种进步是以直接生产者的赤贫为代价而取得的;另一方面,资本主义生产方式又把土地所有权还原为不合理的东西。它不仅不能消灭私有制的土地所有权,反而通过土地所有权和土地经营权的分离,使土地集中垄断在不劳而获过着寄生生活的大土地所有者手里,从而又严重阻碍和破坏社会生产力的进一步发展。

在资本主义制度下,实际耕种土地的人,是受农业资本家雇佣的农业工人。而农业资本家只是把农业当作资本的一个特殊投资领域,农业资本家为了取得进行剥削的条件,向土地所有者租赁一定数量的土地,并且按照契约的规定向土地所有者支付一个货币额。在这里,土地所有者是依据对土地所有权的垄断而获取货币额的。这个货币额,不管是农业资本家向耕地、建筑地段支付,还是向矿山、渔场、森林等支付,都称为地租。所以,"地租是土地所有权在经济上借以实现即增殖价值的形式"[①]。地租涉及土地所有者、农业资本家和农业工人之间的经济关系,因此,与利息、股息等概念相类似,资本主义地租的实质也是剩余价值。

作为资本主义地租,它体现着资本主义社会三大阶级——雇佣工人、农业资本家和土地所有者之间的对立。农业资本家从雇佣劳动者身上榨取剩余价值,土地所有者则凭借土地所有权,从农业资本家手里瓜分到平均利润以上的超额利润,即地租。

农业资本家付给土地所有者的地租,往往不是真正的地租,而是租金。真正的地租和租金是有区别的。真正的地租是为了使用土地本身而支付的货币额,或称狭义地租。租金则是指农业资本家为了取得经营土地权向土地所有者支付的全部货币额,或称广义地租。从量的角度看,租金除了包括真正的地租之外,还包括不是纯粹为土地本身而支付的项目,例如,土地固定资本的折旧费和利息、农业资本家平均利润的一部分、农业工人的一部分等。由于租金包含了除地租之外更为宽泛的内容,因此,租金一般高于真正的地租水平。

级差地租

地租可分为级差地租和绝对地租。级差地租是由农业经营者对自然力的垄断,使农产品的个别生产价格低于投入该生产部门资本的一般生产价格,所获得的超额利润转化而来的。这种超额利润产生的条件,是土地的资本主义经营的垄断,而土地的私有权则把这种超额利润转化为土地所有者的级差地租。

[①] 《资本论》第3卷,第698页。

概括起来,级差地租主要有以下一些特征:

第一,级差地租不参加商品的一般生产价格的形成,而是以一般生产价格为前提。级差地租的产生,是由于支配着一种垄断的自然力的个别资本的个别生产价格,和投入生产部门的一般资本的一般生产价格之间存在差额。

第二,级差地租不是产生于所用资本或它所占劳动的生产力的绝对增加,而是由于一定的个别资本,同别的投资相比,相对来说具有较高的生产率。

第三,级差地租是超额利润转化而来的,但自然力不是超额利润产生的源泉,而只是超额利润的一种自然基础,因为它是特别高的劳动生产力的自然基础。

第四,土地所有权对于剩余价值的创造没有任何关系。所以,土地所有权不是超额利润产生的原因,而是使超额利润转化为地租形式并被土地所有者占有的原因。

第五,土地所有权使超额利润转化为地租,地租又产生了土地价格这个不合理的表现。土地和一切自然力一样,都不是劳动的产品,没有价值也没有价格。土地价格不外是资本化的地租。

级差地租可以分为:级差地租的第一形式,简称为级差地租Ⅰ;级差地租的第二形式,简称为级差地租Ⅱ。级差地租Ⅰ是等量资本在等面积的各级土地上使用时所产生的不同结果,这些不同的结果,是由两个和资本无关的原因造成的:一是土地的肥力;二是土地的位置。如果等量资本不是投在不同土地上,而是连续投在同一土地上而产生不等的生产率,由生产率低的资本所生产的农产品的个别生产价格决定市场价格,从而生产率高的资本就会产生一个超额利润,这个超额利润转化为级差地租,这就是级差地租Ⅱ。

绝对地租

绝对地租,也就是由土地所有权本身产生的地租。只要土地所有权存在,农业资本家就得支付绝对地租。"租地农场主不支付地租就能按普遍利润来增殖他的资本这一事实,对土地所有者来说,决不是把土地白白租给租地农场主并如此慈善地给这位营业伙伴以无息信贷的理由。这样一个前提,意味着土地所有权的取消,土地所有权的废除。而土地所有权的存在,正好是对投资的一个限制,正好是对资本在土地上任意增殖的一个限制。"[1]所以,土地所有权的垄断,是地租理论的前提。在级差地租的情况下,如果没有这种垄断,农业资本家的超额利润就不会转化为地租。

土地所有权的垄断同样会导致绝对地租,但是,除了土地所有权垄断之外,绝

---

[1] 《资本论》第3卷,第846页。

对地租的产生是由于农业的资本有机构成低于社会平均资本构成,使得农产品的价值高于它的生产价格,由此产生一个超过额而成为农业的超额利润。这个超额利润转化为地租,是由于土地所有权的垄断限制着这个超额利润的平均化,使它固定地保留在农业之中,成为土地所有者的收入。如果农业资本的平均构成等于或高于社会平均资本的构成,那么,上述意义上的绝对地租就会消失。但是,绝对地租依然存在。在这种情况下,绝对地租来自农产品价格高于价值的垄断价格。"而这种地租在各种情况下,只能来自市场价格超过价值和生产价格的余额,简单地说,只能来自产品的垄断价格。"[①]

与级差地租相同,绝对地租的本质仍是剩余价值的一部分。马克思说:"绝对地租的本质在于:不同生产部门的各等量资本,在剩余价值率相等或劳动的剥削程度相等时,会按它们的不同的平均构成,生产出不等量的剩余价值。"[②]同时,由于土地所有权的垄断特征,"这样,地租就成了商品价值的一部分,更确切地说,成了商品剩余价值的一部分,不过它不是落入从工人那里把它榨取出来的资本家手中,而是落入从资本家那里把它榨取出来的土地所有者的手中"[③]。同时,在正常条件下,绝对地租也只能是微小的。随着资本主义发展,绝对地租还有逐步缩小甚至消灭的趋势。

级差地租和绝对地租既有联系,也有区别:第一,它们的本质一样,都是超额利润转化而来的,实质上都是工人劳动所创造的剩余价值的一部分。第二,它们的形成不同,绝对地租是由于农业资本构成低于社会资本平均构成,从而农产品价值大于生产价格,产生超额利润,并且由于土地所有权的垄断而转化为地租的;级差地租则是由于投在土地上的等量资本具有不同生产率,使农产品的个别生产价格和社会生产价格产生差额,产生超额利润,并因土地的资本主义经营垄断而形成的。第三,它们都与土地所有权有关系,在绝对地租场合是土地所有权直接产生地租;但在级差地租场合,土地所有权不直接产生地租,而是把超额利润从农业资本家手里转到土地所有者手里的原因。第四,它们的范围有差别,绝对地租是任何等级的土地都要支付的,而级差地租不是所有土地都要支付的。一般说来,最坏的土地不需要交级差地租,但需要支付绝对地租,严格说来,最坏的土地不支付级差地租Ⅰ,级差地租Ⅱ还是要支付的。

资本主义地租和封建地租的区别

《资本论》第六篇研究的地租,不是封建地租,而是资本主义地租,是超额利润

[①] 《资本论》第3卷,第863页。
[②] 同上书,第869页。
[③] 同上书,第870页。

转化的地租。从历史的角度看,资本主义地租和封建地租是有很大区别的。这主要表现在:

第一,两种地租反映的阶级关系不一样。封建地租体现了封建地主与农民两个阶级的关系,它反映出封建地主剥削农民的经济关系。资本主义地租则体现了资本主义社会土地所有者、农业资本家和农业工人三大阶级的关系,土地所有者和农业资本家是剥削阶级,农业工人是被剥削阶级。同时,土地所有者和农业资本家在怎样瓜分工人创造的剩余价值问题上也有矛盾和斗争。

第二,两种地租体现的剥削程度不一样。封建地租剥削的是农民的全部剩余劳动或全部剩余产品,其原因在于封建社会的农民往往对地主有人身的依赖关系。资本主义地租剥削的是工人所创造的剩余价值的一部分,而不是全部。它是超过平均利润的那一部分剩余价值,或叫超额利润,农业资本家在资本主义生产方式下获得了与其他产业大致相同的平均利润。

第三,封建地租是封建社会占统治地位的剥削形式,这主要是因为在封建社会,农业生产在整个经济社会发展中占主体地位。而资本主义地租不是资本主义社会占统治地位的剥削形式,特别是,资本主义发展与工业革命紧密相关,工业革命导致资本主义经济的社会分工不断演化,农业生产在整个国民经济中的重要性在相对下降。这样,资本主义社会占统治地位的剥削形式是剩余价值,而不是地租。

(四)《资本论》第三卷与社会主义经济

《资本论》第三卷中有许多重要原理,对于理解当代资本主义具有重要的作用。例如:第三卷在论述商品价值向生产价格的转形时,提出了利润率平均化趋势以及一般利润率趋于下降的规律。国内外学者对该规律进行了广泛的研究并运用于对当代资本主义经济发展的分析[①]。所有这些研究成果表明,马克思的一般利润率趋于下降规律的理论对于解释资本主义的技术创新、金融化、资本垄断、资本输出和殖民主义、金融危机等所有重大经济现象,都具有无可替代的解释力[②]。从社会主义经济发展的角度看,《资本论》第三卷的许多理论观点是值得重视的,这些理论观点中有些对社会主义经济有直接指导意义,有些仍然适用,还有许多原理对社会主义经济有借鉴作用。

---

① 谢富胜、李安、朱安东:《马克思主义经济危机理论和1975—2008年美国经济的利润率》,《中国社会科学》2010年第5期。
② 邱海平:《〈21世纪资本论〉书评——兼论皮凯蒂对马克思理论的一个误读》,《山东社会科学》2015年第6期。

社会主义必须有积累

在《资本论》第三卷中,马克思对社会主义或共产主义许多经济规律和经济范畴有直接提示或科学预见,这些对社会主义经济有直接指导意义。例如,马克思在《资本论》第三卷中指出:社会主义社会,为了扩大再生产,为了应付意外事故,为了养活由于年龄关系还不能参加生产或者已不能参加生产的人,必须有剩余劳动,必须有积累。马克思说,保险基金"这也是在剩余价值、剩余产品、从而剩余劳动中,除了用来积累,即用来扩大再生产过程的部分以外,甚至在资本主义生产方式消灭之后,也必须继续存在的唯一部分。当然,这要有一个前提,这是通常由直接生产者消费的部门,不再限于它目前的最低水平。除了为那些由于年龄关系还不能参加生产或者已不能参加生产的人而从事的剩余劳动以外,一切为养活不劳动的人而从事的劳动都会消失"①。

积累是扩大再生产的主要源泉。有了积累,才能从事基本建设,新建或扩建更多的生产事业,才能采用先进的科学技术装备国民经济各部门,才能生产出日益丰富的产品满足社会需要。社会主义经济发展的规模的大小和速度的快慢,在很大程度上取决于积累资金的数量和积累运用得是否得当。所以,尽可能多地增加社会主义积累,并且正确地加以运用,这是发展社会主义经济、实现国民经济持续协调发展的一个重要因素。马克思在《资本论》第三卷中还指出:"只有在生产受到社会实际的预定的控制的地方,社会才会在用来生产某种物品的社会劳动时间的数量,和要由这种物品来满足的社会需要的规模之间,建立起联系。"②马克思还说过:"要做到生产资料只按生产本身的需要来消耗,这部分地取决于工人的训练和教育,部分地取决于资本家强加给结合工人的纪律。这种纪律在工人为自己的利益而劳动的社会状态中是多余的。"③这些论断强调了社会主义经济中,商品生产和需求之间的匹配的重要性,以及劳动者的教育和训练对社会主义生产和供求对接的作用,这些对于促进社会主义国家、特别是中国在社会主义初级阶段的经济发展无疑具有重要的指导价值。

社会主义仍然要提高劳动生产力和坚持以农业为基础

马克思在《资本论》第三卷中还揭示了一些人类社会普遍适用的经济规律。这些规律对社会主义经济也是适用的。例如,关于劳动生产率增长是社会发展的一般经济规律,恩格斯指出:劳动生产率的提高正是在于"活劳动的份额减少,过

---

① 《资本论》第3卷,第958页。
② 同上书,第209页。
③ 同上书,第99页。

去劳动的份额增加,但结果是商品中包含的劳动总量减少……因此,加入商品的劳动总量的这种减少,好像是劳动生产力提高的主要标志,无论在什么社会条件下进行生产都一样。在生产者按照预定计划调节生产的社会中,甚至在简单的商品生产中,劳动生产率也无条件地要按照这个标准来衡量"①。这就是说,任何社会都有个提高劳动生产率的问题。而且,劳动生产率的提高,都是意味着劳动总量的节约,意味着以较少的劳动消耗生产更多的社会产品。劳动生产率的提高,在人类社会发展的历史中起着极其重要的作用,在社会主义社会具有更加重要的意义。对于我国的社会主义经济发展而言,一个重要的工作就是在提高要素市场化的进程中,强化对劳动者的教育、培训以及不同领域之间的流动,并注重采用技术创新、组织创新等方法,以此提高劳动生产率、资源配置效率以及国民经济发展的可持续性。

除了强调劳动生产率提高的重要性之外,马克思在《资本论》第三卷也明确提出:农业是国民经济的基础,这也是人类社会一切历史时期都发生作用的经济规律。马克思指出:"超过劳动者个人需要的农业劳动生产率,是一切社会的基础。"②农业是国民经济的基础,因为农业是提供人们衣食的主要来源,是人类生存和一切生产的先决条件,农业劳动生产率的提高,是国民经济各部门得以存在和发展的基础。马克思指出的"农业是国民经济的基础"这一人类社会普遍适用的经济规律,在社会主义社会更加明显。农业也是我国国民经济发展的基础,只要农业生产率提高了,经济领域中的其他事情就比较容易得到解决。

正是基于农业在国民经济发展中的基础地位,新中国成立之后,尤其是改革开放以来,我国将农业发展、城乡一体化和推动城乡二元结构转化放在重要战略位置。事实上,从1982年到1987年,中共中央连续五年发布了以农业、农民、农村为主题的"1号文件",从2004年到2017年,中共中央又连续14年发布了以农业发展、农业现代化和农村经济社会进步为主题的"1号文件"。2008年10月,中国共产党第十七届三中全会通过了《中共中央关于推进农村改革发展若干重大问题的决定》,该决定明确提出"我国总体上已进入以工促农、以城带乡的发展阶段,进入加快改造传统农业、走中国特色农业现代化道路的关键时刻,进入着力破除城乡二元结构、形成城乡经济社会发展一体化新格局的重要时期"。现阶段我国正处在切实推动供给侧结构性改革的重要时期,这也需要充分利用市场机制和政府经济职能两个力量,破解影响农业发展、农民增收和农村进步的体制机制问题,深入推进农村土地制度、金融制度、户籍制度和社会保障制度改革。在工业化、城市化、信息

---

① 《资本论》第3卷,第290—291页。
② 同上书,第885页。

化和农业现代化同步发展的背景下实现城乡经济社会协调发展，以此为我国实现更为协调、更可持续、更具包容性的经济发展提供坚实基础。

社会主义也要重视价格、利润、利息、银行的杠杆作用

在《资本论》第三卷中，马克思所阐明的许多原理，除去它的资本主义性质和形式，对研究我国社会主义建设中的许多重大经济问题，都具有巨大的理论意义和实际意义。例如：第一篇和第二篇关于利润、平均利润和生产价格的理论，对于研究社会主义的利润和社会主义价格的形成理论有重要指导意义；第二篇和第六篇有关价格、价值的理论，不仅对第一卷劳动价值理论有重大发挥和补充，而且对于研究社会主义社会的价值规律也有重要意义；第四篇关于商业资本和商业利润等的论述，对于社会主义如何搞好商业、商品流通和正确对待商业劳动也是有启示作用的。目前我国处于社会主义市场经济的新时期，各类生产要素的流动性还有待增强，要素的配置效率也存在极大的改进空间。《资本论》第三卷中关于平均利润和生产价格的形成理论，如果抛开其资本主义性质，则对于我国资本以及其他生产要素在不同部门、不同行业、不同区域之间流动，实现优化配置还是有相当的借鉴意义的。

第五篇生息资本和利息的理论，对于社会主义社会如何重视银行的作用，学会运用利息等经济杠杆也是有益的，特别是现阶段我国在供给侧结构性改革的背景下，面临着资本配置中脱离实体经济、流向虚拟经济的重大挑战。事实上，从马克思的生息资本理论出发，生息资本的运动是围绕产业资本运动而展开的，生息资本运动对产业资本运动存在着"两次支出"和"两次回流"，由此可见，过度虚拟化会对整体国民经济的持续协调发展产生重要影响。我国的供给侧结构性改革必须高度重视实体经济和虚拟经济之间的关系，通过金融体制改革来形成多层次的资本市场，疏通货币传导机制，促使金融资本为实体经济发展提供服务。

社会主义经济应关注地租和经济危机理论的借鉴作用

马克思《资本论》第三卷第六篇关于地租的理论，对于研究社会主义社会是否存在级差地租和绝对地租，对于研究社会主义国家土地资源的最优配置，对于农业和农村经济的政策制订都有重要的借鉴作用。值得强调的是，马克思《资本论》第三卷中对级差地租和绝对地租的讨论与中国现阶段的农村土地利用状况存在着差异，不能将马克思的地租理论直接套用到中国农地制度研究中。这是因为：马克思的地租理论是以土地的私人垄断为前提的，且地租形成于土地所有者、农业资本家和农业工人三大群体之间，无论是级差地租还是绝对地租，其在本质上均是农业工人创造但被农业资本家交付给土地所有者的超过平均利润的部分。然而，现阶

段我国农村土地是集体所有制,在特定的农村社区中,农民以集体的方式拥有土地所有权,同时以家庭为单位拥有土地承包经营权。在农村剩余劳动力非农化流转的背景下,农民可以在承包土地之后自行耕种土地,从而同时拥有承包权和经营权,也可以在承包土地之后进行土地流转,从而拥有承包权而转出经营权,在土地承包经营权流转过程中,土地的集体所有制性质、土地的农业用途等不能发生改变。这意味着:现阶段我国不存在土地所有者、农业资本家和农业工人的分离,农户之间的土地流转费用不是级差地租和绝对地租,而是土地流入者为取得某个时段的土地经营权而向土地承包者支付的经济报酬。

马克思《资本论》第三卷还论证了资本主义的经济危机理论。从逻辑上看,国民经济的正常运行(以及社会再生产)有赖于一系列均衡条件、比例关系和连续性条件的满足,而经济危机和经济衰退则可被视为这些条件遭到破坏后的强制性恢复过程,针对这些条件被破坏的成因以及化解方案认识的不同,可以形成不同的经济危机理论。与其他的经济危机理论相区别,马克思是从市场经济一般特征和资本主义内生制度两者的"交互"作用中阐释经济危机的发生机理[①]。市场经济中的社会分工和商品交换体现了危机发生的一般性和可能性,而资本主义经济中的生产资料所有制和分配制度则体现了危机发生的特殊性和现实性。从这个逻辑出发,我国目前实行社会主义市场经济,同时也参与到了全球化的分工体系中,因此也存在经济危机的可能,将经济危机视为资本主义的"专利品"是不正确的,应该在资本主义和市场经济之间做出明确区分。相应地,在中国这样实行社会主义市场经济的国家,"依据这个体系建构的经济危机克服和应对方法,不是要取消市场经济,而是要尽力消除导致经济危机的资本主义因素,即少数人对生产资料和剩余价值的独占"[②]。从这个意义上看,我国在深化经济体制改革中,一方面要促使市场在资源配置中发挥决定性作用,尤其是要切实提高土地、劳动、资本等领域的市场化程度,这体现了对市场经济资源配置优化功能的强调;另一方面要更好发挥政府作用,尤其是要提高政府的公共产品供给功能以及对经济进行宏观调控的能力,这体现出对经济危机资本主义因素的消除。在中国,只要能够全面持续地深化体制改革,社会主义和市场经济是可以兼容的,社会主义市场经济对资本主义式的经济危机也是可以防范和规避的。

[①] 高帆:《马克思的经济危机理论:本源、拓展及当代意蕴》,复旦大学出版社2014年版,第29页。
[②] 袁小革:《论〈资本论〉的经济危机理论体系——兼论社会主义和市场经济的兼容性》,《经济学动态》2013年第9期。

九、《资本论》第四卷主要内容

> 我执行历史的裁判,给每个人以应得的奖励。
>
> ——马克思①
>
> 所有经济学家都犯了一个错误:他们不是就剩余价值的纯粹形式,不是就剩余价值本身,而是就利润和地租这些特殊形式来考察剩余价值。由此必然会产生哪些理论谬误,这将在第三章中得到更充分的揭示,那里要分析以利润形式出现的剩余价值所采取的完全转化了的形式。
>
> ——马克思:《资本论》第四卷第一册"总的评论"②

《资本论》第四卷题名《剩余价值理论》,又译为《剩余价值学说史》。马克思所建立起来的《资本论》这座宏伟的理论大厦,是以对剩余价值理论的历史批判而最后落成的。没有《剩余价值学说史》这样的一个组成部分,《资本论》就不是一个完整的理论体系,马克思主义政治经济学的这个大厦就不能算是最后建成了。所以,《剩余价值理论》作为《资本论》第四卷,标志着《资本论》这座宏伟的理论大厦的最终落成。

《剩余价值理论》是整个政治经济学理论演变史上的革命性论著。马克思在这卷巨著中,紧紧围绕政治经济学理论的核心问题——剩余价值理论,对资产阶级各派经济理论进行了系统的、历史的分析和批判。如果说《资本论》前三卷在政治经济学中完成了革命变革,那么,《资本论》第四卷则在政治经济学史中完成了革命变革。

马克思在《剩余价值理论》中,除了梳理和批判资产阶级的经济学说,还进一

---

① 引自《回忆马克思恩格斯》,第11页。
② 《资本论》第4卷(Ⅰ),第7页。

步阐述了自己关于政治经济学的许多重要原理。在这个意义上,《剩余价值理论》是对《资本论》前三卷理论部分的重要补充。

《剩余价值理论》共分三册,其中,第一册评述李嘉图以前的经济学家;第二册评述李嘉图的经济学说;第三册评述李嘉图以后的经济学家。

(一)《剩余价值理论》第一册梗概

《资本论》第四卷第一册的内容是评述李嘉图以前的政治经济学,主要是评述重农学派与亚当·斯密的经济学说。

货币主义和重商主义体系的合理表达者

《剩余价值理论》第一册由"总的评论"、第一章至第七章和一个附录组成。

《剩余价值理论》第一册开头是一个篇幅不长的"总的评论",也就是在这一章的开头,我们作为题词所引用的那段话。在这个"总的评论"中,马克思指出:所有的资产阶级经济学家都有一个错误,即他们不是研究剩余价值本身,而只是研究剩余价值的特殊形式——利润和地租等,由此就产生了一系列理论的谬误,其理论对资本主义生产方式就缺乏解释力和说服力。可以说,这个"总的评论"是《剩余价值理论》全书的序言,也为全书分析批判资产阶级的经济学说提供了思想基础。

《剩余价值理论》第一册第一章先简要地评论晚期的重商主义者——英国资产阶级经济学家詹姆斯·斯图亚特(1712—1780)。马克思对斯图亚特经济学说的分析说明,即使这位"货币主义和重商主义体系的合理表达者"[1],仍然认为利润来源于流通领域,而不是生产领域。所以,重商主义者根本不可能说明剩余价值的来源。

最早把剩余价值的起源问题从流通领域转入生产领域的是重农学派。所以,马克思在第二章就开始分析重农学派的经济理论。从第五章到第七章又通过对法国经济学家、重农主义者奈克尔(1732—1804)、兰盖(1736—1794)、魁奈(1694—1774)经济观点的评价,对第二章所分析的重农学派主要理论作了重要补充。

最早对资本作系统解释的学派——重农学派

马克思在《资本论》第四卷《剩余价值理论》第一册,用很长的篇幅分析了重农学派。所谓重农学派,就是认为农业是国民经济唯一的生产部门,农业劳动是唯一生产劳动的一种经济理论。它出现于18世纪50年代至70年代。

---

[1] 《资本论》第4卷(Ⅰ),第13页。

重农学派最主要的代表是法国人弗朗斯瓦·魁奈(1694—1774),他原来是个医生,发表了许多极有价值的医学著作,从60岁开始才研究经济问题,因发表《经济表》这部经济学著作而闻名。

魁奈作为具有医学专业知识的经济学家,受到人体血液循环知识的启发,通过《经济表》对资本的再生产过程作了最初的研究尝试。马克思对魁奈的《经济表》给予了很高的评价,他称赞《经济表》是"一个极有天才的思想,毫无疑问是政治经济学至今所提出的一切思想中最有天才的思想。"①

重农学派的主要代表是魁奈,而把重农学派体系发展到最高峰的是安·罗伯特·雅克·杜尔哥。杜尔哥生于1727年,死于1781年,他是法国经济学家,并曾于1744—1776年任法国财政总稽核。马克思在《资本论》第四卷第一册第二章详细地考察了杜尔哥的经济观点,指出杜尔哥对重农学派理论有进一步发展。例如,重农学派一般把社会分为三大阶级:租地农场主、土地所有者、"不生产阶级"。杜尔哥对社会的阶级划分作了重要补充,他在三大阶级的基础上又划分出工人和资本家,把农业中创造的收入又分解为归雇佣劳动者所得的工资和土地所有者所获得的利润。马克思指出:"因此,我们看到,重农学派在农业劳动范围内是正确地理解剩余价值的,他们把剩余价值看成雇佣劳动者的劳动产品,虽然对于这种劳动本身,他们又是从表现为使用价值的具体形式来考察的。"②

马克思认为重农学派主要有两大功绩:一是重农学派把剩余价值起源的研究从流通领域转到生产领域,这种转向为科学地理解剩余价值的来源提供了可能。马克思指出:"这样就为分析资本主义生产奠定了基础。"③二是重农学派创立了社会资本再生产的理论,这一理论关注到国民经济中不同部门之间的平衡问题。马克思认为:"正是这个功绩,使他们成为现代政治经济学的真正鼻祖。"④马克思在《资本论》第二卷就说过:"实际上,重农主义体系是对资本主义生产的第一个系统的理解。"⑤尽管重农学派有政治经济学理论演变中的贡献,但马克思也提出重农学派存在重大的理论缺陷,这主要表现为:一是重农学派只承认农业劳动是唯一的生产劳动,农业是唯一的生产部门。在他们看来,工业也不是生产部门,工人也是不生产的阶级。二是重农学派对剩余价值理解具有两面性,他们有时把剩余价值看作是纯粹自然的赏赐,有时又把它看作是来源于农业劳动的特殊生产性而被土地所有者占有。

---

① 《资本论》第4卷(Ⅰ),第366页。
② 同上书,第32页。
③ 同上书,第19页。
④ 同上书,第15页。
⑤ 《资本论》第2卷,第399页。

工场手工业时期集大成的政治经济学家——亚当·斯密

马克思在第四卷第一册集中分析了亚当·斯密的经济理论。

亚当·斯密(1723—1790),英国经济学家,资产阶级古典政治经济学最著名的代表人物之一。资产阶级古典政治经济学,简称为古典经济学,是在资本主义上升时期代表新兴资产阶级利益而形成的经济理论。从社会演进史的角度看,古典经济学具有一定科学性。古典政治经济学产生于17世纪中叶,到19世纪初期终结。它的主要代表人物就是亚当·斯密和大卫·李嘉图。

亚当·斯密的主要政治经济学著作是《国民财富的性质和原因的研究》,简称《国富论》,他写这本书前后经历了9年时间,于1776年付印出版。在《国富论》中,亚当·斯密简要叙述了100多个经济学家的主要思想。当时,对理论感兴趣的人在《国富论》中可以找到许多崭新的思想。作为资本主义上升时期的重要著作,新兴资本家在《国富论》中找到了代表他们利益的经济政策,例如,强调自由竞争、实施国家不干预政策、废除贸易限制等。因此,在18世纪最后几十年,《国富论》成了当时资产阶级政治经济学的圣经,甚至有人说,《国富论》的问世,使较早时期的一些著作几乎被人遗忘了。

马克思称斯密是"工场手工业时期集大成的政治经济学家"[①]。亚当·斯密在价值理论方面大大超过了前人。马克思认为,斯密确认价值是由一般社会劳动创造的,而且完全是由一定量的必要劳动创造的。这比重商主义和重农主义都前进了一大步,在这里可以看到斯密对劳动价值论的贡献。但是,他的劳动价值理论并不完整,也不彻底。他一方面认为劳动决定价值,另一方面又说工资、利润、地租构成商品价值。马克思指出:"应当注意亚当·斯密书中的奇怪的思路:起先他研究商品的价值,在一些地方正确地规定价值,而且正确到这样的程度,大体上说,他找到了剩余价值及其特殊形式的来源——他从商品的价值推出工资和利润。但是,后来,他走上了相反的道路,又想倒过来从工资、利润和地租的自然价格的相加数来推出商品价值(他已经从商品价值推出了工资和利润)。"[②]

马克思认为,斯密把剩余价值推广到社会劳动的一切领域,这比重农学派把剩余价值只理解为地租形式,也是前进了一大步。但是,斯密并未区分剩余价值和利润这两个概念,而是把剩余价值同利润混淆起来,这使他的经济理论也包含着为资产经济利益服务的庸俗成分。马克思说:"斯密把剩余价值……理解为一般范畴,而本来意义上的利润和地租是这一般范畴的分枝。……然而,斯密并没有把剩余

[①] 《资本论》第1卷,第386页。
[②] 《资本论》第4卷(Ⅰ),第78页。

价值本身作为一个专门范畴同它在利润和地租中所具有的特殊形式区别开来。斯密尤其是李嘉图在研究中的许多错误和缺点,都是由此而产生的。"①

马克思对斯密经济理论的评论是从贡献和缺陷两个角度展开的,在马克思看来,斯密在价值和剩余价值的源泉的问题上有时非常接近于正确的科学的看法,但又有肤浅的一面,这就为庸俗经济学家的理论建立打开了方便之门。

马克思在《剩余价值理论》第一册中,不仅揭示了重农学派和亚当·斯密各种观点的方法论,而且揭示了它们的阶级根源。此外,还简要地分析了詹姆斯·斯图亚特、奈克尔、兰盖等人的观点。

马克思关于生产劳动与非生产劳动的理论

马克思在《剩余价值理论》第一册中除了主要对重农学派和亚当·斯密作了评价以外,还着重论述了自己关于生产劳动与非生产劳动的理论。这些论述的要点如下:

(1) 生产劳动是生产剩余价值的劳动,或者说生产劳动是直接同资本交换的劳动。马克思说:"我们所说的生产劳动,是指社会地规定了的劳动,这种劳动包含着劳动的买者和卖者之间的一个十分确定的关系。"②

(2) 非生产劳动是提供服务的劳动。所谓服务,是因为劳动不是作为物,而是作为活动提供服务的。马克思说:"凡是货币直接同不生产资本的劳动即非生产劳动相交换的地方,这种劳动都是作为服务被购买的。"③

(3) 在资本主义社会,农民和手工业者是商品生产者。但是,他们既不属于生产劳动者的范畴,又不属于非生产劳动者的范畴。因为"他们是自己的生产不从属于资本主义生产方式的商品生产者"④。

(4) 生产劳动还应该是生产物质财富的劳动。"生产工人即生产资本的工人的特点,是他们的劳动物化在商品中,物化在物质财富中。"⑤

(5) 运输业是物质生产领域,运输业的劳动都是生产劳动。马克思说:"除了采掘工业、农业和加工工业以外,还存在着第四个物质生产领域,……这就是运输业,不论它是客运还是货运。在这里,生产劳动对资本家的关系,也就是说,雇佣工人对资本家的关系,同其他物质生产领域是完全一样的。"⑥

马克思关于生产劳动与非生产劳动的理论,对于认识资本主义的性质,理解剩

---

① 《资本论》第1卷,第386页。
② 同上书,第426页。
③ 同上书,第435页。
④ 同上书,第439页。
⑤ 同上书,第442页。
⑥ 同上书,第444页。

余价值的来源,计算国民收入,划分阶级阶层都具有十分重要的意义。对于社会主义社会如何区分生产劳动与非生产劳动,也有重大的启发作用。

(二)《剩余价值理论》第二册梗概

《资本论》第四卷第二册是评述李嘉图的经济学说,特别是梳理和评论其关于地租的理论学说。

李嘉图以前地租理论的回顾

《剩余价值理论》第二册从第八章开始到第十八章结束,总共有十一章,中心是评价李嘉图的经济学说,特别是着重分析了李嘉图的地租理论。在总共十一章中,分析李嘉图地租理论的就有六章。

《剩余价值理论》第二册是以第八章,即分析洛贝尔图斯的地租理论开始的。洛贝尔图斯(1805—1875)是德国庸俗经济学家,资产阶级化的普鲁士容克的思想家。洛贝尔图斯曾试图阐明资本主义生产方式下的绝对地租,但是,洛贝尔图斯地租理论的前提是错误的。因此,在分析李嘉图的地租理论以前,马克思先用了很大的篇幅对洛贝尔图斯的地租理论进行了批判。在批判的过程中,马克思也阐述了自己关于绝对地租的理论,并由此体现出对《资本论》第三卷关于地租理论的回应。

为了对全面分析李嘉图的经济理论做好准备,马克思在《剩余价值理论》的第九章,又对安德森(英国资产阶级经济学家)、罗雪尔(德国庸俗经济学家)、马尔萨斯(英国庸俗经济学家)等人的地租理论,作了简要的梳理和评论。

古典政治经济学的完成者——李嘉图

李嘉图1772年生于伦敦,死于1823年,其死亡年份即资本主义爆发第一次周期性危机的前两年。李嘉图的父亲是交易所的经纪人,李嘉图本人也有卓越的经营天才。他25岁时就从交易所投机买卖中,发了一笔估计有200万英镑的巨财,这就使他成为百万富翁。

1799年,李嘉图在接触到了《国富论》之后,才唤起了他对政治经济学研究的兴趣。李嘉图最初研究货币问题,1817年他发表了自己的主要著作《政治经济学和赋税原理》。这部著作的发表使他成为著名的经济学家,以及资产阶级古典政治经济学的完成者。

马克思高度赞扬了李嘉图主要著作《政治经济学和赋税原理》的前六章,特别是前两章。马克思说:"李嘉图的理论完全包括在他这部著作的前六章中。"①又说:"李嘉图的全部著作已经包括在它头两章了。……李嘉图著作的这两章包含着他对以往政治经济学的全部批判,……这头两章给人以高度的理论享受,因为它们简明扼要地批判了那些连篇累牍、把人引入歧途的老观念,从分散的各种各样的现象中吸取并集中了最本质的东西,使整个资产阶级经济体系都从属于一个基本规律。这头两章由于其独创性、基本观点一致、简单、集中、深刻、新颖和洗炼而给人以理论上的满足。"②

李嘉图的地租理论

马克思在《资本论》第四卷《剩余价值理论》第二册,以很大的篇幅分析李嘉图的经济理论。《资本论》第四卷第二册从第八章开始到第十八章结束,一共有十一章,而有关地租理论的实际上就有第八章、第九章、第十一章、第十二章、第十三章、第十四章,几乎占了第四卷第二册一半的篇幅。针对资本主义生产方式下的地租问题,李嘉图只承认级差地租,而否认绝对地租的存在。马克思认为李嘉图地租理论的根本特点之一,就在于没有绝对地租的概念。

李嘉图否认存在着绝对地租,主要是因为:第一,他认为最坏的土地不能提供地租,最初耕种的土地不能提供地租;第二,他以工业和农业的资本有机构成相同作为地租理论建立的前提。

与李嘉图的理论相区别,马克思认为只要存在土地所有权的垄断,就会产生绝对地租。马克思说:"……土地所有权的垄断也使土地所有者能从资本家那里榨取那部分能够形成经常的超额利润的剩余劳动。"③而李嘉图"实际上否认土地所有权有任何经济影响"④。

马克思指出:"李嘉图否定绝对地租,这是因为他以工业和农业的资本有机构成相同为前提,从而他也就否定了农业生产力同工业相比处于只是历史地存在的较低发展阶段。"⑤

马克思也指出了李嘉图级差地租的缺点,这种缺点集中体现为:李嘉图把级差地租理论与"土地肥力递减规律"联系在一起。马克思指出:"李嘉图用农业生产率的绝对降低来说明级差地租,而这种降低完全不是级差地租的前提……"⑥

所谓土地肥力递减规律,就是认为对土地投入劳动和资本所取得的产量,一次比一次减少。马克思在《资本论》第四卷《剩余价值理论》中不止一次地指出这种

---

① 《资本论》第4卷(Ⅱ),第184页。
② 同上书,第186页。
③ 同上书,第97页。
④ 同上。
⑤ 同上书,第271页。
⑥ 同上。

论断是错误的。马克思说过:"并不是每一笔追加资本都生产出较少量的产品。"①还说过:"如果农业改良对于各级土地肥沃程度的差别的影响不一样,地租就可能提高。"②

李嘉图的价值理论

在《剩余价值理论》第二册第二章,马克思对李嘉图的价值理论进行了评述。

李嘉图在价值理论上的主要功绩在于:他坚持劳动时间决定商品价值的原理,并且以劳动价值论作为研究资本主义生产关系的出发点,这相对于斯密的理论既有继承性,也有创新性。马克思说:"资产阶级制度的生理学——对这个制度的内在有机联系和生活过程的理解——的基础、出发点,是价值决定于劳动时间这一规定。李嘉图从这一点出发,迫使科学抛弃原来的陈规旧套,要科学讲清楚:它所阐明和提出的其余范畴——生产和交往关系——同这个基础,这个出发点适合或矛盾到什么程度……李嘉图揭示并说明了阶级之间的经济对立——正如内在联系所表明的那样,——这样一来,在政治经济学中,历史斗争和历史发展过程的根源被抓住了,并且被揭示出来了。"③

但是,李嘉图给"价值"一词赋予了许多不同的含义,有时他把价值称为交换价值,有时称为绝对价值,有时称为实际价值。除了价值含义的复杂和混乱之外,最为要害的是:李嘉图的价值理论只注意价值量的研究,而不注意价值所体现的人与人之间的社会关系。马克思说,李嘉图"完全不是从形式方面,从劳动作为价值实体所采取的一定形式方面来研究价值,而只是研究价值量,就是说,研究造成商品价值量差别的这种抽象一般的、并在这种形式上是社会的劳动的量。"④

李嘉图的剩余价值理论

在《剩余价值理论》第二册第十五章,马克思分析了李嘉图的剩余价值理论。

李嘉图在其经济著作中并没有剩余价值概念,李嘉图自己也认为,他研究的是利润,而不是剩余价值。马克思指出:他"考察的是剩余价值,而不是利润,因而才可以说他有剩余价值理论"⑤。

实际上,李嘉图把利润和剩余价值这两个概念混淆起来。他到处都把利润和剩余价值直接等同起来,认为资本主义生产方式下的利润就是剩余价值。马克思

---

① 《资本论》第4卷(Ⅱ),第362页。
② 同上书,第364页。
③ 同上书,第183页。
④ 同上书,第190页。
⑤ 同上书,第424页。

说:"在李嘉图正确叙述剩余价值规律的地方,由于他把剩余价值规律直接说成是利润规律,他就歪曲了剩余价值规律。另一方面,他又想不经过中介环节而直接把利润规律当作剩余价值规律来表述。因此,当我们谈李嘉图的剩余价值理论时,我们谈的就是他的利润理论,因为他把利润和剩余价值混淆起来了。"①

李嘉图的剩余价值理论的主要缺点,除了将利润与剩余价值混淆之外,还在于他没有分析剩余价值的起源。马克思在《资本论》第一卷就说过:"李嘉图从来没有考虑到剩余价值的起源……这些资产阶级学家实际上具有正确的本能,懂得过于深入地研究剩余价值的起源这个爆炸性问题是非常危险的。"②

李嘉图的积累理论

在《剩余价值理论》第二册第十七章,马克思集中分析李嘉图的积累理论。

马克思主要指出,李嘉图的资本积累只是指可变资本的积累,而忽视了不变资本的积累。马克思说:"认为资本积累是收入转化为工资,就是可变资本的积累,这种见解从一开始就是错误的,也就是片面的。这样,对整个积累问题就得出了错误的解释。"③马克思还指出:"李嘉图认为总收入就是补偿工资和剩余价值(利润和地租)的那一部分产品;他认为纯收入就是剩余产品、剩余价值。李嘉图在这里就像在他自己的全部经济理论中一样,忘记了总产品中有一部分应该补偿机器和原料的价值,简单地说,就是补偿不变资本的价值。"④

在这一章中,马克思还阐述了自己关于资本积累和经济危机的理论,这样就体现出对《资本论》此前部分关于资本积累和经济危机问题的回应。

马克思关于地租的理论

马克思在《剩余价值理论》中评价李嘉图经济理论,特别是地租理论的同时,也着重阐述并论证了自己对地租问题的理论观点。此处马克思自身地租理论的要点如下:

土地所有权是绝对地租存在的必要条件。李嘉图地租理论的一个重大缺陷,就是只承认级差地租而否认绝对地租。与此相区别,马克思论证了绝对地租的存在,而土地所有权垄断则构成了绝对地租的存在条件,这是对政治经济学地租理论的一大贡献。马克思说:"十分简单:一定的人们对土地、矿山和水域等的私有权,使他们能够攫取、拦截和扣留在这个特殊生产领域即这个特殊投资领域的商品中

---

① 《资本论》第 4 卷(Ⅱ),第 424 页。
② 《资本论》第 1 卷,第 563—564 页。
③ 《资本论》第 4 卷(Ⅱ),第 537 页。
④ 同上书,第 644 页。

包含的剩余价值超过利润（平均利润，由一般利润率决定的利润）的余额，并且阻止这个余额进入形成一般利润率的总过程。"①

资本主义土地国有化并不能取消级差地租，只有土地所有权归人民所有，才能取消级差地租。这样就将土地国有化和级差地租的取消这两者区别开来。马克思指出："如果土地所有权被废除而资本主义生产保存下来，这种由肥力不同引起的超额利润也不会消失。如果国家把土地所有权据为己有，而资本主义生产继续存在，Ⅱ、Ⅲ、Ⅳ的地租就会支付给国家，但地租本身还是存在。如果土地所有权归人民所有，资本主义生产的整个基础，使劳动条件变成一种独立于工人之外并同工人相对立的力量的基础，就不再存在了。"②

绝对地租是一个历史范畴，它是农业演变到一定发展阶段的产物，伴随着生产力的发展和生产关系的调整，绝对地租最后是会消失的。马克思说："正是那个证明绝对地租可能存在的论据也证明，绝对地租的现实性、绝对地租的存在仅仅是一个历史事实，是农业的一定发展阶段所特有的、到了更高阶段就会消失的历史事实。"③

绝对地租是农产品价格提高的原因。就级差地租来说，它不是农产品价格提高的原因，但就绝对地租来说，它的存在会引起农产品价格的提高，因此，级差地租和绝对地租对农产品价格具有不同的影响。马克思说："对绝对地租来说……说这里土地所有权不提高原产品的价格，是错误的。相反，在这种情况下会提高价格，因为土地所有权的干涉使得原产品按照它的价值出卖，而它的价值高于它的费用价格。"④

关于各种地租量的决定及其相互关系。基于对绝对地租和级差地租的区别以及对不同类型地租来源的分析，马克思强调了绝对地租、级差地租、总地租在数量上既相区别，也有联系。马克思曾经明确指出：

"绝对地租等于个别价值和费用价格之间的差额。

"级差地租等于市场价值和个别价值之间的差额。

"实际地租，或者说，总地租，等于绝对地租加级差地租；换句话说，等于市场价值超过个别价值的余额加个别价值超过费用价格的余额，即等于市场价值和费用价格之间的差额。"⑤

---

① 《资本论》第4卷（Ⅱ），第30页。
② 同上书，第108页。
③ 同上书，第271页。
④ 同上书，第356页。
⑤ 同上书，第329页。

（三）《剩余价值理论》第三册梗概

《资本论》第四卷第三册是评述李嘉图以后的资产阶级经济学家，主要是讲李嘉图学派的解体和资产阶级经济学的庸俗化。

李嘉图学派的解体过程

《剩余价值理论》第三册从第十九章开始到第二十四章结束，总共由六章组成。《剩余价值理论》第三册主要是分析以李嘉图为代表的古典政治经济学解体的过程，也就是政治经济学庸俗化的过程。李嘉图的理论体系为什么会解体呢？除了其阶级局限性之外，主要是由于在李嘉图的理论体系中，存在着两个无法克服的矛盾，这影响了其理论体系的逻辑内洽性及其对资本主义经济实践的解释力。马克思深刻地评论说："李嘉图体系的第一个困难是，资本和劳动的交换如何同'价值规律'相符合。第二个困难是，等量资本，无论它们的有机构成如何，都提供相等的利润，或者说，提供一般利润率。"①

李嘉图理论体系的第一个矛盾，就是价值规律与利润存在的矛盾。因为按照价值规律，资本和劳动之间应该是等价交换的。既然是等价交换，那么就不可能产生利润。但是，资本家进行生产的目的是为了获取利润，而且事实上资本主义生产也存在着利润。这是一个矛盾，李嘉图的理论无法解决这个矛盾，这是李嘉图理论体系面临的第一个难题。

李嘉图理论体系的第二个矛盾，就是价值规律与平均利润的矛盾。由于资本有机构成不同，不同资本推动不等量的劳动，因此，也就具有不等量的剩余价值和不等量的利润。按照价值规律，两个资本等量交换，各个资本家应该是获得不等量的利润。但是，在资本主义社会，等量资本大致上获得的是等量的平均利润。这也是一个矛盾，李嘉图的理论也无法解决这个矛盾，这是李嘉图理论体系面临的第二个难题。

李嘉图发现了这两个矛盾，但是李嘉图及其学派无法解决这两个难题。

庸俗政治经济学利用李嘉图体系的矛盾展开理论研究，结果却使政治经济学进一步庸俗化。马克思在《剩余价值理论》第三册中主要就是分析和批判资产阶级庸俗政治经济学的。

最早反对古典政治经济学的是马尔萨斯。所以，马克思在《剩余价值理论》第三册的第一章，即第十九章，以很大的篇幅来分析和批判马尔萨斯的理论观点。

---

① 《资本论》第4卷（Ⅲ），第192页。

在李嘉图学派中有许多经济学家,如托伦斯、詹姆斯·穆勒、麦克库洛赫等,借口解决李嘉图体系的内在矛盾,进而发展李嘉图的理论体系,结果却因难以自圆其说而导致了李嘉图学派的解体。因此,在《剩余价值理论》第三册的第二章,即第二十章,马克思集中分析了李嘉图学派的解体。

在李嘉图以后,资产阶级政治经济学的庸俗化是理论演变的主要方面,但是,也有针对政治经济学发展的某些积极的因素。例如,当时有些社会主义激进派,包括莱文斯顿、霍吉斯金等人,他们试图从无产阶级立场来解释李嘉图的个别原理。所以,马克思在《剩余价值理论》第三册的第三章,即第二十一章,写了《以李嘉图理论为依据反对政治经济学家的无产阶级反对派》。

除上述流派和学者之外,还有一些经济学家曾经试图发展李嘉图理论体系中的一些科学成分。据此,马克思在《剩余价值理论》第三册的最后三章,即从第二十二章至第二十四章,分别叙述了拉姆赛、舍尔比利埃、理查·琼斯等人经济观点中的积极因素。

《剩余价值理论》第三册的最后部分是一个篇幅较大的附录,标题是《收入及其源泉。庸俗政治经济学》,这个附录着重揭示了庸俗政治经济学的实质是辩护论的经济学说。

统治阶级的辩护士——马尔萨斯

《资本论》第四卷《剩余价值理论》第三册,马克思是从批判马尔萨斯的理论学说开始的。

马尔萨斯这个名字是与他的人口论联系在一起的。就研究主题而言,马尔萨斯也是一个经济学家,但他是一个庸俗政治经济学家,是为统治阶级利益服务的辩护士。

马尔萨斯(1766—1834)全名是托马斯·罗伯特·马尔萨斯,是英国一个大地主的儿子。他曾求学于剑桥大学神学院,后来当过牧师,最后在东印度公司专科学校担任历史和政治经济学教授。1798年,马尔萨斯匿名发表了《人口原理》,1817年则出版了其主要经济著作《政治经济学原理》。

从右的方面来反对李嘉图理论的,主要就是马尔萨斯。马克思在《资本论》第四卷中用相当大的篇幅批判了马尔萨斯的经济学说。马克思以轻蔑和愤怒的语言,指出马尔萨斯在科学上是伪造者,在理论上是剽窃者,在政治上他对统治阶级无耻献媚,对被压迫阶级残酷无情。

关于马尔萨斯理论学说的反动本质,马克思有一段比较长但极其深刻的揭示,我们把它摘录如下:

"他在科学领域内伪造自己的结论。这就是他在科学上的卑鄙,他对科学的犯罪,更不用说他那无耻的熟练的剽窃手艺了。马尔萨斯在科学上的结论,是看着统治阶级特别是统治阶级的反动分子的'眼色'捏造出来的;这就是说,马尔萨斯为了这些阶级的利益而伪造科学。相反,对于被压迫阶级,他的结论却是毫无顾忌的,残酷无情的。……因此,英国工人阶级憎恨马尔萨斯——科贝特粗鲁地称他为'江湖牧师'……对马尔萨斯的这种憎恨是完全正当的;人民凭着真实的本能感觉到,在这里反对他们的不是一个科学的人,而是一个被他们的敌人收买的统治阶级的辩护士,是统治阶级的无耻的献媚者。"①

从托伦斯、詹姆斯·穆勒、麦克库洛赫看李嘉图学派的解体

马克思在《资本论》第四卷第三册的第二十章,通过对托伦斯、詹姆斯·穆勒、麦克库路赫的观点进行评论,来说明李嘉图学派的解体和古典经济学的进一步庸俗化。

罗伯特·托伦斯(1780—1864)是英国资产阶级经济学家,李嘉图经济学说的庸俗化者。他否认劳动价值论适合于资本主义生产方式。他提出了价值规律,与资本有机构成不同的资本可以获得等量利润之间存在着矛盾。但是,他在自身的理论研究中并没有解决这个矛盾。

詹姆斯·穆勒(1773—1836)是英国资产阶级经济学家和哲学家。他是第一个客观地阐述李嘉图政治经济学理论的人。穆勒试图解决李嘉图体系的矛盾,但他自己也陷入了矛盾,并把李嘉图的经济学说庸俗化了。马克思说:"穆勒一方面想把资产阶级生产说成是绝对的生产形式,并且从而试图证明,这种生产的真实矛盾不过是表面上的矛盾。另一方面,他力图把李嘉图的理论说成是这种生产方式的绝对的理论形式,并且同样用形式上的理由把有些已为别人所指出、有些是摆在他本人眼前的理论上的矛盾辩解掉。"②

约翰·雷姆赛·麦克库洛赫(1789—1864)是英国资产阶级经济学家。他也是使李嘉图经济理论走向庸俗化的经济学者,同时又是使这个理论解体的可悲的代表。马克思评论道:"麦克先生在这样抛弃了李嘉图政治经济学的基础以后,还更进一步,破坏了这个基础的基础。"③

莱文斯顿、霍吉斯金等李嘉图学派社会主义者

马克思在《资本论》第四卷第二册第二十一章,分析了李嘉图学派社会主义者莱文斯顿、霍吉斯金等人的经济学观点,指出了他们理论学说中的正确方面,同时

---

① 《资本论》第4卷(Ⅱ),第127页。
② 《资本论》第4卷(Ⅲ),第87—88页。
③ 同上书,第192页。

也指出他们无法克服李嘉图理论体系的内在缺点。马克思认为他们的主要功绩在于：这些社会主义者强调指出资本家是剥削工人劳动的。

皮尔西·莱文斯顿是英国经济学家，他维护无产阶级利益，指责资本主义是工人灾难的源泉，反对马尔萨斯主义。马克思说，莱文斯顿的《论公债制度及其影响》"是一部非常出色的著作"①。

托马斯·霍吉斯金(1787—1869)是英国经济学家和政论家。他从空想社会主义的立场维护无产阶级的利益和批判资本主义，并利用李嘉图的理论推出了社会主义的结论。从其理论主张来看，霍吉斯金是杰出的激进社会主义者。他写了两本重要的著作，一本叫《保护劳动反对资本的要求，或资本非生产性的证明。关于当前雇佣工人的团结》；一本叫《通俗政治经济学。在伦敦技术学校的四次演讲》。马克思高度赞扬了这两本书，马克思评论说："霍吉斯金的这两部著作，特别是第一部著作，却引起了强烈的反应，至今仍然可算是……英国政治经济学方面的重要著作。"②

拉姆赛、舍尔比利埃、琼斯发挥李嘉图理论的个别正确思想

在《资本论》第四卷的最后部分，马克思对古典政治经济学的一些代表人物，例如拉姆赛、舍尔比利埃和琼斯等人，在发挥李嘉图的理论中体现出的个别正确思想，也作了分析和介绍。

乔治·拉姆赛(1800—1871)是英国经济学家，资产阶级古典政治经济学的后期代表人物之一。马克思认为拉姆赛经济理论的主要功绩在：(1) 试图区分不变资本和可变资本；(2) 已经接近正确理解剩余价值；(3) 反驳斯密的商品价值分解为各种收入的错误观点；(4) 更接近正确地理解利润率。

安都昂·埃利泽·舍尔比利埃(1797—1869)是瑞士经济学家以及西斯蒙第的追随者，他把西斯蒙第的理论同李嘉图的基本原理结合在一起。马克思认为，舍尔比利埃的观点是西斯蒙第和李嘉图的互相排斥的理论见解的奇怪混合物。但是，他也模模糊糊地提出了接近正确的观点。例如，舍尔比利埃注意到随着资本主义生产的发展，投在机器和原料上的资本部分在增加，而花在工资上的资本部分在减少。此外，他也猜测到利润率存在必然下降的趋势。

理查·琼斯(1790—1855)是英国经济学家，资产阶级古典政治经济学后期代表人物之一。琼斯的主要著作有《论财富的分配和税收的源泉》《1833年2月27日在伦敦皇家学院讲述的政治经济学绪论。附工资讲座大纲》和《国民政治经济

---

① 《资本论》第4卷(Ⅲ)，第283页。
② 同上书，第289页。

学教程》等。在《资本论》第四卷第三册的最后一章，马克思评述了琼斯的这三本书，并指出他的书中有一些可取之处。例如，琼斯理解到各种生产方式的历史区别，反驳了土地肥力递减规律等。

庸俗经济学的阶级实质

概括起来，《资本论》第四卷第三册集中分析了李嘉图学派的解体过程，批判了庸俗经济学的辩护论实质。

资产阶级庸俗政治经济学是完全适应资产阶级需要，为资本主义制度辩护，在资本主义经济表面现象上兜圈子的经济理论。他们从资产阶级的利益或偏见出发，歪曲或否定古典政治经济学的科学成分，发展和扩大这些理论体系中的庸俗成分，鼓吹资产阶级剥削劳动者有理的谬论，掩盖无产阶级和资产阶级的阶级对立，否认资本主义社会向其他社会形态演变的规律，以此千方百计为资本主义制度的合理性辩护。

马克思在《资本论》第一卷的第二版跋中写道：在资产阶级夺取政权以后，"阶级斗争在实践方面和理论方面采取了日益鲜明的和带有威胁性的形式。它敲响了科学的资产阶级经济学的丧钟。现在问题不再是这个或那个原理是否正确，而是它对资本有利还是有害，方便还是不方便，违背警章还是不违背警章。不偏不倚的研究让位于豢养的文丐的争斗，公正无私的科学探讨位于辩护士的坏心恶意"①。

在《剩余价值理论》第三册中，马克思更进一步揭示了庸俗经济学产生的特点、实质及其阶级本质。

关于庸俗政治经济学的特点，马克思指出，庸俗政治经济学是"阉割一切体系，抹去它们的一切棱角，使它们在一本摘录集里和平相处"②。

关于庸俗政治经济学的实质，马克思指出：庸俗政治经济学是维护资本主义生产方式利益的辩护论经济学。"随着政治经济学的深入发展，它不仅自己表现出矛盾和对立，而且它自身的对立面，也随着社会经济生活中的现实矛盾的发展而出现在它的面前。与这种情况相适应，庸俗政治经济学也就有意识地越来越成为辩护论的经济学，并且千方百计力图通过空谈来摆脱反映矛盾的思想。"③

关于庸俗政治经济学的产生和发展，马克思指出：庸俗政治经济学具有社会实践和思想层面的产生和发展原因。"正当政治经济学本身由于它的分析而使它自己的前提瓦解、动摇的时候，正当政治经济学的对立面也已经因此而多少以经济的、空想的、批判的和革命的形式存在的时候，庸俗政治经济学开始嚣张起

---

① 《资本论》第1卷，第17页。
② 《资本论》第4卷(Ⅲ)，第558页。
③ 同上书，第557页。

来。……随着李嘉图的出现和由他引起的政治经济学的进一步发展,庸俗经济学家也得到了新的营养。"①

关于庸俗政治经济学的阶级本质,马克思指出:庸俗政治经济学是资产阶级而不是无产阶级的经济学说。"庸俗经济学家……实际上只是[用政治经济学的语言]翻译了受资本主义生产束缚的资本主义生产承担者的观念、动机等等,在这些观念和动机中,资本主义生产仅仅在其外观上反映出来。他们把这些观念、动机翻译成学理主义的语言,但是他们是从[社会的]统治部分即资本家的立场出发的,因此他们的论述不是素朴的和客观的,而是辩护论的。"②

(四)《资本论》第四卷与社会主义经济

马克思在《资本论》第四卷中对社会主义和共产主义也有许多直接的科学预见。这些预见对社会主义的发展具有重大指导意义。

社会主义必须在资本主义物质基础上通过社会变革实现

马克思首先告诉我们资本主义是一个历史的、暂时的制度,资本主义存在着向其他社会形态演变的动力机制。马克思说:"只有把资本看作一定的社会生产关系的表现,才能谈资本的生产性。但是如果这样来看资本,那么这种关系的历史暂时性质就会立刻显露出来,对这种关系的一般认识,是同它的继续不断的存在不相容的,这种关系本身为自己的灭亡创造了手段。"③

但是,要废除资本主义制度,使劳动者占有生产资料,重建个人所有制,一是生产力已经发展到能够发生革命的高度。马克思说:"是这些生产资料使用他们工人,还是工人作为主体使用生产资料这个客体来为自己生产财富。当然这里要以资本主义生产一般说来已把劳动生产力发展到能够发生这一革命的必要高度为前提。"④二是只有工人阶级通过社会变革才能实现。马克思说:"劳动者和劳动条件之间原有的统一——的恢复,只有在资本创造的物质基础上,并且只有通过工人阶级和整个社会在这个创造过程中经历的革命,才有可能实现。"⑤就中国而言,我国的社会主义是在中国共产党领导下,通过抗日战争和解放战争的社会变革而建立起来的。现阶段我国仍处在社会主义初级阶段,为此解放和发展生产力,推动国民

---

① 《资本论》第4卷(Ⅲ),第556—557页。
② 同上书,第499页。
③ 同上书,第291—292页。
④ 《资本论》第4卷(Ⅱ),第661页。
⑤ 《资本论》第4卷(Ⅲ),第465—466页。

经济的持续发展,就是我国解决社会主义新时代主要矛盾——人民日益增长的美好生活需要和不平衡不充分的发展之间的矛盾——的主要途径。更为重要的是,只有在不断解放和发展生产力的基础上,我国才能够依靠经济机制完善和政府宏观调控,才能避免两极分化并最终实现共同富裕,这在功能和目标的意义上体现出对社会主义本质的有效回应。

社会主义经济必须更好发挥市场机制和政府职能的双重作用

马克思在《资本论》第四卷,用反证的办法说过这样一段话:"这里假定:(1)是资本主义生产,其中每一个别行业的生产以及这种生产的增加,都不是直接由社会需要调节,由社会需要控制,而是由各个资本家离开社会需要而支配的生产力调节的;(2)尽管如此,生产却是这样按比例地进行,好像资本直接由社会根据其需要使用于各个不同的行业。按照这个自相矛盾的假定,即假定资本主义生产完全是社会主义的生产,那么,实际上就不会发生生产过剩。"①这段话是什么意思呢?这就是说,资本主义生产是不可能根据社会需要按比例地进行的。因此,不可避免地要产生生产相对过剩,而只有社会主义生产是直接根据社会需要按比例地进行的,因此,不会发生生产过剩。马克思还说过:"如果工人居于统治地位,如果他们能够为自己而生产,他们就会很快地,并且不费很大力量地把资本提到(用庸俗经济学家的话来说)他们自己的需要的水平。"②这里所说的"资本",就是指生产资料。马克思在这里是告诉我们,社会主义社会生产资料的生产也是按照需要来进行的。

马克思上述对社会主义生产的论述是建立在生产力充分发展、生产资料公有制以及实行计划经济的条件下。如果将上述判断用在当前的中国经济,可以发现:我国在社会主义初级阶段仍存在生产力水平低且不均衡的问题,另外,改革开放之后,伴随着市场化的经济体制转轨,我国实施了公有制为主体、多种所有制经济共同发展的基本经济制度,而以社会主义市场经济作为经济体制改革的目标,则意味着市场在资源配置中发挥着决定性作用。这就意味着:我国的社会主义生产还不能像马克思设想的那样,完全根据社会需要按比例地进行。事实上,在我国经济发展的某些阶段,也存在着因为市场机制和政府职能不相匹配所导致的经济波动,部分领域的重复建设、产业同构和产能过剩也会出现,现阶段我国以去产能、去库存、去杠杆、降成本、补短板为基本指向的供给侧结构性改革,就是试图实现新阶段下供给和需求的更高水平。从上述情况出发,我国的社会主义生产就必须处理好市

---

① 《资本论》第4卷(Ⅲ),第126页。
② 《资本论》第4卷(Ⅱ),第661页。

场机制和政府调控之间的关系,特别是通过市场机制促使资源实现优化配置,并对微观经济主体形成奖勤罚懒的良性机制,通过政府调控实现公共产品的有效供给,应对经济风险、平抑市场波动并促使供求顺利对接。

社会主义社会必须有剩余劳动

社会主义社会为什么必须有剩余劳动呢?马克思在《资本论》第四卷中,论证指出剩余劳动存在具有多个原因:

一是人口增长需要发展基金。马克思说:"剩余劳动时间,即使没有资本存在,社会也必须不断地完成这个剩余劳动时间,以便能支配一个所谓发展基金——仅仅人口的增长,就已使这个发展基金成为必要的了。"①

二是社会主义扩大再生产需要积累基金和补偿基金。马克思说:"即使劳动条件归工人所有,他自己也必须用总产品的一部分补偿这些劳动条件,以便按原有的规模继续再生产或者扩大再生产(而后者由于人口的自然增长也是必需的)。"②

三是为了防止意外事故需要保险基金。马克思说:"工人当然不可能提供比他的剩余劳动更多的东西。他不可能再另外付给资本家一笔钱,为资本家占有这种剩余劳动的果实保险。至多可以说,即使不谈资本主义的生产,生产者在这方面也会有一定的支出,就是说,他们必须支出自己的一部分劳动或者说一部分劳动产品,以防自己的产品、财富或财富的要素遇到意外等等。"③

马克思甚至认为,在社会主义社会,能够提供剩余劳动的劳动才算生产劳动,能够提供剩余劳动的工人才算生产工人。马克思说:"假定不存在任何资本,而工人自己占有自己的剩余劳动,即他创造的价值超过他消费的价值的余额。只有在这种情况下才可以说,这种工人的劳动是真正生产的,也就是说,它创造新价值。"④

所以,社会主义社会是不能没有剩余劳动的,如果缺少剩余劳动,那么社会主义经济的持续发展以及经济风险的应对就缺少重要基础。那种否认社会主义存在剩余劳动的观点在理论上是毫无根据的,在实践上是有害的。社会主义社会与资本主义社会的区别不在于剩余劳动存在与否,而在于剩余劳动的产生条件以及剩余劳动的使用方式存在差异。对于正处在社会主义初级阶段的中国而言,需要实行公有制为主体、多种所有制经济共同发展的基本经济制度,需要依靠社会主义市场经济来优化资源配置,不断地解放和发展生产力,需要将按劳分配和按要素分配

---

① 《资本论》第4卷(Ⅰ),第89页。
② 《资本论》第4卷(Ⅲ),第388页。
③ 同上书,第394页。
④ 《资本论》第4卷(Ⅰ),第143页。

相结合来实现效率和公平两个目标,这也就意味着在中国剩余劳动是存在的。从剩余劳动的使用去向来看,我国剩余劳动在本质上是要在扩大再生产的条件下,满足人民群众不断增长的物质文化生活需要,在不同群体、不同区域之间相对公平地分配,这就需要我国加大国有资本收益转为公共支出的比重。中国共产党第十八届三中全会明确提出:到2020年将国有资本收益上缴公共财政的比例提高至30%,更多用于保障和改善民生。同时,各级政府财政支出应更多地用于城乡居民的基本养老、基本医疗、基本教育、基本住房等社会保障领域,着力消除城乡居民在公共服务和社会保障资源获取中的失衡格局,用于从而在消除两极分化的基础上实现共同富裕这个社会主义社会的经济发展目标。

社会主义的自由时间

马克思在《资本论》第四卷中还提出了对社会主义条件下的自由时间的理解,这里的核心是:社会主义制度因为克服了资本主义制度的内在缺陷,因此,它能够通过扩大劳动者的自由时间,而实现人的全面发展。在这个意义上,社会主义的自由时间是与劳动者的生产生活状态改善紧密相关的。马克思说:"不言而喻,随着雇主和工人之间的社会对立的消灭等等,劳动时间本身——由于限制在正常长度之内,其次,由于不再用于别人而是用于我自己——将作为真正的社会劳动,最后,作为自由时间基础,而取得完全不同的、更自由的性质,这种同时作为拥有自由时间的人的劳动时间,必将比役畜的劳动时间具有高得多的质量。"[①]

[①] 《资本论》第4卷(Ⅲ),第282页。

十、学习《资本论》的注意要点

在科学上没有平坦的大道,只有不畏劳苦沿着陡峭山路攀登的人,才有希望达到光辉的顶点。

——马克思:《资本论》第一卷法文版序言①

社会科学,马克思列宁主义,斯大林讲得对的那些方面,我们一定要继续努力学习。我们要学的是属于普遍真理的东西,并且学习一定要与中国实际相结合。如果每句话,包括马克思的话,都要照搬,那就不得了。

——毛泽东:《论十大关系》②

马克思的《资本论》四大卷好不好学?能不能学好?这是很多同志所担心的。其实《资本论》并不那么神秘,也不是像一些人所说的那样枯燥难懂,当然更不像有些人所说的那样已经过时了。《资本论》所讲的问题,好多都是与我们经济生活有关的问题,只要我们能够紧密联系国内外变动的社会实践,肯下苦功,认真读书,刻苦钻研,力求对基本原理、观点和方法论弄通弄懂,并在学习和研究过程中注意密切联系实际,不但可以学好,而且一定能够学好。

要不要学习《资本论》,怎样学习《资本论》?针对这些问题在国内也有过热烈讨论。有人主张"全集论""原著论",认为学习马克思主义就要看《马克思恩格斯全集》,读《资本论》就要看《资本论》原著;有人主张学习马克思主义,只要知道马克思主义的ABC就可以了,读《资本论》看通俗解释版本就足够了。谁对谁错?谁都不错,谁都不对,关键要看对象,具体情况具体分析。对马克思主义理论的研究者、教学者、宣传者来说,还有党政高级干部来说,需要读《资本论》原著,但是对于

---

① 《资本论》第1卷,第26页。
② 《毛泽东文集》第7卷,第42页。

广大群众、广大青年和一般干部来说,阅读《资本论》通俗读本就可以了。可不要小看通俗读物,一本好的通俗读物,深入浅出、雅俗共赏,把马克思主义的精华言简意赅地奉献给读者,真是功德无量的事情。对高等院校的学生来说,要分文科理科。对理科学生就不一定强求,不一定要规定读《资本论》原著。对文科学生来说,要具体分析。对财经、政法、哲学等学科的研究生就应要求读《资本论》原著,至少应阅读前三卷。

(一)刻苦钻研《资本论》原著

《资本论》是马克思主义的主要著作,是马克思主义政治经济学的集中体现和代表性文献。要领会和掌握马克思主义政治经济学的精神实质,就必须下苦功夫读《资本论》原著,不研读原著而试图理解马克思的政治经济学理论和方法,这是不切实际的。恩格斯在谈到应如何学习马克思的《资本论》时说过:"像马克思这样的人有权要求人们听到他的原话,让他的科学发现完完全全按照他自己的叙述传给后世。""对于那些希望真正理解它的人来说,最重要的却正好是原著本身。"[①]此外,恩格斯在致约·布洛赫的信中进一步指出:"我请您根据原著来研究这个理论,而不要根据第二手的材料来进行研究——这的确要容易得多。"[②]只有靠自己下苦功夫认真读原著,才能真正理解马克思主义的政治经济学,这一点是为许多人的亲身实践所反复证明的。那么,应该怎样研读《资本论》著作呢?

必要的理论准备

《资本论》不是天书,但是读《资本论》也不像看小说和看通俗读物那样轻松,没有必要的准备,要真正读懂这部著作还是比较困难的。那么,读《资本论》事先要做哪些准备呢?

《资本论》是马克思主义的百科全书,内容博大精深,要真正钻研进去,当然可以从哲学、政治经济学、科学社会主义,以及历史、文学多方面做准备。但是,无论从哪个角度讲,《资本论》主要还是一部政治经济学著作,因此,研读《资本论》之前,最主要的是做一些马克思主义政治经济学理论的准备。这种准备工作大体上可以通过三种途径来完成:

一是先看一些马列主义比较简要通俗的经典著作。例如:马克思的《政治经济学批判序言》《雇佣劳动与资本》《工资价格和利润》,恩格斯的《〈资本论〉第一

---

① 《资本论》第3卷,第1005页。
② 《马克思恩格斯〈资本论〉书信集》,第501页。

卷提纲》《反杜林论》第二篇，列宁的《卡尔·马克思》《什么是"人民之友"以及他们如何攻击社会民主主义者？》，等等。这些著作言简意赅，主体明确，观点连贯，可以使我们对价值、价格、工资、资本、利润等政治经济学的基本范畴有一个初步的了解。

二是可以学习《政治经济学原理》。现在国内外的政治经济学原理读物很多，尤其是国内在不同时期出版了多个版本的政治经济学教材。这些读本的内容大同小异，特别是，政治经济学的资本主义部分基本上都是《资本论》的浓缩。先认真阅读这些原理性、基础性的教材或文献，可以对政治经济学的基本原理，如劳动价值论、剩余价值论、资本积累论、再生产理论、利润理论、利息理论、地租理论等有一个大体的了解。

三是可以阅读《资本论》的辅导性读物。新中国成立以来，针对《资本论》的辅导性读本也很多，有"注释""入门""讲解""解说""提要""纲要""释义""概论"等。对于这些辅导性读本不可能也没有必要都读，可以选一两本先大体翻一翻，这样先对《资本论》的概貌有个了解，对后续认真研读《资本论》原著也是有帮助的。

以上三种途径不需要同时进行，只要选择一种就可以了。因为任何辅助读物，只能供参考，关键在于读原著本身。

有人认为，读了相关的辅助读物，特别是学习了政治经济学资本主义部分就用不着读《资本论》原著了，这种观点是否正确呢？对此需要作具体分析。一般政治经济学教材是普及读物，对于只要了解一些马克思主义政治经济学普通常识的人，当然基本上就可以了。如果想要提高一步，甚至对政治经济学基本理论展开较为深入的研究，以此形成对国内外经济实践的理论认识，那就得深入学习《资本论》原著了。特别是现阶段我国从社会实践发展以及形成中国话语体系的角度出发，强调马克思主义的当代化、中国化，强调要学好用好政治经济学，强调要构建中国特色社会主义政治经济学。在这种情形下，认真研读马克思主义的经典著作，尤其是《资本论》这部马克思政治经济学的代表性著作就具有重要性、必要性和急迫性。那么，在学了政治经济学一般原理后，学习《资本论》应该有哪些更高的要求呢？

在学了政治经济学原理的基础上，进而学习《资本论》，是要更深入、更全面、更准确、更熟练地掌握马克思主义政治经济学的基本原理。

更深入——对于马克思主义政治经济学，不仅要知其然，而且要知其所以然，不仅要知道政治经济学的基本原理，而且要知道这些基本原理的来龙去脉，这些基本原理的前提条件及其在现阶段国内外经济实践中的表现。

更全面——一般政治经济学教科书都涉及《资本论》基本原理的主要内容，但是不可能展示《资本论》基本原理和方法论的全部内容。学习和研读《资本论》就要全面地掌握马克思关于政治经济学的基本原理,把马克思的主要观点、理论和方法论都要学到手。

更准确——一般政治经济学教科书特别是资本主义部分基本上是《资本论》的浓缩,总体说来大部分观点都是正确的,但毕竟是第二手材料。学习《资本论》原著,可以掌握第一手材料,更准确地掌握马克思主义政治经济学的基本原理和方法论,认真研读原著有助于识别真伪,正本清源。

更熟练——对马克思主义政治经济学的基本原理和方法论要融会贯通,得心应手,举一反三,单靠学习政治经济学原理是不够的。学《资本论》是学习原理之后的一次反复,但反复不是重复,反复可以加深理解,因而能够更熟练地掌握马克思主义政治经济学的基本原理和方法论。

从何读起

马克思说:"万事开头难,每门科学都是如此。所以本书第一章,特别是分析商品的部分是最难理解的。"①《资本论》第一卷第一章确实不是一读就可以全部理解其内容和深刻思想的。所以,初学《资本论》的人往往望而生畏,甚至因第一卷第一章而对研读整个体系打退堂鼓。马克思有个朋友叫库格曼,他的夫人想读《资本论》这部著作。马克思写信给库格曼说:"请告诉您的夫人,她可以先读我的书的以下部分:《工作日》、《协作、分工和机器》,最后再读《原始积累》。"②马克思的建议并不是从第一卷第一章开始的,这样就产生一个问题:《资本论》究竟从何读起?我们认为,一般说来,还是从头读起比较好,这是因为:

第一,从逻辑来说,《资本论》本身结构严密,逻辑性很强,只有循序渐进,才能掌握《资本论》本身的辩证法,真正掌握《资本论》的基本原理和方法论。

第二,从内容来说,《资本论》第一卷第一篇是讲劳动价值论,这是马克思主义政治经济学的基础。马克思说过,劳动二重性学说"是理解政治经济学的枢纽"③。只有先掌握了劳动价值论,才能懂得剩余价值理论,因此,也才能懂得剩余价值生产理论、剩余价值实现理论和剩余价值分配理论。恩格斯说过:"要知道什么是剩余价值,他就必须知道什么是价值。"④

第三,从历史来说,《资本论》第一卷一开始是讲资本主义的产生,不懂得资本主义的产生,就不能理解资本主义的发展和灭亡的动态演变过程。

那么,马克思为什么又主张库格曼夫人先从《工作日》那部分读起呢?这是因

---

① 《资本论》第1卷,第7页。
② 《马克思恩格斯全集》第31卷,第577页。
③ 《资本论》第1卷,第55页。
④ 《资本论》第2卷,第22页。

为：第一，这是从库格曼夫人的具体情况出发的，她没有政治经济学的起码知识，难以理解比较抽象的理论，只好从当时现实性比较强、比较具体的部分读起；第二，当时《资本论》刚刚出版，还没有《资本论》的辅导读物，现在《资本论》的辅助读物比较多，可以帮助我们克服困难；第三，马克思并不认为从《工作日》先读是学习《资本论》的一般方法，实际上马克思后来还是主张从头学起的，并鼓励大家不要害怕困难。

马克思在《资本论》第一卷法文版序言中这样说过："我所使用的分析方法至今还没有人在经济问题上运用过，这就使前几章读起来相当困难。法国人总是急于追求结论，渴望知道一般原则同他们直接关心的问题的联系，因此我很担心，他们会因为一开始就不能继续读下去而气馁。这是一种不利，对此我没有别的办法，只有事先向追求真理的读者指出这一点，并提醒他们。在科学上没有平坦的大道，只有不畏劳苦沿着陡峭山路攀登的人，才有希望达到光辉的顶点。"[1]

泛读、重读和精读

《资本论》四大卷应该全面系统地学，从头到尾看一遍。但全面不应当是平均使用力量，而是应有重点，努力做到点面结合。对《资本论》的学习和研究大体可分为三个层次：泛读、重读和精读。

泛读，就是一至四卷都要粗粗地看一遍。一段一段、一页一页、一节一节、一章一章，一字不漏地泛读一遍，这样可以防止断章取义，也能够清楚整个《资本论》理论体系的结构安排。

不仅正文要读，旁注也不能忽略，马克思有很多重要思想是在旁注里写的，这里我们可以举几个例子。例如，第一卷第829页注（250），马克思引过这样一句话："资本害怕没有利润或利润太少，就像自然界害怕真空一样。一旦有适当的利润，它就活跃起来；有50%的利润，它就铤而走险；为了100%的利润，它就敢践踏一切人间法律；有300%的利润，它就敢犯任何罪行，甚至冒绞首的危险。"这段话对理解资本尽可能多地获取利润这种本性是非常重要的。

又如，第一卷第431页（116a）第2版注写道："因此，在共产主义社会，机器的作用范围将和在资产阶级社会里完全不同。"这对理解《资本论》的基本理论与社会主义经济的关系是很重要的。

在学习和研究《资本论》时，也不能认为非重点章节或者主要是具体材料的部分就可以略过不读。这些部分从总体结构来说，确实比较次要，用不着精读，但是这些内容也不可不读，因为，在这里往往有一些重要观点或提法很值得注意。例

---

[1] 《资本论》第1卷，第26页。

如,第一卷第二十四章第六节,这是一个非重点章节,但是,这里却有一个非常重要的观点:"暴力是每一个孕育着新社会的旧社会的助产婆。暴力本身就是一种经济力。"①又如,第二卷第十六章相对来说是不重要的,但是,在这里有一句有关社会主义社会非常重要的科学预见。再如,第三卷第六章一般说来也是不太重要的,但是在这里有一些重要的观点,如"世界市场是资本主义生产方式的基础和生活条件"②,等等。

重读,就是重点阅读的章节,要多读几遍。哪些是重点呢?

第一卷第一、第三、第四、第五、第六章,第七章第一节,第八章第一节,第九章结束语,第十章,第十一章,第十二章第四、第五节,第十三章第一、第二、第三、第四、第六、第八、第十节,第十四、第十五、第十七、第二十、第二十一章,第二十二章第一、第四节,第二十三章第一、第二、第三、第四节,第二十四章第一、第七节等内容要重点读。

第二卷第一、第四、第五、第六、第七、第八、第九、第十二、第十三、第十四、第十六、第十八、第二十、第二十一章等内容要重点读。

第三卷第一、第二、第五、第八、第九、第十、第十三、第十四、第十五、第十六、第十七、第十八、第二十一、第二十二、第二十三、第二十五、第二十七、第二十九、第三十六、第三十七、第三十八、第三十九、第四十、第四十五、第四十六、第四十八、第五十一章等内容要重点读。

第四卷第一、第三、第四、第六章,第一册附录[(12)],第十、第十一、第十三、第十五、第十七章,第十九、第二十、第二十一章,第三册附录等内容要重点读。

精读,就是反复研读,对基本内容、原理和方法论要达到熟练程度,同时要反复思考,多结合国内外的经济社会实践进行琢磨,力图用这些基本原理和方法论形成对实践的有力解释。整个《资本论》中需要精读的包括哪些章节呢?

第一卷要精读的是第一、第四、第五、第十、第十四、第十七、第二十一章,第二十二章第四节,第二十三章第一、第二、第三、第四节,第二十四章第七节等内容。

第二卷要精读的有第一、第六、第八、第十八、第二十、第二十一章等内容。

第三卷要精读的有一、第十、第十五、第二十七、第三十七、第三十八、第四十五、第五十一章等内容。

第四卷要精读的有第四、第六章,第一册附录[(12)],第十一、第十三、第十五、第二十、第二十一章,第三册附录等内容。

如果基本上没有政治经济学说史的知识,《资本论》第四卷《剩余价值理论》可

---

① 《资本论》第1卷,第819页。
② 《资本论》第3卷,第126—127页。

以暂时不读。但是从学者研究的角度看,《剩余价值理论》需要重读和精读,因为从这种阅读中能够领悟马克思主义政治经济理论的来源,同时对马克思主义政治经济学的当代化发展也具有启示作用。

(二) 完整地准确地学习和掌握《资本论》的基本原理

《资本论》是一个内容极其丰富的理论宝库,是一个结构非常完整的科学体系。在学习中,我们应当力求完整地而不是零碎地,准确地而不是随意地,实际地而不是空洞地掌握《资本论》的基本原理。恩格斯曾经指出:"把马克思的话同上下文割裂开来,就必然会造成误解或把很多东西弄得不大清楚。"[1]恩格斯还批评了《资本论》简述的作者杰维尔,"把马克思认为只在一定条件下起作用的一些原理解释成绝对的原理"[2]。这说明,在学习和研究《资本论》的基本原理时要有科学精神,注重结合马克思的整个逻辑体系展开学习和研究,注重马克思经济理论的前提条件以及这些条件的变化情况。

要完整地准确地掌握《资本论》的基本原理,现在看来要注意如下问题。

不要把本来不是马克思的东西强加给马克思

举例来说,马克思在《资本论》第一卷第七篇中论证了无产阶级贫困的理论,但是,在《资本论》中从来没有论证过什么绝对贫困化规律和相对贫困化规律,甚至也没有用过绝对贫困化和相对贫困化这样的范畴。可是,在有些政治经济学的一般读物中,由于受20世纪50年代苏联政治经济学教科书的影响,把不是马克思的所谓绝对贫困化规律和相对贫困化规律的理论说成是马克思的。这样就扭曲了马克思政治经济学关于贫困问题的理论本意,而且这种绝对贫困化和相对贫困化理论也很难说明现阶段资本主义社会的现实,应该对这一理论进行正本清源。

不要把讹传再沿用下来

《资本论》的某些原理被曲解和误解了,并长期以讹传讹地沿用下来。例如,在一般的政治经济学读物中,常有这样的提法:商品的二重性是使用价值和价值。这就是一个误解。其实,在《资本论》第一卷的第一章第一节里明明写的是"商品的两个因素:使用价值和价值"。按照马克思的原意,使用价值和价值是商品的两因素而不是它的二重性,商品的两因素是与劳动的二重性——具体劳动和抽象劳

---

[1] 《马克思恩格斯全集》第36卷,第67页。
[2] 同上书,第98页。

动、个别劳动和社会劳动相联系的,这类理论或观点的讹传也应该纠正过来。

准确地掌握《资本论》的基本原理

我们要运用《资本论》的原理指导社会主义经济建设,要准确地掌握《资本论》的基本原理。如果对《资本论》的基本原理理解得不全面、不准确,用来指导社会主义的经济实践,就会给社会主义建设造成损失。举例来说,长期以来有一个观点,认为积累是扩大再生产的唯一源泉,而且说这种观点是马克思在《资本论》中论证的。实际上,这个观点并不是马克思的。马克思在《资本论》中讲得很清楚,积累是扩大再生产的源泉,但不是唯一源泉。马克思非常明确地讲过:"没有积累,还是能够在一定界限之内扩大它的生产规模。"①因此,全面地、正确地理解积累与扩大再生产的关系,对发展社会主义经济、对于我国经济实现持续协调发展具有重大意义:一方面,充分认识到积累是扩大再生产的主要源泉,这样就可以尽可能多地增加社会主义积累,通过增加基本建设来扩大再生产规模;另一方面,要看到积累不是扩大再生产的唯一源泉,这样就可以充分利用现有的人力、物力和财力,充分挖掘企业内部的潜力来增加生产。

要注重学立场、学观点、学方法

政治经济学是存在立场的,与马克思批判的庸俗资产政治经济学相区别,整个《资本论》四大卷,马克思是坚定地站在无产阶级立场上,怀着深厚的无产阶级感情撰写而成的。在字里行间,马克思充满着对无产阶级的热爱和关怀,对资产阶级的鄙视和憎恨;他控诉了资本家的贪婪和残暴,倾诉了无产阶级的苦难和悲痛;他阐明了资本主义生产方式存在着自我否定、自我扬弃的力量,揭示了资本主义社会向社会主义社会演变的内在规律。我们学习和研究《资本论》,首先就要学马克思坚定的无产阶级立场和深厚的无产阶级感情,新时期我国构建中国特色社会主义政治经济学也必须坚持以人民为中心的原则。《资本论》中许多原理,如果从资产阶级的立场和观点去看,终身也理解不了,但是从无产阶级的立场、观点去看,就很容易理解。恩格斯曾经说过:"没有受过教育的工人要比我们那些高傲的'有教养的'人高明得多,因为前者对最难的经济结论也很容易理解,而后者对这种复杂的问题却终身也解决不了。"②

《资本论》从头到尾都是以辩证唯物主义和历史唯物主义为指导的,从头到尾都贯串了辩证唯物主义和历史唯物主义的方法。因此,我们学习《资本论》也必须

---

① 《资本论》第2卷,第565页。
② 《马克思恩格斯选集》第1卷,第341页。

以辩证唯物主义和历史唯物主义为指导,坚持唯物辩证法。

总之,我们学《资本论》,一定要着重从中学立场、学观点、学方法,决不要钻牛角尖,也决不能把某个具体的观点直接套用到对当前社会实践问题的理解中。《资本论》中的人名、地名、典故、历史事件等枝节问题很多,在一般情况下,没有必要也没有可能逐一去作烦琐的考证。

(三)学习《资本论》要理论联系实际

毛泽东同志在《改造我们的学习》一文中指出:"我们学的是马克思主义,但是我们中的许多人,他们学马克思主义的方法是直接违反马克思主义的。这就是说,他们违背了马克思、恩格斯、列宁、斯大林所谆谆告诫人们的一条原则:理论和实际统一。"①

理论和实践相统一,实践是检验理论的标准,这一点我们也应该向马克思学习。马克思写《资本论》是很注意联系实际的。他总是要把直到最后一天的所有材料都搜集齐全才正式写作。他总是根据大量材料,从事物的全面联系中揭示事物的本质和规律性。例如,马克思为了撰写《资本论》第一卷第十三章关于工厂法的内容,竟把大英博物馆图书馆所藏有的、凡载有英国和英格兰调查委员会和工厂视察员报告的蓝皮书都读过了。正是因为充分地占有实践资料并深入理论演变历史,马克思的政治经济学才具有巨大的理论魅力和现实说服力。又如,马克思在写作《资本论》第三卷第六篇地租理论时,详细地占有了古今有关土地关系和地租问题的资料;单是俄国统计学方面的书籍,就其体积而言就有两个立方米。

马克思在谈到自己的研究工作时说:"研究必须充分地占有材料,分析它的各种发展形式,探寻这些形式的内在联系。只有这项工作完成以后,现实的运动才能适当地叙述出来。"②列宁也说过:"《资本论》不是别的,正是把堆积如山的实际材料总结为几点概括的、彼此紧相联系的思想。"③马克思写《资本论》是非常注重联系实际上,我们学习《资本论》也应该注意联系实际。

那么,我们在学习《资本论》应怎样联系实际呢?

学习《资本论》要联系社会主义的实际

学习《资本论》首先要联系社会主义建设的实际,联系实现社会主义现代化的实际。以前人们学习《资本论》,一般比较着重于对资本主义剥削关系的论述,而

---

① 《毛泽东选集》第3卷,第798页。
② 《资本论》第1卷,第23页。
③ 《列宁选集》第1卷,第9页。

对社会生产一般规律的分析却注意不够。现在,在以实现现代化为工作重点的社会主义建设时期,我们对《资本论》的学习也应该注重于其中有关社会化生产的一般规律的论述,并把它与社会主义经济建设的实际联系起来。例如:学习《资本论》第一卷,可以与如何提高社会主义生产和管理水平联系起来;学习第二卷,可以和加强经济核算、加速资金周转、提高经济效益、协调比例关系联系起来;学习第三卷,可以和进行经济改革如何运用利润、利息、价格的杠杆作用联系起来。近年来,我国有些学者在对《资本论》基本原理梳理和概括的基础上,试图从中获取对社会主义建设、对我国经济发展实践的理论指引和思想资源[①],这对于马克思主义政治经济学的当代化和中国化,毫无疑问是至关重要的。

要运用《资本论》的基本原理指导社会主义经济建设,特别要注意与建设中国特色社会主义联系起来,特别要将《资本论》视为我国构建中国特色社会主义政治经济学的重要思想来源。马克思在写《资本论》的时候,他设想在资本主义制度消灭之后,是实行生产资料单一的社会所有制,不存在商品和货币的社会主义社会。他的这个设想是以资本主义高度发达的国家无产阶级取得政权为前提的。而我国在1949年之前是个资本主义有一定发展,但经济相当落后、商品生产并没有充分发展的半殖民地半封建的国家,因此,我们发展社会主义经济就不能照搬马克思在《资本论》中的所有论述。2013年11月,中国共产党第十八届三中全会通过的《中共中央关于全面深化改革若干重大问题的决议》明确提出:"必须立足于我国长期处于社会主义初级阶段这个最大实际,坚持发展仍是解决我国所有问题的关键这个重大战略判断,以经济建设为中心,发挥经济体制改革牵引作用,推动生产关系同生产力、上层建筑同经济基础相适应,推动经济社会持续健康发展。"现阶段我国仍处在社会主义初级阶段,因此生产资料不能实行单一的社会主义公有制,我们还必须实施公有制为主体、多种所有制经济共同发展的基本经济制度,既要坚持公有制主体地位,发挥国有经济主导作用,不断增强国有经济活力、控制力、影响力,又要毫不动摇鼓励、支持、引导非公有制经济发展,激发非公有制经济活力和创造力。同时还要强调:国有资本、集体资本、非公有资本等交叉持股、相互融合的混合所有制经济,是基本经济制度的重要实现形式。从马克思主义政治经济学的基本原理出发,上述情形主要是由于我国生产力发展水平总的说来还比较低,又很不平衡,存在多层次的生产力,因此,在很长时期内,需要与生产力层次相适应的多种经济形式的存在。与之相适应,我们也不能取消商品和货币,不能忽视价值规律的作用,不能忽视商品经济和市场机制对资源优化配置的决定性作用。我们在经济运

---

① 洪银兴、葛扬:《〈资本论〉的现代解析(修订版)》,经济科学出版社2011年版;鲁品越:《鲜活的资本论:从深层本质到表面现象》,上海人民出版社2015年版。

行机制上,以社会主义的市场经济体制作为经济体制改革的目标,将市场的资源优化配置功能与政府的经济职能更加有效地结合起来。在分配制度中则应将按劳分配和按要素分配相结合,着重保护劳动所得,努力实现劳动报酬增长和劳动生产率提高同步,提高劳动报酬在初次分配中的比重。如果不从社会主义的现实出发,认为马克思在《资本论》中说过的都应该照搬照抄过来,那就会在社会主义的经济实践中造成严重后果。

学习《资本论》要联系当代资本主义实际

马克思发表《资本论》第一卷距离现在已经有150年了,《资本论》的基本原理没有过时,但是,从资本主义的现实情况来看,确实有许多新的变化。例如,学习《资本论》中马克思的劳动价值论,可以联系当代发达资本主义国家生产实现自动化及"机器人"出现后,活劳动耗费减少,但产值呈几十倍或上百倍增加的现实进行分析和研究。学习马克思的货币理论和生息资本理论,可以联系现在的资本主义世界,纸币与黄金脱钩的现象、经济金融化和虚拟化程度加剧等现象进行分析。学习马克思的经济危机理论,可以联系第二次世界大战之后,尤其是2008年以来,资本主义世界经济危机的新情况、新特点、新趋势进行分析。学习马克思的平均利润理论和生产价格理论,可以联系当代资本主义世界平均利润率到底是上升还是下降趋势进行分析。学习马克思的绝对地租和级差地租理论,可以联系当前资本主义世界农业有机构成接近或者超过工业有机构成的实际情况进行分析。

学习《资本论》要联系思想实际

最后,学习《资本论》还要联系思想实际。

《资本论》不仅是我们进行社会主义革命和社会主义建设、改造客观世界的理论武器,而且是我们改造主观世界的强大武器。

《资本论》通过对资本主义生产方式的细致解剖,深刻揭示了人类社会发展的一般规律,得出了资本主义必然消亡、共产主义一定会实现的科学论断,这对于我们建立共产主义的人生观、坚定走社会主义道路的信心具有重要意义。

学习《资本论》还可以提高我们的识别能力、分析能力和思维能力,使我们分清什么是唯物主义,什么是唯心主义;什么是社会主义,什么是资本主义;什么是马克思主义,什么是非马克思主义。

所以,我们学习《资本论》要用马克思主义的立场、观点、方法,改造自己的思想,不断抵制和清除资产阶级等非无产阶级思想的侵蚀和影响,自觉地为中国的社会主义现代化主义事业奋斗终身。

（四）要有一丝不苟的治学态度

马克思写作《资本论》这部著作态度严谨认真，一丝不苟。我们学习《资本论》也应该具有严肃认真、一丝不苟的治学态度。

认真做读书笔记

读《资本论》首先要用脑，用脑子记，用脑子想，还要手勤、笔勤，随看随做笔记。

马克思有过人的记忆力，但是他从来不单凭自己的记忆力，他读书非常注意做笔记。马克思在写作《资本论》过程中所读过的各种书籍数以千计，单是做过笔记、摘录的书籍就有1 500部以上。

我们在学习《资本论》的时候，最好也要多动脑，多动手，勤做笔记。这样，一是可以巩固记忆，加深对重点问题的印象；二是可以加强理解，提高自己的思维能力；三是可以积累资料，为进一步学习和研究政治经济学打下深厚的基础。

做笔记的形式可以多种多样，可以在《资本论》中重要的、精辟的、关键的或有疑问的地方加圈、加点、画线、做书眉、写纲要；也可以把自己认为重要的地方抄录下来，做成卡片；可以做摘录、写摘要或内容提纲；也可以写读书心得、体会；甚至还可以就某个主题写专论；到底采用什么形式，可以根据阅读者或研究者的具体情况自行决定。

要知其所以然

马克思写作《资本论》极其严谨，《资本论》中的所有主要结论，都是在充分占有大量材料的基础上，经过反复研究推敲而概括提炼出来的。马克思生前定稿出版的《资本论》第一卷，可以说每一句话都经过他本人的严格推敲和反复斟酌。有一次，马克思在给恩格斯的信中说："有时为了推敲几个句子，仍然一坐就是几个小时。"① 恩格斯在《卡尔·马克思》一文中这样说过："他二十五年中以无比的严肃认真的态度进行研究和探讨的科学；这种极其严肃认真的态度，使他在自己对自己的结论在形式和内容上尚未满意之前，在自己尚未确信已经没有一本书他未曾读过，没有一个反对意见未被他考虑过，每一个问题他都完全解释清楚之前，决不以系统的形式发表自己的结论。"②

我们阅读和研究《资本论》也应该持这种严谨的态度，对《资本论》中的基本观

---

① 《马克思恩格斯全集》第29卷，第341页。
② 《马克思恩格斯全集》第16卷，第412—413页。

点、主要范畴、关键概念都应该弄得清清楚楚。不仅要知其然,而且要知其所以然。不仅要懂得结论,而且要懂得结论是怎样来的,不仅要知道基本观点和原理,而且要熟悉这些观点和原理提出的前提条件。为此,在学习和研究《资本论》时,一定要多问几个为什么。此外,还可以与政治经济学资本主义部分的有关原理对照起来看。要结合经济实践进行学习和研究,不仅要掌握《资本论》中的基本原理,而且要思考这些原理的现实意义。另外,还要把学到的基本原理连串起来理解,做到融会贯通,从而弄清楚《资本论》的中心和主要内容,以及各个原理之间的内在联系。这样,才能真正掌握《资本论》的理论、观点和方法论的实质。

要持之以恒

《资本论》不是不可读懂的,但也不是不花艰苦劳动轻而易举就能学好的。马克思的《资本论》四大卷,300多万字,加上开头很难读懂,因此,如果没有坚韧不拔的毅力和持之以恒的精神,是不可能真正学好的。

马克思一再告诫我们:"万事开头难,每门科学都是如此。"[①]"除了价值形式那一部分外,不能说这本书难懂。当然,我指的是那些想学到一些新东西,因而愿意自己思考的读者。"[②]

初学《资本论》确实会碰到较多的困难,但是我们决不应该气馁,要持之以恒地展开《资本论》的学习和研究。最后,我们还是要引用马克思的那句名言:"在科学上没有平坦的大道,只有不畏劳苦沿着陡峭山路攀登的人,才有希望达到光辉的顶点。"[③]愿与各位读者共勉之。

[①] 《资本论》第1卷,第7页。
[②] 同上书,第8页。
[③] 同上书,第26页。

后　记

2017年9月是马克思《资本论》第一卷（德文版）发表150周年，2018年是马克思诞辰200周年。复旦大学经济学院从事《资本论》和政治经济学学习、教学和研究的部分教师，在2017年初就商议要为此做点工作，后经协商申报，决定集中做好两个事情：一是开一个以"《资本论》与中国特色社会主义经济"为主题的研讨会，并出一本纪念文集，由全国综合性大学《资本论》研究会副会长、上海高校《资本论》研究会会长、复旦大学经济学院严法善教授操办，经费由复旦大学泛海书院全额资助；二是出一本纪念册子，名叫《〈资本论〉纵横谈》，由复旦大学"80后"老教师洪远朋、"60后"中年教授严法善、"40后"青年教授高帆合作编写。

本书的署名应该是严法善、高帆在先，洪远朋在后，理由是：这个册子是以运用《资本论》原理研究中国特色社会主义经济为主体，而主体部分由严法善、高帆编写，为主者在先，天经地义。署名先后是论功行赏，因为该书的功劳、苦劳是严法善、高帆为主的，有功劳的、功劳大的署名在前，是应该的、必然的。

但是几经磋商，严"中"、高"青"坚持"老者"在先。排名虽然如此，实际功劳是年轻人的，但是有错误、遭批评还是由我负责。

关于《资本论》的学习、研究、宣传，我们过去做过一些工作，写过一些东西，例如《〈资本论〉讲稿》《〈资本论〉教程》《〈资本论〉难句释解》《〈资本论〉难题探索》，还有《通俗〈资本论〉》等，大多是比较"严肃"的、"正经"的，"说教"比较多。这些不是不要，也不是不好，而是这样的表达太多了，所以想写一本体系不是很拘谨、内容比较广泛、思想比较敞开的，"横的""竖的""东西的""南北的"都有的关于《资本论》的读物，可以与读者交谈、交流，所以取名《〈资本论〉纵横谈》。这样写不是不好，不是不可以，也可能有些新问题：一是与过去写的东西可能有重复、有交叉，重复交叉看来不能完全避免，但应尽量减少。二是希望有点新意，或者叫"标新立异"，但又怕说成是"妄意"。我们在本书编写中努力坚守两根红线：一是不能攻击马克思主义的基本立场、基本观点、基本方法;二是不能对中国共产党的现行基本路线、基本方针、基本政策说三道四。党的十九大文件和习近平同志在纪念马克思诞辰200周年大会上的讲话,我们还在初步学习,如有领会差错,一律以党中央文件为准。愿与各位读者共勉之。

谢谢大家的支持!谢谢大家的贡献!

洪远朋

2018年5月于复旦

复旦大学泛海书院简介

复旦大学泛海书院是复旦大学于2004年3月12日批准成立的一个经济研究机构,隶属于复旦大学经济学院。

书院是开展经济学基础理论研究的科研中心。书院以马克思主义为指导,面对社会主义经济建设和改革的现实,加强马克思主义经济学基础理论研究,着眼于新的实践,积极推进创新,努力使泛海书院成为马克思主义经济学基础理论研究的基地、宣传马克思主义经济学的阵地、培训马克思主义经济学基础理论人才的场地。

书院除聘请在职研究人员外,还将聘请有志于经济学基础理论研究的成功人士,以及对书院的建设作出贡献的人士为兼职研究员或特约研究员。

书院至少每年举行一次全国性的经济理论研讨会,书院拟设立理论经济学研究基金,出版泛海书院丛书,资助经济学基础理论的研究和出版,书院还将举办"经济学理论前沿讲座""民营企业家论坛",鼓励对重大经济理论和现实问题进行研究与交流。

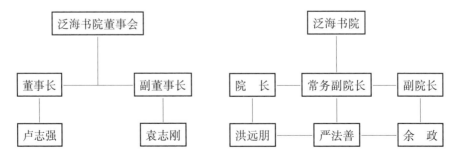

图书在版编目(CIP)数据

《资本论》纵横谈/洪远朋,严法善,高帆著. —2 版(修订本). —上海:复旦大学出版社,2019.4 (2019.9重印)
ISBN 978-7-309-14040-8

Ⅰ.①资… Ⅱ.①洪…②严…③高… Ⅲ.①《资本论》-马克思著作研究 Ⅳ.①A811.23

中国版本图书馆 CIP 数据核字(2018)第 252483 号

《资本论》纵横谈(修订版)
洪远朋　严法善　高　帆　著
责任编辑/谢同君

复旦大学出版社有限公司出版发行
上海市国权路 579 号　邮编: 200433
网址: fupnet@fudanpress.com　http://www.fudanpress.com
门市零售: 86-21-65642857　团体订购: 86-21-65118853
外埠邮购: 86-21-65109143　出版部电话: 86-21-65642845
上海盛通时代印刷有限公司

开本 787×1092　1/16　印张 13.5　字数 212 千
2019 年 9 月第 2 版第 2 次印刷

ISBN 978-7-309-14040-8/A·40
定价: 68.00 元

如有印装质量问题,请向复旦大学出版社有限公司出版部调换。
版权所有　侵权必究